Therapieprogramm für Kinder mit aggressivem Verhalten (THAV)

Therapieprogramm für Kinder mit aggressivem Verhalten (THAV)

von
Anja Görtz-Dorten und Manfred Döpfner

HOGREFE   GÖTTINGEN · BERN · WIEN · PARIS · OXFORD · PRAG · TORONTO
CAMBRIDGE, MA · AMSTERDAM · KOPENHAGEN · STOCKHOLM

Dr. rer. medic., Dipl.-Psych., Dipl.-Heilpäd. Anja Görtz-Dorten, geb. 1968. 1995-2001 Studium der Psychologie in Düsseldorf. 2005 Promotion. 1999 Approbation zur Kinder- und Jugendlichenpsychotherapeutin. Seit 2000 Leiterin des Instituts für Klinische Kinderpsychologie der Christoph-Dornier-Stiftung an der Universität Köln und Ambulanzleitung des Bereiches Störungen des Sozialverhaltens am Ausbildungsinstitut für Kinder- und Jugendlichenpsychotherapie an der Universitätsklinik Köln (AKiP) und der Klinik und Poliklinik für Psychiatrie und Psychotherapie des Kindes- und Jugendalters am Klinikum der Universität zu Köln. Dozentin und Supervisorin am Ausbildungsinstitut für Kinder- Jugendlichenpsychotherapie an der Universitätsklinik Köln (AKiP).

Prof. Dr. Manfred Döpfner, geb. 1955. 1974-1981 Studium der Psychologie in Mannheim. 1990 Promotion. 1998 Habilitation. Seit 1989 Leitender Psychologe an der Klinik und Poliklinik für Psychiatrie und Psychotherapie des Kindes- und Jugendalters der Universität zu Köln und dort seit 1999 Professor für Psychotherapie in der Kinder- und Jugendpsychiatrie. Seit 1999 Leiter des Ausbildungsinstituts für Kinder- und Jugendlichenpsychotherapie AKiP an der Universität Köln und seit 2000 Wissenschaftlicher Leiter des Instituts Köln der Christoph-Dornier-Stiftung für Klinische Psychologie.

Wichtiger Hinweis: Der Verlag hat für die Wiedergabe aller in diesem Buch enthaltenen Informationen (Programme, Verfahren, Mengen, Dosierungen, Applikationen etc.) mit Autoren bzw. Herausgebern große Mühe darauf verwandt, diese Angaben genau entsprechend dem Wissensstand bei Fertigstellung des Werkes abzudrucken. Trotz sorgfältiger Manuskriptherstellung und Korrektur des Satzes können Fehler nicht ganz ausgeschlossen werden. Autoren bzw. Herausgeber und Verlag übernehmen infolgedessen keine Verantwortung und keine daraus folgende oder sonstige Haftung, die auf irgendeine Art aus der Benutzung der in dem Werk enthaltenen Informationen oder Teilen davon entsteht. Geschützte Warennamen (Warenzeichen) werden nicht besonders kenntlich gemacht. Aus dem Fehlen eines solchen Hinweises kann also nicht geschlossen werden, dass es sich um einen freien Warennamen handele.

Zusätzlich zu diesem Buch sind Handpuppen und weitere Materialien zur Durchführung des THAV-Programmes erhältlich. Diese Materialien mit der Bestellnummer 01 361 01 können über die Testzentrale (www.testzentrale. de) bezogen werden.

Bibliografische Information der Deutschen Nationalbibliothek
Die Deutsche Nationalbibliothek verzeichnet diese Publikation in der Deutschen Nationalbibliografie; detaillierte bibliografische Daten sind im Internet über http://dnb.d-nb.de abrufbar.

© 2010 Hogrefe Verlag GmbH & Co. KG
Göttingen • Bern • Wien • Paris • Oxford • Prag • Toronto
Cambridge, MA • Amsterdam • Kopenhagen • Stockholm
Rohnsweg 25, 37085 Göttingen

http://www.hogrefe.de
Aktuelle Informationen • Weitere Titel zum Thema • Ergänzende Materialien

Satz: Grafik-Design Fischer, Weimar
Till Taff-Illustrationen: Klaus Gehrmann, Freiburg; www.klausgehrmann.net
Gesamtherstellung: AZ Druck und Datentechnik, Kempten
Printed in Germany
Auf säurefreiem Papier gedruckt

ISBN 978-3-8017-2084-1

Inhalt

CD-ROM

Die CD-ROM enthält PDF-Dateien der Materialien, die für die Durchführung des Trainings verwendet werden können.

Die PDF-Dateien können mit dem Programm Acrobat® Reader (eine kostenlose Version ist unter www.adobe.com/products/acrobat erhältlich) gelesen und ausgedruckt werden.

Vorwort

Das Therapieprogramm für Kinder mit aggressivem Verhalten (THAV) stellt ein umfassendes Behandlungspaket zur multimodalen Behandlung von Kindern im Alter von 6 bis 12 Jahren mit aggressivem Verhalten besonders gegenüber Gleichaltrigen dar, das in den letzten Jahren an der Klinik für Psychiatrie und Psychotherapie des Kindes- und Jugendalters der Universitätsklinik Köln, am Institut für Klinische Kinderpsychologie der Christoph-Dornier-Stiftung an der Universität Köln sowie am Ausbildungsinstitut für Kinder- und Jugendlichenpsychotherapie an der Uniklinik Köln (AKiP) entwickelt, erprobt und in einer ersten Pilotstudie evaluiert worden ist. Gegenwärtig wird THAV in einer größeren Studie evaluiert. Ziel dieser Forschungsbemühungen soll es sein, in der Praxis anwendbare und erprobte Interventionen für Kinder mit aggressiven Verhaltensweisen besonders gegenüber Gleichaltrigen zur Verfügung zu stellen. THAV ist der multimodalen Psychotherapie (Döpfner, 2008) verpflichtet, die patienten- und umfeldzentrierte Interventionen miteinander verbindet und damit den Leitlinien zur Therapie von Kindern mit aggressivem Verhalten entspricht. Patientenzentrierte Interventionen als Einzel- und Gruppentherapie bilden den Kern der Behandlung.

THAV verfolgt das Konzept der individualisierten Therapie, indem es modular aufgebaut ist und die individuellen Problemsituationen, in denen das Kind ein aggressives Verhalten gegenüber Gleichaltrigen zeigt, in den Mittelpunkt stellt. Die Bewältigung dieser Konfliktsituationen setzt auf verschiedenen Ebenen soziale Kompetenzen voraus. Manchen Kindern fällt es schwer, soziale Situation angemessen wahrzunehmen, zu interpretieren und diese Informationen in einem sozialen Problemlöseprozess effektiv zu verarbeiten. Bei anderen Kindern lösen die jeweiligen sozialen Situationen aber auch Kognitionen aus, die in der Regel Wut und Ärger erzeugen und schließlich aggressiven Impulsen zum Durchbruch verhelfen. Wieder andere Kinder haben Defizite in den sozialen Fertigkeiten, d. h. sie verhalten sich sozial ungeschickt und es fehlt ihnen an Kompetenzen bei der Handlungsausführung. Aggressives Verhalten kann schließlich durch die soziale Umgebung verstärkt und dadurch aufrechterhalten werden.

Diese beschriebenen Ansatzpunkte lassen sich einzelnen grundlegenden kognitiven und behavioralen Interventionsmethoden zuordnen, die in dem modular aufgebauten Therapieprogramm THAV in einzelnen Behandlungsbausteinen zum Einsatz kommen. Die Schwerpunkte liegen hierbei auf der Schulung der sozial-kognitiven Informationsverarbeitung, der Entwicklung und Stärkung von Impulskontrolle, dem sozialen Fertigkeitentraining sowie auf der Modifikation sozialer Interaktionen.

Die kognitiven Interventionen sollen dazu dienen, die soziale Problemlösefähigkeit des Kindes zu verbessern und Ärger und Wut erzeugende Kognitionen sowie dysfunktionale grundlegende Überzeugungen zu identifizieren und zu vermindern.

Wenn das Kind nicht in der Lage ist, seine aggressiven Impulse zu kontrollieren, kann ein Impulskontroll-Training hilfreich sein. Falls Fertigkeiten, die zur Bewältigung dieser Situationen notwendig sind, nicht hinreichend ausgebildet sind, können diese Fertigkeiten mit Hilfe des sozialen Fertigkeitentrainings verbessert werden. Durch positive Konsequenzen für die erfolgreiche Bewältigung der Konfliktsituation und durch die Verminderung von möglichen positiven oder negativen Verstärkungen bei aggressivem Verhalten lässt sich die Aggressionssymptomatik ebenfalls vermindern.

Daher bezieht THAV auch familien- und schulzentrierte Interventionen mit ein. Diese Verfahren nutzen im Wesentlichen kognitive und behaviorale Interventionen, die darauf abzielen, dysfunktionale Kognitionen und Erwartungen bei den Eltern oder anderer Bezugspersonen zu verändern und Bedingungen zu schaffen, die dem Kind helfen, bisher destruktiv gelöste soziale Situationen mit Gleichaltrigen sozial erfolgreich bewältigen zu können. Dazu gehören der Abbau von aggressionsverstärkendem Erziehungsverhalten der Eltern und anderer Bezugspersonen und die Einführung von Belohnung in Bezug auf sozial kompetentes Verhalten des Kindes.

Das Therapieprogramm THAV beschreibt in einzelnen Behandlungsbausteinen mit umfangreichen Materialien differenziert die verschiedenen symptomorientierten Interventionen. Die schriftlichen Materialien lassen sich anhand der beiliegenden CD ausdrucken. In einer Materialbox werden Puppen, Brillen; Emotionskarten, ein Ärgerthermometer, Soziogrammtafeln und das Zauberwaldspiel zur Verfügung gestellt, die einen kindgemäßen Zugang erleichtern (zu beziehen über www.testzentrale.de, Bestellnummer 01 361 01). Mit dieser Hilfe lassen sich die einzelnen Bausteine von THAV zu einer individuell angepass-

ten Therapie zusammenstellen, welche auf die spezifischen Konfliktsituationen, aber auch Kontaktaufnahmesituationen abzielen. Wir hoffen, damit optimale Voraussetzungen für eine individualisierte Therapie und für einen guten Behandlungserfolg zu schaffen.

Köln, im Januar 2010   *Anja Görtz-Dorten* und
                              Manfred Döpfner

Kapitel 1

Grundlagen

1.1 Aggressives Verhalten: Symptomatik und Häufigkeit

Aggressives Verhalten von Kindern tritt häufig im Kontext aggressiv-dissozialer Verhaltensweisen auf. Die Therapie dieser Probleme stellt eine besondere Herausforderung dar, weil diese Störungen häufig auftreten, oft einen chronischen Verlauf haben und insgesamt schwer zu behandeln sind (Petermann et al., 2007). Kadzin (1997) betont zu Recht, dass es sich bei den aggressiv-dissozialen Verhaltensweisen um einen der häufigsten Vorstellungsanlässe in der kinder- und jugendpsychotherapeutischen und der kinder- und jugendpsychiatrischen Praxis handelt. Da im Allgemeinen eine schlechte Langzeitprognose und eine unzureichende Therapiemotivation vorliegen (vgl. Petermann et al., 2007), handelt es sich damit um eine der kostenträchtigsten psychischen Störungen überhaupt.

Es gibt verschiedene Klassifikationsmöglichkeiten von aggressiv-dissozialen Verhaltensauffälligkeiten. Neben der Klassifikation von DSM-IV und ICD-10 hat sich die von Frick (1993) vorgeschlagene Einteilung durchgesetzt (siehe Abb. 1). Danach lassen sich aggressiv-dissoziale Verhaltensweisen entlang zweier Dimensionen beschreiben, die durch folgende Endpole charakterisiert werden: Aggressiv-dissoziales Verhalten kann offen oder verdeckt erfolgen und es kann destruktiv versus nicht destruktiv sein. Entlang dieser Dimensionen lassen sich die vier in Abbildung 1 aufgezeigten Klassen bilden. Dieses Manual fokussiert auf aggressives Verhalten von Kindern, wenngleich diese häufig auch oppositionelles Verhalten gegenüber Erwachsenen zeigen und auch schon verdeckte dissoziale Verhaltensweisen aufweisen können. Aggressives Verhalten gegenüber Personen kann sich auf Gleichaltrige oder auch auf Erwachsene beziehen, wobei aggressive Attacken gegenüber Erwachsenen eher die Ausnahme darstellen, sondern sich dann eher in oppositionell verweigerndem Verhalten äußern.

In den Diagnosesystemen wird der Terminus der Störung des Sozialverhaltens benutzt, um diese Gruppe aggressiv-dissozialer Auffälligkeiten zu bezeichnen. Kennzeichnend ist ein sich wiederholendes Verhaltensmuster, das die Verletzung

Abbildung 1: Zweidimensionales Modell für aggressiv-dissoziales Verhalten nach Frick (1993)

grundlegender Rechte anderer sowie wichtiger altersrelevanter Normen und Regeln umfasst und das typischerweise in der Kindheit oder im frühen Jugendalter beginnt. Nach DSM-IV-TR (Saß et al., 2003) muss eine bestimmte Anzahl an Verhaltensweisen vorliegen, um eine Diagnose zu rechtfertigen; darüber hinaus müssen klinisch bedeutsame, psychosoziale Beeinträchtigungen auftreten.

Sowohl DSM-IV-TR als auch ICD-10 unterscheiden zwischen den oppositionellen Verhaltensstörungen (ICD-10: Störung des Sozialverhaltens mit oppositionellem, aufsässigem Verhalten; DSM-IV-TR: Störung mit oppositionellem Trotzerhalten) und den Störungen des Sozialverhaltens im engeren Sinn, bei denen auch dissoziale Verhaltensauffälligkeiten vorliegen müssen.

Mehrere Symptomkriterien für oppositionelles Trotzverhalten beziehen auch gleichaltrigenbezogene Aggression mit ein (Formulierung nach DISYPS II: DCL-SSV; Döpfner et al., 2008):
• Ärgert andere häufig absichtlich.
• Schiebt häufig die Schuld für eigene Fehler oder eigenes Fehlverhalten auf andere.
• Ist häufig reizbar oder lässt sich von anderen leicht ärgern.
• Ist häufig zornig und ärgert sich schnell.
• Ist häufig boshaft oder rachsüchtig.

Allerdings wird bei einigen Symptomkriterien für die Störungen des Sozialverhaltens im engeren Sinnen ebenfalls gleichaltrigenbezogene Aggression angesprochen (Formulierung nach DISYPS II: DCL-SSV; Döpfner et al., 2008), vor allem bei:
• Bedroht, schikaniert oder schüchtert andere häufig ein.
• Beginnt häufig körperliche Auseinandersetzungen.

Kinder mit ausgeprägter Gleichaltrigenaggression können daher sowohl die Kriterien für die Diagnose einer oppositionellen Verhaltensstörung als auch die für eine Störung des Sozialverhaltens erfüllen, wobei letztere eher bei stärker dissozialen Verhaltensweisen vergeben wird. Die Aufteilung der Symptomkritierien für oppositionelles und aggressives Verhalten im ICD-10 und im DSM-IV lässt sich auch faktorenanalytisch nicht nachvollziehen. Hier laden Kriterien, die sich auf Gleichaltrigenaggression beziehen, hauptsächlich auf dem Faktor für oppositionelles Verhalten (Döpfner et al., 2008).

Der Begriff der gleichaltrigenbezogene Aggression bezieht sich nicht nur auf Kinder mit exakt gleichem Alter, sondern umfasst eine größere Altersspanne und damit auch jüngere und ältere Kinder. Gleichaltrigenbezogene Aggression kann sich daher auch auf Geschwister beziehen, wird dann jedoch eher im Rahmen von Geschwisterrivalität thematisiert, für die im ICD-10 eine eigene Diagnosekategorie (F93.3, Emotionale Störung mit Geschwisterrivalität) geschaffen wurde, die allerdings nur die Rivalität gegenüber einem jüngeren Geschwister umfasst. Das hier entwickelte Therapieprogramm kann auch in modifizierter Form auf Geschwisterrivalität angewendet werden, wobei dann noch die spezifische Familien- und Geschwisterdynamik beachtet werden muss.

Viele Kinder mit gleichaltrigenbezogener Aggression zeigen weitere komorbide Störungen, auch aus dem Spektrum der emotionalen Störungen (siehe unten); daher kann auch die Diagnose der Störung des Sozialverhaltens und der Emotionen (F92) gestellt werden. Darüber hinaus können gleichaltrigenbezogene Aggressionen im Rahmen von Anpassungsstörungen (vor allem F43.24 Anpassungsstörung mit vorwiegender Störung des Sozialverhaltens; F43.25 Anpassungsstörung mit gemischter Störung von Gefühlen und Sozialverhalten) auftreten, beispielsweise nach Trennung der Eltern. Diese Diagnosen werden jedoch nur dann gestellt, wenn die Kriterien einer Störung des Sozialverhaltens oder einer oppositionellen Verhaltensstörung nicht voll erfüllt sind.

In der deutschen bundesweit repräsentativen Studie zur Häufigkeit psychischer Störungen im Kindes- und Jugendalter (PAK-KID) werden ausgeprägt aggressive Verhaltensweisen nach dem Urteil der Eltern bei 3 % aller Mädchen und 6 % aller Jungen im Alter von 4 bis 18 Jahren festgestellt (Döpfner et al., 1997). Abbildung 2 zeigt die Häufigkeit, mit der Symptome von oppositionell-aggressivem Verhalten nach ICD-10/DSM-IV nach der Einschätzung von Eltern im Fremdbeurteilungsbogen für Störungen des Sozialverhaltens (FBB-SSV) in einer Feldstichprobe auftreten (Görtz-Dorten & Döpfner, 2010b). Allerdings sind diese Angaben nicht auf gleichaltrigenbezogene Aggressivität begrenzt. Danach tritt Geschwister-Rivalität am häufigsten auf – in 7 % in besonderer Ausprägung und in weiteren 16 % trifft dies nach Aussagen der Eltern weitgehend zu. Legt man die Angaben der Eltern im FBB-SSV zugrunde, dann erfüllen 4,3 % aller Kinder und Jugendlichen die

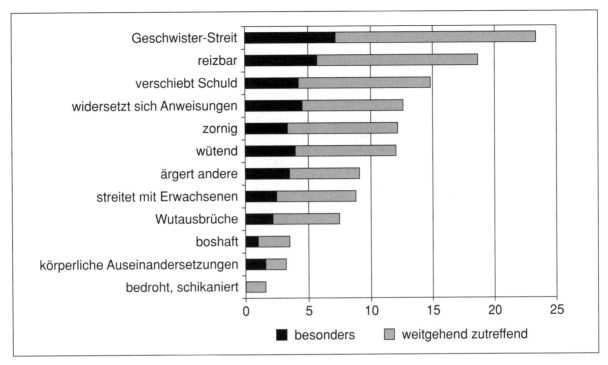

Abbildung 2: Häufigkeit aggressiven Verhaltens nach Einschätzung der Eltern im FBB-SSV
(Görtz-Dorten & Döpfner, 2010)

Symptomkriterien für eine oppositionelle Verhaltensstörung und weitere 1,9 % erfüllen die Kriterien für eine Störung des Sozialverhaltens.

1.2 Komorbidität und Verlauf

Aggressives Verhalten geht oftmals mit einer Reihe weiterer psychischer Störungen einher, wie der Aufmerksamkeitsdefizit-/Hyperaktivitätsstörung oder auch depressiven Störungen. Im Jugendalter treten komorbid häufig Störungen durch Substanzkonsum hinzu. Liegt eine psychische Mehrfachbelastung vor, so sind schwerwiegendere und weitreichendere psychosoziale Belastungen (z. B. Ablehnung durch Gleichaltrige, Defizite in der Impulskontrolle oder sozial-kognitive Defizite) festzustellen. Hyperkinetische Störungen im frühen Kindesalter sind oft mit dem frühen Beginn einer Störung des Sozialverhaltens assoziiert (Döpfner et al., 2010); der frühe Störungsbeginn einer Störung des Sozialverhaltens ist wiederum mit dem frühen und anhaltenden Auftreten krimineller Delikte und dissozialer Verhaltensweisen verknüpft (Moffitt, 1993).

Abbildung 3 gibt das von Patterson und Mitarbeitern (1989) entwickelte Modell zum Verlauf

aggressiv-dissosozialer Verhaltensauffälligkeiten in modifizierter Form wieder, das wesentliche empirische Befunde zusammenfasst (vgl. Döpfner et al., 2007).

Hauptursache für die Entwicklung oppositioneller und aggressiver Verhaltensweisen in der frühen Kindheit sind, wie eine Vielzahl von Studien zeigt, inkonsistente Erziehung und mangelnde Kontrolle, verbunden mit mangelnder Wärme und verminderter Aufmerksamkeit für angemessene prosoziale Verhaltensansätze der Kinder. Patterson und Mitarbeiter (1989) sprechen von einem regelrechten Training zur Aggressivität, das in den Familien stattfindet und sich durch ganz besondere Interaktionsprozesse auszeichnet, die täglich mehrere dutzendmal auftreten. Allerdings machen es manche Kinder den Eltern nicht leicht, sich in der Erziehung konsequent und zugewandt zu verhalten. Dazu gehören erstens Kinder mit ADHS-Symptomen und zweitens die Kinder mit generell eher ungünstigen Temperamentsmerkmalen.

Die Kinder lernen in der weiteren Entwicklung aufgrund der beschriebenen Erziehungsprozesse, andere Familienmitglieder durch oppositionell-aggressives Verhalten zu kontrollieren und sie lernen nicht, wie man in sozial kompetenter Weise

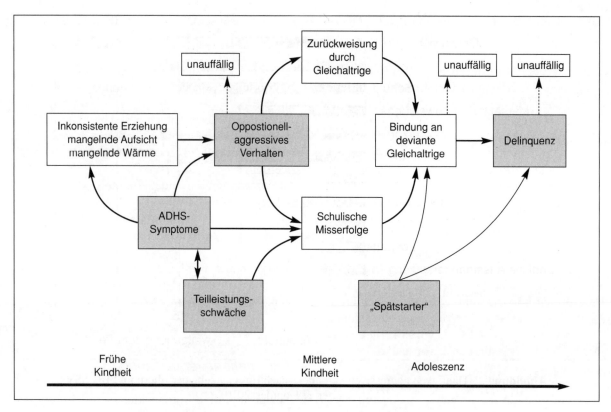

Abbildung 3: Entwicklung aggressiv-dissozialen Verhaltens nach Patterson
(1989; modifiziert nach Döpfner et al., 2007)

mit Konflikten und Frustrationen umgeht. Sie zeigen solche Verhaltensweisen schließlich auch im Kindergarten und in der Schule. Im Grundschulalter oder etwas später gibt es zwei zentrale Ereignisse, welche die weitere Entwicklung wesentlich beeinflussen. Aggressive Kinder werden erstens von den Gleichaltrigen abgelehnt und sie haben zweitens ein hohes Risiko zu schulischem Misserfolg, aufgrund ihres oppositionellen und verweigernden Verhaltens gegenüber den Leistungsanforderungen der Schule und aufgrund der ADHS-Symptomatik (falls vorhanden).

Aggressiv auffällige Jugendliche, deren schulische Karriere durch Misserfolge gekennzeichnet ist und die von Gleichaltrigen abgelehnt werden (vgl. Loeber & Hay, 1997), tendieren dazu, sich Gleichgesinnten, ebenfalls devianten Jugendlichen anzuschließen, wodurch langfristig ihr gestörtes Sozialverhalten zusätzlich stabilisiert wird (vgl. Cairns et al., 1997). Denn hier bekommen diese Jugendlichen das, was sie weder in der Familie, noch in der Gleichaltrigengruppe, noch in der Schule erhalten haben, nämlich Anerkennung. Deviante Gruppen sind der zentrale Trainingsort

für delinquente Aktionen und für Drogenmissbrauch.

Ein besonders hohes Risiko für delinquentes Verhalten zeigen die Kinder und Jugendlichen, die durch häufige aggressiv-dissoziale Handlungen auffallen, verschiedene Formen von aggressiv-dissozialem Verhalten zeigen, diese Handlungen in verschiedenen Lebensbereichen durchführen (Familie, Schule, Freizeit) und die früh durch aggressives Verhalten auffallen (Loeber, 1990). Diese „Frühstarter", die die gesamte Entwicklung durchlaufen haben, sind auch jene, die von einem günstigen Trend, der im späten Jugendalter einsetzt, am wenigsten profitieren. Nicht alle, sondern etwa die Hälfte bis drei Viertel der delinquenten Jugendlichen werden auch im frühen Erwachsenenalter zu Straftätern. Fast bis zum 30. Lebensjahr sinkt die Delinquenzrate weiter. Die „Frühstarter" haben jedoch das größte Risiko, dass sich die dissoziale und delinquente Entwicklung fortsetzt (Patterson et al., 1989).

Die wichtigsten psychosozialen Bedingungen, die aggressives Verhalten begünstigen, sind bekannt.

Es gibt eine erschreckend hohe Stabilität von dissozialem Verhalten über die Generationen hinweg. Die Verbindungen werden vermutlich zu einem großen Teil durch Erziehungspraktiken, besonders durch impulsives, wenig kontrolliertes Erziehungsverhalten hergestellt. Möglicherweise spielen jedoch auch genetische Einflüsse eine Rolle. Aggressives Verhalten der Kinder hängt darüber hinaus mit bestimmten Familienmerkmalen, wie geringem Familieneinkommen, geringem Bildungsstand der Eltern und fehlender sozialer Unterstützung in der Nachbarschaft zusammen sowie mit Belastungen der Familie durch Arbeitslosigkeit, Partnerkonflikte oder Trennung der Eltern. Diese Faktoren führen zu einem gestörten Erziehungsverhalten bei den Eltern, vor allem dann, wenn die Eltern diesen Stress schlecht bewältigen können. Inkonsistente Erziehung ist also nicht nur eine Folge von generell fehlenden Erziehungskompetenzen, sie wird in erheblichem Maße durch Belastungen gefördert, die auf die Familien einwirken.

1.3 Ursachen von aggressivem Verhalten und therapeutische Ansatzpunkte

Die Ursachen von aggressivem Verhalten und die möglichen biopsychosoziale Einflussfaktoren können vielfältig sein, wie Tabelle 1 zeigt.

Die in Tabelle 1 gelisteten Faktoren sind eine Zusammenstellung der Ergebnisse empirischer Studien. Schwerpunktmäßig soll in diesem Kapitel nicht weiter auf diese einzelnen empirischen Befunde eingegangen, sondern anhand eines theoretischen Konzeptes die Grundlage von THAV erläutert werden.

Abbildung 4 fasst noch einmal die Problembereiche zusammen, die in Familien von aggressiv auffälligen Kindern, beim Kind selbst, im Kindergarten oder in der Schule und in der Gleichaltrigengruppe zu beobachten sind.

Abbildung 5 gibt eine Übersicht über das dem THAV zugrunde liegende Störungs- und Interventionsmodell. Danach kann gleichaltrigenbezogene Aggression durch folgende Prozesse ausgelöst und aufrechterhalten werden, wobei diese Prozesse im Einzelfall unterschiedlich stark beteiligt sind:

- Störungen sozial-kognitiver Informationsverarbeitung,
- Störungen der Impulskontrolle,
- Störungen sozialer Fertigkeiten,
- Störungen sozialer Interaktionen.

Dementsprechend können, wie Abbildung 5 zeigt, folgende Interventionen zur Verminderung von gleichaltrigenbezogener Aggression eingesetzt werden:
- Sozial-kognitive Interventionen,
- Ärgerkontroll-Training,
- Problemlöse- und Fertigkeitentraining,
- Modifikation sozialer Interaktionen.

Im Folgenden werden die einzelnen aggressionsauslösenden und -aufrechterhaltenden Prozesse genauer beschrieben:

Störungen sozial-kognitiver Informationsverarbeitung

Sozial-kognitive Informationsverarbeitung bezeichnet den psychischen Prozess, der zwischen der Wahrnehmung einer sozialen Situation und der Handlungsausführung stattfindet. Er beinhaltet somit sowohl die Wahrnehmung der Situation und die verschiedenen Stufen der sozialen Problemlösung von der Entwicklung von Handlungsalternativen bis hin zur Entscheidung für eine Alternative als auch generelle Überzeugungen und Einstellungen (z. B. feindselige Haltungen) und die Fähigkeit zur Rollenübernahme und zur Entwicklung von Empathie. Störungen in der sozial-kognitiven Informationsverarbeitung haben aggressives Verhalten zur Folge, weil das Kind nicht in der Lage ist, sozial kompetente Verhaltensalternativen aus seinem Verhaltensrepertoire auszuwählen.

Abbildung 6 zeigt die Häufigkeit von Störungen sozial-kognitiver Informationsverarbeitung bei Gleichaltrigenkonflikten nach Einschätzung von Eltern, erfasst im Fragebogen zum aggressiven Verhalten von Kindern (FAVK; Görtz-Dorten & Döpfner, 2010a). Danach schieben Kinder bei Streitigkeiten häufig die Schuld und eigene Fehler auf andere und mehr als 10 % fühlen sich außerdem schnell provoziert oder ungerecht behandelt. Diese Phänomene können als Störung der sozialen Wahrnehmung interpretiert werden. Kinder mit aggressiv-dissozialem Verhalten zeigen sowohl nach dem Urteil der Eltern als auch im Selbst-

Tabelle 1: Biopsychosoziale Einflussfaktoren im Rahmen der Aggressionsentwicklung
(nach Coie & Dodge, 1998; Maughan & Rutter, 1998; Petermann & Hermann, 1999;
Schmeck & Poustka, 2000; aus Petermann et al., 2007)

Biologische Einflüsse	*Biologische Merkmale* – männliches Geschlecht – neurologisch mitbedingte Erregbarkeit, Irritabilität und Reagibilität – niedrige Kortisolwerte – niedriges Aktivitätsniveau (z. B. niedrige Herzfrequenzrate) – reduzierte Serotoninaktivität *Körperliche Faktoren, die die Entwicklung des Kindes beeinflussen* – Belastungen in der Schwangerschaft (z. B. Infektionen, intrauterine Mangelernährung, Unfälle, Schockerlebnisse) – Einnahme von Alkohol, Drogen, Nikotin und Medikamente während der Schwangerschaft – Geburtkomplikationen – niedriges Geburtsgewicht
Psychische Einflüsse	*Psychische Merkmale* – schwieriges Temperament des Kleinkindes – niedrige Intelligenz – unzureichende Impulskontrolle und Emotionsregulation – überzogene Selbsteinschätzung – verzerrte sozial-kognitive Informationsverarbeitung – unzureichendes Einfühlungsvermögen
Soziale Einflüsse	*(Psycho-)Soziale Merkmale* – unsichere Bindung (im Kleinkindalter) – erpresserisch-eskalierende Bindung (im Vorschulalter) – mangelnde Aufsicht durch die Eltern – unzureichende Erziehungskompetenz der Eltern – negative Erziehungspraktiken (vor allem strafendes und misshandelndes Disziplinierungsverhalten) – unzureichende emotionale Unterstützung und Akzeptanz gegenüber dem Kind – erpresserische Eltern-Kind-Interaktion – Charakteristiken der Eltern (z. B. mangelnde gegenseitige soziale Unterstützung, Ehekonflikte, Depression der Mutter, kriminelles Verhalten, Alkoholismus) – familiäre Stressbelastetheit (z. B. alleinerziehendes Elternteil, beengte Wohnverhältnisse, geringes Familieneinkommen) – erfahrene körperliche Misshandlung (z. B. durch die Eltern) – soziale Ablehnung durch Gleichaltrige – negative Einflüsse Gleichaltriger

urteil deutlich stärkere Störungen sozial-kognitiver Informationsverarbeitung bei Gleichaltrigenkonflikten als Kinder einer repräsentativen Stichprobe (Görtz-Dorten & Döpfner, 2010a).

Dodge und Schwartz (1997) und Döpfner (1989) erarbeiteten theoretische Konzepte zum Einfluss sozial-kognitiver Informationsverarbeitung auf aggressives Verhalten. Dodge und Schwartz (1997) beschreiben fünf Stufen von der Enkodierung von Hinweisreizen bis hin zur Bewertung der Problemlösung. Um die typischen Merkmale der sozial-kognitiven Informationsverarbeitung aggressiver Kinder herauszuarbeiten, werden ihnen in experimentellen Studien Beschreibungen von sozialen Situationen oder kurze Videoausschnitte vorgege-

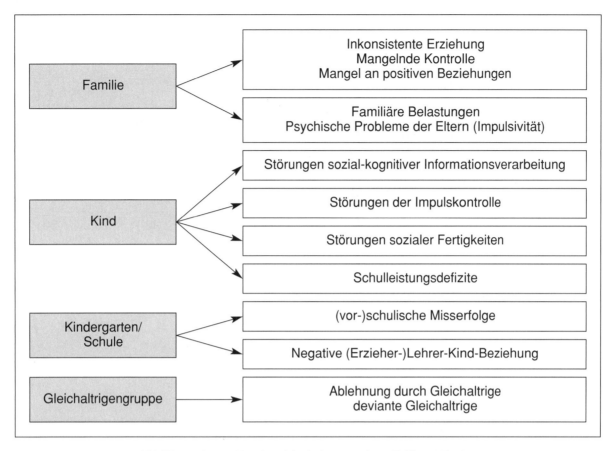

Abbildung 4: Problembereiche bei aggressiv auffälligen Kindern

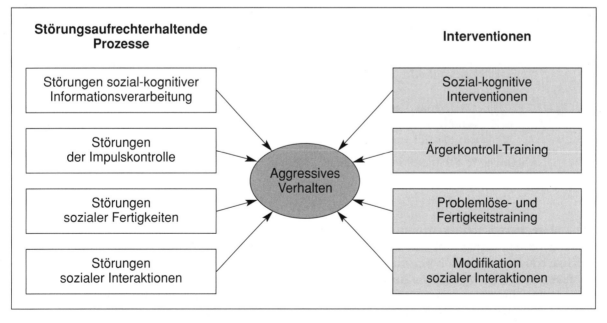

Abbildung 5: Störungs- und Interventionsmodell für das Therapieprogramm für Kinder mit aggressivem Verhalten (THAV)

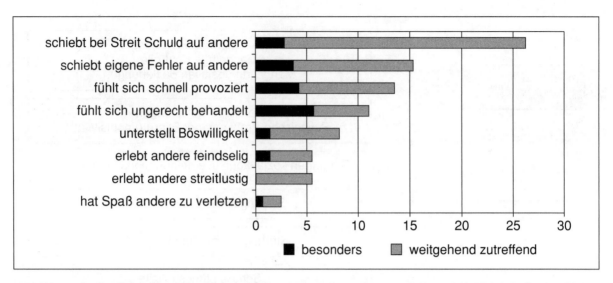

Abbildung 6: Häufigkeit von Störungen sozial-kognitiver Informationsverarbeitung bei Gleichaltrigenkonflikten nach Einschätzung von Eltern im FAVK-F (Görtz-Dorten & Döpfner, 2010a)

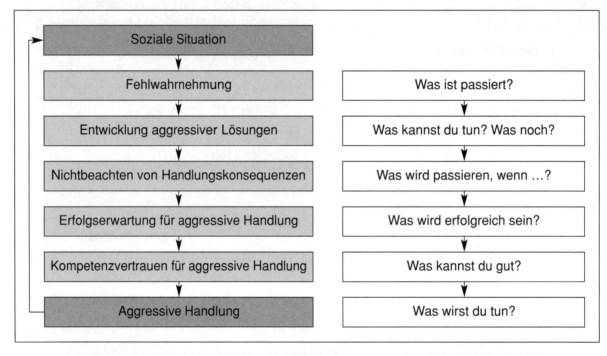

Abbildung 7: Störungen sozial-kognitiver Informationsverarbeitung nach Döpfner (1989)

ben und sie danach befragt, wie sie solche Situationen bewerten. Bei der *Enkodierung* nutzen aggressive Kinder weniger Hinweisreize; vor allem bei uneindeutigen Reizen suchen sie im Vergleich zu anderen Kindern weniger zusätzliche Informationen. Sie fokussieren bevorzugt auf provozierende Reize; insbesondere Schulkinder und Jugendliche unterstellen Interaktionspartnern *Feindseligkeit*. Für aggressive Kinder sind *Dominanz* und *Kontrolle* wichtiger als prosoziale Ziele; im Rahmen der *Problemlösung* entwickeln aggressive Kinder sehr häufig konflikterhöhende und ineffektive Vorschläge. Bei der *Bewertung der Problemlösung* gehen aggressive Kinder von Folgendem aus: Sie glauben, dass Aggression zu Anerkennung, einem höheren Selbstwertgefühl sowie positiven Gefühlen führt und die unangenehmen Konsequenzen in Konflikten reduziert. Aggressive Kinder nehmen nicht die Perspektive des Opfers einer aggressiven Handlung ein und vermuten aus diesem Grund nicht, dass ihre Opfer unter ihrem feindseligen Verhalten leiden. Weiterhin schätzen diese Kinder ihr aggressives Handeln als effektiv ein; zugleich gehen sie davon aus, dass sie positive konfliktbegrenzende Strategien schlechter einsetzen können.

Die Studien zur sozial-kognitiven Informationsverarbeitung legen auch nahe, dass aggressive Kinder große Probleme besitzen, sich in die Lage ihrer Opfer einzufühlen und die Konsequenzen ihres Handelns abzuschätzen (Dodge & Schwartz, 1997).

Das von Döpfner (1989) entwickelte Modell der Störungen sozial-kognitiver Informationsverarbeitung ist in Abbildung 7 zusammen mit Fragen dargestellt, die eine Erfassung solcher Störungen in der Exploration von Kindern ermöglicht. Allerdings konnten die Zusammenhänge zwischen sozial-kognitiver Informationsverarbeitung und Sozialverhalten nicht durchweg bestätigt werden (Döpfner et al., 1989). Die Wurzeln dieser verzerrten Bewertungen werden in frühen negativen Erfahrungen gesehen (z. B. körperliche Misshandlungen, harsche Disziplin).

Störungen der Impulskontrolle

Aggressive Kinder können durch eine *mangelnde Impulskontrolle* im Sinne der Hemmung aggressiver, feindseliger Verhaltensweisen auffallen (vgl. Loeber & Hay, 1997), wodurch aggressives Verhalten unzureichend gehemmt wird. Negative, unregulierte Emotionen hindern Kinder daran, angemessene Problemlösestrategien einzusetzen; dadurch wird die Häufigkeit und Ausprägung aggressiven Verhaltens erhöht (Snyder et al., 1997).

Manche Kinder mit einer effektiven sozial-kognitiven Informationsverarbeitung zeigen dennoch aggressives Verhalten, weil es ihnen nicht gelingt in der konkreten Situation solche Impulse zu hemmen, sie also von intensiven Ärgergefühlen geradezu überschwemmt werden. Sozial angemessenes Verhalten kann erst dann entstehen, wenn sich eine hinreichende *Emotionskontrolle* ausgebildet hat (vgl. Cicchetti et al., 1995; Eisenberg et al., 1993). Emotionskontrolle wird zum einen dadurch möglich, dass der emotionale Ausdruck kontrolliert wird; zum anderen ist das Sprechen über Emotionen ein wesentlicher Aspekt der Emotionsregulation (Sinclair & Harris, 1991; Dunn et al., 1991).

Abbildung 8 zeigt die Häufigkeit von Störungen der Impulskontrolle bei Gleichaltrigenkonflikten nach Einschätzung von Eltern, erfasst im Fragebogen zum aggressiven Verhalten von Kindern (FAVK; Görtz-Dorten & Döpfner, 2010a). Danach schlagen oder beleidigen bei einem Streit mehr als 15 % aller Kinder obwohl sie wissen, dass es andere Möglichkeiten gibt einen Streit zu beenden. Kinder mit aggressiv-dissozialem Verhalten zeigen sowohl nach dem Urteil der Eltern als auch im Selbsturteil deutlich stärkere Störungen der Impulskontrolle bei Gleichaltrigenkonflikten als Kinder einer repräsentativen Stichprobe (Görtz-Dorten & Döpfner, 2010a).

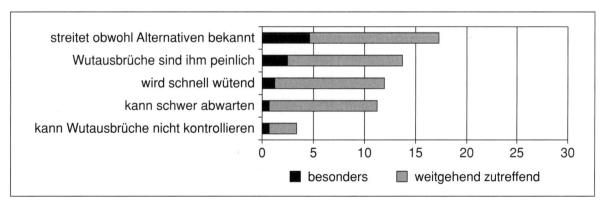

Abbildung 8: Häufigkeit von Störungen der Impulskontrolle bei Gleichaltrigenkonflikten nach Einschätzung von Eltern im FAVK-F (Görtz-Dorten & Döpfner, 2010a)

Störungen sozialer Fertigkeiten

Manche Kinder zeigen aggressives Verhalten, obwohl sie keine Auffälligkeiten in der sozial-kognitiven Informationsverarbeitung aufweisen und
auch keine Impulskontrollstörungen in der konkreten sozialen Situation haben. Solche Kinder
können eine Konfliktsituation möglicherweise
deshalb nicht auf sozial kompetente Weise lösen,
weil es ihnen an sozialen Fertigkeiten fehlt. Es
fällt ihnen schwer, die richtigen Worte zu finden
und auch auf non-verbale Weise in kompetenter
Weise zu kommunizieren. Studien weisen auch
darauf hin, dass sich aggressiv auffällige Kinder
in Rollenspielen von Konfliktsituationen sozial
weniger geschickt verhalten (vgl. Döpfner et al.
2007).

Abbildung 9 zeigt die Häufigkeit von Störungen
sozialer Fertigkeiten bei Gleichaltrigenkonflikten
nach Einschätzung von Eltern, erfasst im Fragebogen zum aggressiven Verhalten von Kindern
(FAVK; Görtz-Dorten & Döpfner, 2010a). Danach
fällt es fast 15 % aller Kinder schwer, einen Streit
friedlich zu beenden oder sich durchzusetzen, in
dem sie mit anderen ruhig reden. Mehr als 5 %
aller Kinder schlagen oder schreien, wenn ihnen
jemand etwas wegnimmt, weil sie nicht wissen,
was sie anderes tun können. Kinder mit aggressiv-
dissozialem Verhalten zeigen sowohl nach dem
Urteil der Eltern als auch im Selbsturteil deutlich stärkere Störungen sozialer Fertigkeiten bei
Gleichaltrigenkonflikten als Kinder einer repräsentativen Stichprobe (Görtz-Dorten & Döpfner,
2010a)

Störungen sozialer Interaktionen

Manche Kinder zeigen aggressives Verhalten, obwohl sie weder Auffälligkeiten in der sozial-kognitiven Informationsverarbeitung aufweisen, noch
Impulskontrollstörungen in der konkreten sozialen
Situation haben und auch durchaus die entsprechenden Fertigkeiten besitzen um eine Konfliktsituation auf sozial kompetente Weise zu lösen.
Diese Kinder zeigen möglicherweise aggressives Verhalten weil, die Interaktionspartner sich
so verhalten, dass sie aggressives Verhalten unterstützen. Kinder machen dann die Erfahrung,
dass es „sich lohnt" sich aggressiv zu verhalten.
Solche Störungen sozialer Interaktionen haben
ihren Anfang üblicherweise sehr früh bereits in
der Familie und können sich im Kindergarten, in
der Schule und auch in der Gleichaltrigengruppe
fortsetzen.

Abbildung 10 zeigt die Häufigkeit von Störungen
sozialer Interaktionen bei Gleichaltrigenkonflikten
nach Einschätzung von Eltern, erfasst im Fragebogen zum aggressiven Verhalten von Kindern
(FAVK; Görtz-Dorten & Döpfner, 2010a). Danach
bekommen mehr als 10 % aller Kinder meist keine
Strafe, wenn sie einen anderen absichtlich verlet-
zen oder beleidigen und werden von Anderen in
Ruhe gelassen, wenn sie wütend werden. Weitere
5 % aller Kinder setzen ihren Willen mit Gewalt
durch, wenn sie stärker sind als Andere. Bei Kindern mit aggressiv-dissozialem Verhalten sind
sowohl nach dem Urteil der Eltern als auch im
Selbsturteil deutlich häufiger solche Störungen
sozialer Interaktionen bei Gleichaltrigenkonflik-

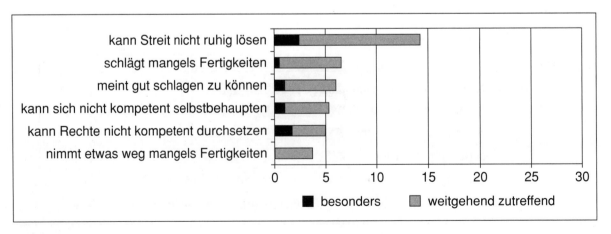

Abbildung 9: Häufigkeit von Störungen sozialer Fertigkeiten bei Gleichaltrigenkonflikten nach Einschätzung
von Eltern im FAVK-F (Görtz-Dorten & Döpfner, 2010a)

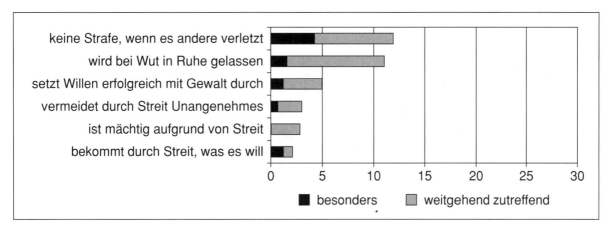

Abbildung 10: Häufigkeit von Störungen sozialer Interaktionen bei Gleichaltrigenkonflikten nach Einschätzung von Eltern im FAVK-F (Görtz-Dorten & Döpfner, 2010a)

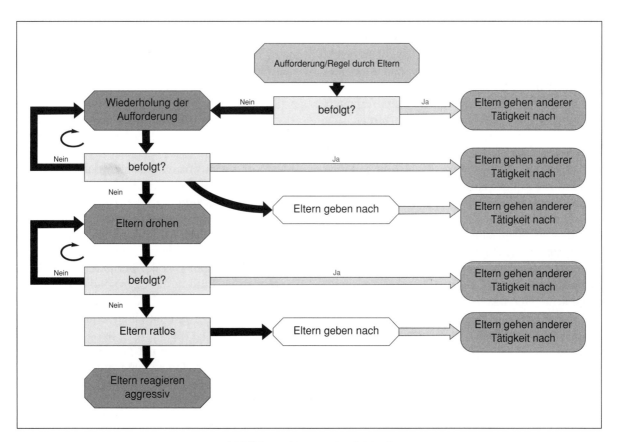

Abbildung 11: Der Teufelskreis

ten zu beobachten als bei Kindern einer repräsentativen Stichprobe (Görtz-Dorten & Döpfner, 2010a).

Wie solche Störungen von Eltern-Kind-Interaktionen bereits in der Familie aggressives und oppositionelles Verhalten verursachen, das zeigt ein von Barkley (1981) entwickeltes Modell, das letztend-lich die von Patterson (1994) erstmals beschriebenen coerciven d. h. gegenseitig erzwingenden Interaktionen illustriert (siehe Abb. 11).

Danach werden Aufforderungen und Grenzsetzungen von Eltern von nahezu allen Kindern gelegentlich nicht beachtet. Entscheidend für die Entwicklung von aggressivem und oppositionellem Verhalten ist die Reaktion der Eltern darauf. Manche Eltern wiederholen ihre Aufforderungen dann mehrfach, beachten aber nicht, wenn das Kind eine Aufforderung befolgt, entweder weil sie meinen, das folgsame Verhalten ihres Kindes sei schließlich mehr als selbstverständlich oder weil sie einfach endlich das tun wollen, was durch die Auseinandersetzungen mit dem Kind liegenge-blieben ist. Auffälliges, nämlich nicht folgsames Verhalten des Kindes, hat jedenfalls vermehrte, wenn auch negativ getönte Aufmerksamkeit zur Folge, während angemessenere Handlungen kaum beachtet werden. Die Spirale des familiären Kon-fliktes dreht sich noch weiter: Die Eltern begin-nen zu drohen, das Kind reagiert wieder nicht, die Eltern werden schließlich ratlos und geben ent-weder nach oder werden ungezielt aggressiv. Bei-des hat zur Folge, dass mangelnde Regelbefolgung und oppositionelles oder aggressives Verhalten des Kindes eher noch zunehmen. Das Kind wird durch das Nachgeben der Eltern für sein oppositionelles Verhalten belohnt (negativ verstärkt) oder durch das Vorbild der Eltern zu aggressivem Verhalten (zumindest außerhalb der Familie) angeregt.

Dieser Teufelskreis konnte in einer Vielzahl von Studien belegt werden. Eine Reihe von Autoren konnte in Problemfamilien eine *unzureichende Erziehungskompetenz* der Eltern und einen ag-gressionsfördernden Erziehungsstil finden (vgl. Loeber, 1990; Patterson et al., 1991), der wie folgt umschrieben werden kann:
• die Eltern stellen zu viele oder zu wenige sozi-ale Regeln auf;
• sie achten nicht konsequent auf die Einhaltung dieser Regeln;
• sie sind selbst Modelle für aggressives Verhal-ten;
• sie verstärken aggressives Verhalten durch posi-tive und vor allem durch negative Verstärkung, oder sie dulden das aggressive Verhalten ihres Kindes.

Wasserman und Mitarbeiter (1996) weisen darauf hin, dass besonders die folgenden Problemkons-tellationen bzw. *negative Erziehungspraktiken* für die Entstehung früher Verhaltensprobleme verant-wortlich sind:
• Eltern-Kind-Konflikte, die das Schlagen des Kindes und die offensichtliche Abneigung der Eltern gegenüber dem Kind beinhalten;
• mangelnde elterliche Aufsicht, das heißt wenig Wissen darüber, wann, wo, wie und mit wem das Kind seine Zeit verbringt;

• fehlende positive Anteilnahme, die sozial kom-petentes Verhalten, emotionale Unterstützung sowie die explizite Zuneigung gegenüber dem Kind umfasst.

Solche Störungen der Interaktionen entwickeln sich zwar häufig zuerst in den Familien, sie per-petuieren jedoch im Kindergarten, in der Schule und in der Gleichaltrigengruppe: Der Erzieherin und der Lehrerin gelingt es nicht, auf sozial kom-petentes Verhalten regelmäßig positiv zu reagie-ren und auf aggressives Verhalten kontinuierlich negative Konsequenzen folgen zu lassen. Gleich-altrige lassen dem aggressiven Kind lieber den Vortritt und manche bewundern diese auch.

Die in Abbildung 5 zusammenfassend dargestell-ten und hier diskutierten aggressionsauslösenden und -aufrechterhaltenden Prozesse machen die therapeutischen Ansatzpunkte von THAV deutlich, die sowohl kindzentrierte als auch umfeldzentrierte Interventionen umfassen:
• Sozial-kognitive Interventionen vornehmlich mit den Kind sollen helfen, bestimmte Störun-gen der Informationsverarbeitung zu vermin-dern,
• Ärgerkontroll-Trainings sollen Störungen der Impulskontrolle vermindern,
• Problemlöse- und Fertigkeitentrainings sollen auf der einen Seite bestimmte Störungen der Informationsverarbeitung (nämlich Störungen der Problemlösefähigkeit im engeren Sinne) als auch Störungen sozialer Fertigkeiten vermin-dern.
• Modifikation sozialer Interaktionen sollen Stö-rungen sozialer Interaktionen reduzieren.

Diese Interventionen werden vor dem Hintergrund der multimodalen Kinder- und Jugendlichenpsy-chotherapie durchgeführt, die im nächsten Kapi-tel näher erläutert wird.

1.4 Das Konzept der multimodalen Kinder- und Jugendlichen-psychotherapie

THAV wurde vor dem Hintergrund des Konzep-tes der multimodalen Kinder- und Jugendlichen-psychotherapie entwickelt, die sich als eine pro-blemorientierte, individualisierte, sequenzielle und adaptive, entwicklungs- und ergebnisorientierte Therapie charakterisieren lässt, die auf der Grundlage allgemeiner Wirkprinzipien evidenzbasierte Interventionsmethoden anwendet, dabei den spezifischen Kontext berücksichtigt, in dem die Probleme auftreten und mehrere Interventionsebenen integriert (Döpfner, 2007, 2008).

Die störungsübergreifenden allgemeinen Wirkprinzipien der multimodalen Kinder- und Jugendlichenpsychotherapie beziehen sich in Anlehnung an Grawe (1995) auf:
• Ressourcenaktivierung,
• kognitiv-affektive Klärung,
• Problemaktualisierung,
• aktive Hilfe zur Problembewältigung

Im Unterschied zur Erwachsenenpsychotherapie werden diese Prinzipien jedoch nicht nur in der Arbeit mit dem Patienten realisiert sondern spielen ebenso in der Arbeit mit seinen Bezugspersonen eine wichtige Rolle.

Obwohl THAV sowohl dem Kind als auch dem Umfeld vor allem aktive Hilfe zur Problembewältigung anbietet, kommt der Ressourcenaktivierung gerade bei aggressiv auffälligen Kindern eine besondere Bedeutung zu, weil diese Kinder sich häufig zunächst nicht einem problemfokussierenden Zugang öffnen und weil die Aktivierung ihrer Ressourcen auch direkt zur Problemminderung

beitragen kann. THAV verfolgt daher folgende Strategien der Ressourcenaktivierung durch:
• das Anknüpfen an den positiven Möglichkeiten, Eigenarten, Fähigkeiten und Motivationen des Patienten und seiner Bezugspersonen,
• die Stärkung von Erfolgserwartungen bezüglich der Therapie beim Patienten und seine Bezugspersonen,
• die Motivierung des Patienten und seiner Bezugspersonen zur Durchführung von Interventionen und zur Verhaltensänderung und
• die Entwicklung einer guten therapeutischen Beziehung mit dem Patienten und seinen Bezugspersonen.

Das THAV-Konzept zur Umsetzung des Prinzips der aktiven Hilfe zur Problembewältigung lässt sich an Abbildung 12 zusammenfassend erläutern (vgl. Döpfner, 2007).

Die Interventionsebenen von THAV im Rahmen der multimodalen Kinder- und Jugendlichenpsychotherapie sind in Abbildung 13 dargestellt (vgl. Döpfner, 2007). Danach stellt THAV die Hilfe für das Kind zur erfolgreichen Problembewältigung in das Zentrum der Therapie, die durch die Ressourcenaktivierung, die Problemfokussierung und die kognitiv-affektive Klärung unterstützt wird. Familienzentrierte, schulzentrierte und gleichaltri-

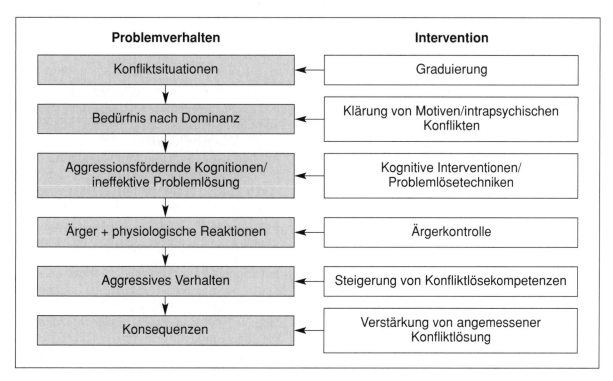

Abbildung 12: Ansatzpunkte von THAV im Rahmen der multimodalen Kinder- und Jugendlichenpsychotherapie

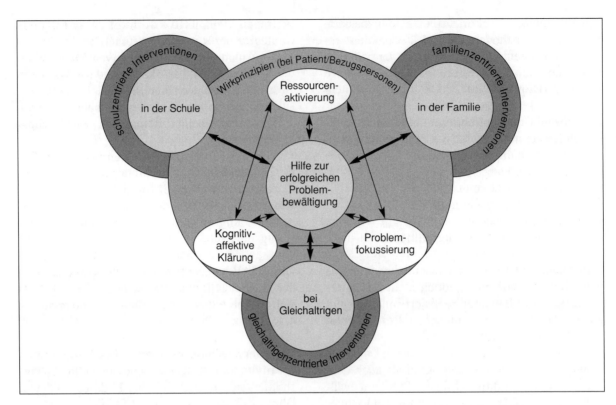

in der Schule · Ressourcen- aktivierung · in der Familie · Hilfe zur erfolgreichen Problem- bewältigung · Kognitiv- affektive Klärung · Problem- fokussierung · bei Gleichaltrigen · schulzentrierte Interventionen · Wirkprinzipien (bei Patient/Bezugspersonen) · familienzentrierte Interventionen · gleichaltrigenzentrierte Interventionen

Abbildung 13: Interventionsebenen von THAV im Rahmen der multimodalen Kinder- und Jugendlichenpsychotherapie

genzentrierte Interventionen werden ergänzend eingeführt, um die Wirksamkeit der Therapie zu steigern und die Generalisierung der Effekte auf den Alltag zu verbessern.

Solche multimodalen Interventionen, die unterschiedliche Lebensbereiche (Familie, Schule, Freizeitbereich), Personen (Eltern, Lehrer, Erzieher, Kind) und Interventionsebenen (Eltern-, Kind- und Schulebene) berücksichtigen, erweisen sich als besonders wirksam; dies gilt insbesondere bei sehr ausgeprägten Formen des aggressiv-dissozialen Verhaltens (vgl. Petermann et al., 2008). Die Behandlung muss entsprechend der Stärke und dem Chronifizierungsgrad der Symptomatik, dem Vorliegen komorbider Störungen und den Ressourcen des Patienten und seines Umfeldes individuell zugeschnitten werden.

Der Leitfaden für aggressiv-dissoziale Störungen spezifiziert die Indikation für die verschiedenen Komponenten einer umfassenden multimodalen Therapie (vgl. Petermann et al., 2008):
• Bei komorbiden Störungen, die vermutlich wesentlich zur Aufrechterhaltung der aggressiv-dissozialen Störung (z. B. hyperkinetische Störung, ausgeprägte depressive Störung) bei-

tragen, kann eine primäre oder zumindest begleitende Therapie der komorbiden Symptomatik einschließlich Pharmakotherapie nötig sein. Komorbide Störungen, die vermutlich eher die Folge der aggressiv-dissozialen Symptomatik sind (z. B. depressive Symptome), sollten eher nachrangig behandelt werden.
• Daneben können Interventionen zur Veränderung weiterer aufrechterhaltender Bedingungen nötig sein. Liegen psychosoziale Bedingungen vor, die das Kindeswohl gefährden (Misshandlung oder sexueller Missbrauch) oder die vermutlich wesentlich zur Aufrechterhaltung der Symptomatik beitragen und die vermutlich nicht durch zeitlich begrenzte Interventionen verändert werden können (z. B. schulische Überforderung, chaotische familiäre Umstände, enge Einbindung in delinquente Gleichaltrigengruppe), so ist die Möglichkeit des Wechsels des beeinträchtigenden psychosozialen Umfeldes vor der Durchführung intensiver therapeutischer Maßnahmen abzuklären (z. B. Schulwechsel, ambulante, teilstationäre oder stationäre Maßnahmen der Jugendhilfe).
• Bei ausgeprägten psychischen Störungen der Eltern (z. B. depressive Störung, Substanzabhängigkeit) oder bei ausgeprägten Störungen

der Partnerschaftsbeziehung der Eltern sind entsprechende parallele therapeutische Maßnahmen vor allem dann indiziert, wenn diese Störungen vermutlich wesentlich die aggressive oder dissoziale Symptomatik aufrechterhalten. Sind solche Maßnahmen nicht durchführbar oder nicht erfolgreich, dann können Jugendhilfe-Interventionen zur Stützung (sozialpädagogische Familienhilfe, Erziehungsbeistandschaft) oder zum Wechsel des familiären Umfeldes (teilstationäre oder stationäre Maßnahme der Jugendhilfe) hilfreich sein.

- Bei oppositionellem und aggressivem Verhalten des Kindes in der Familie und/oder bei mangelnder Wärme in der Eltern-Kind-Beziehung und/oder bei inkonsistentem Erziehungsverhalten der Eltern ist ein Elterntraining mit Interventionen in der Familie unter Einbeziehung des Kindes indiziert. Die Einbeziehung anderer Familienmitglieder (Geschwister) kann sehr wichtig sein. THAV bezieht auch die Eltern intensiv in die Therapie mit ein; noch intensiver ist die Interventionsform im Therapieprogramm für Kinder mit hyperkinetischem und oppositionellem Problemverhalten (THOP; Döpfner et al., 2007) ausgearbeitet.
- Bei oppositionellem und aggressivem Verhalten des Kindes im Kindergarten oder in der Schule und/oder bei Störung der Erzieher-/Lehrer-Kind-Beziehung und/oder bei inkonsistentem Erziehungsverhalten der Bezugspersonen sind Interventionen im Kindergarten oder in der Schule unter Einbeziehung des Kindes (Selbstmanagement-Methoden), der erwachsenen Bezugspersonen und der Gleichaltrigen nötig. THAV bezieht sowohl Lehrer als auch Gleichaltrige in die Therapie mit ein.
- Bei aggressivem Verhalten im Verband mit anderen aggressiv auffälligen Gleichaltrigen (oder Älteren), sind Interventionen zur Herauslösung der Kindes unter Einbeziehung des Kindes (Selbstmanagement-Methoden) aus dem Verband und zur Integration in eine angemessene Gleichaltrigengruppe indiziert, die im THAV ebenfalls umgesetzt werden.

Grundlage der multimodalen Behandlung ist die Aufklärung und Beratung der Bezugspersonen und des Kindes (ab dem Schulalter), die immer durchgeführt wird. Auf dieser Basis werden die Indikationen für die einzelnen Behandlungskomponenten einer multimodalen Therapie gestellt. Bei milden und wenig chronifizierten Formen von aggressiv-dissozialen Verhaltensstörungen können solche psychoedukativen Interventionen ausreichend sein. Ansonsten ist in der Regel eine Kombination mehrerer Interventionen erforderlich. Da das soziale Umfeld in der Regel wesentlich zur Aufrechterhaltung der Symptomatik beiträgt, sind ausschließlich auf den Patienten bezogene Interventionen (inklusive Pharmakotherapie) in der Regel nicht ausreichend.

Der Schwerpunkt von Problemlöse- und sozialen Kompetenztrainings liegt in der Arbeit mit dem Kind. Durch solche Trainings sollen interpersonale und kognitive Fertigkeiten modifiziert und entwickelt werden. Zu den Maßnahmen zählen unter anderem: Verstärkung prosozialen Verhaltens, Schulung der sozialen Wahrnehmung, Verhaltensübungen für den Umgang mit sozialen Situationen, Entspannungsverfahren, Techniken zur Übernahme der Perspektive des Interaktionspartners, Rollenspiele zum Lösenlernen sozialer Probleme, Techniken zur Selbstbeobachtung und Selbstinstruktion (AACAP Practice Parameters, 1997; Petermann et al., 2008; Döpfner & Petermann, 2004).

1.5 Übersicht über Problemlöse- und soziale Kompetenztrainings für aggressives Verhalten und ihre Wirksamkeit

Mit Problemlöse- und sozialen Kompetenztrainings sollen aggressive Kinder neue Lösungen für zwischenmenschliche Konflikte erlernen; sie sollen die Konsequenzen der eigenen Handlungen besser abschätzen, die Intentionen und Erwartungen anderer genauer erkennen lernen (vgl. Lochman & Dodge, 1994). Problemlösetrainings ist gemeinsam, dass sie die Bedeutung kognitiver Prozesse für aggressives Verhalten betonen (vgl. Dodge & Schwartz, 1997) und neue Problemlösungen schrittweise vermitteln wollen; die Therapie basiert auf strukturierten Aufgaben (z. B. Rollenspielen), die den Alltagstransfer schrittweise planen; der Therapeut übernimmt eine aktive Rolle, indem er Selbstaussagen und -instruktionen modelliert, differenzielles Lernen ermöglicht und gezielt den Kindern Feedback gibt (siehe Kasten 1).

Problemlösetrainings können aggressives Verhalten zu Hause, in der Schule und außerhalb des Elternhauses signifikant reduzieren, wobei die Effekte auch nach zwölf Monaten noch zu beobach-

Kasten 1: Vorannahmen und Vorgehen bei kognitiven Problemlösetrainings/sozialen Kompetenztrainings

- Die Kinder sollen schrittweise lernen, sich sozialen Situationen angemessen zu nähern und soziale Probleme zu lösen. Somit stehen die Art und Weise, in der sich Kinder sozialen Situationen nähern und die kognitiven Prozesse, die ihre Interaktionen in sozialen Situationen begleiten, im Mittelpunkt der Intervention.
- Positives Sozialverhalten (Kooperation, Hilfeverhalten usw.) soll in sozialen Situationen beim Kind verstärkt werden.
- Der Therapeut übernimmt eine aktive Rolle. Er fördert und leitet die kognitiven Prozesse und die sozialen Verhaltensweisen beim Kind mit Hilfe verbaler Anweisungen und Verstärkungsmaßnahmen.
- Es werden unterschiedliche therapeutische Methoden (z. B. strukturierte Rollenspiele, Übungen und Geschichten) sowie Techniken (z. B. Verstärkungsmaßnahmen, Response-Cost-Systeme – aversive Konsequenzen wie Belohnungsentzug – und Lernen am Modell) eingesetzt. Selbstinstruktion, Selbstmanagement, Perspektivenübernahme, das Lösen sozialer Probleme, aber auch Entspannungsverfahren werden miteinander kombiniert.
- Problemlöseaufgaben sollen im Verlauf der Intervention in zunehmendem Maße auf reale Alltagssituationen übertragen werden.

ten sind (Kadzin, 1997). Generell scheinen ältere Kinder (ab 11 Jahre) mehr von solchen Ansätzen zu profitieren (vgl. Brestan & Eyberg, 1998; Eyberg et al., 2008); liegen jedoch zusätzliche psychische Störungen, massive Leistungsdefizite in der Schule und große familiäre Belastungen vor, dann sind die Erfolgsaussichten erheblich reduziert. Von Vorteil ist, dass bei solchen Programmen gut ausgearbeitete Manuale vorliegen.

Tabelle 2: Übersicht über das Anger Coping Program

Programm, Autor	Anger Coping Program (Lochman et al., 2003)
Formale Struktur	18 Gruppensitzungen, wöchentlich, 45 bis 60 Minuten für Kinder 4. bis 6. Klasse
Inhaltliche Struktur	– Basiert auf Crick und Dodge's Modell der Sozialen Informationsverarbeitung – Problemlöse-/Ärgerkontrollfertigkeiten werden in Gruppen-, Puppen- und Rollenspielen eingeübt – Videoübungen/Perspektivenwechselübungen – Einführung von Selbstinstruktion- und Ablenkungstechniken sowie von Entspannungsmethoden – Auswirkungen auf Reaktionen und Gefühle werden besprochen – Besprechung individueller Problemsituationen – Einsatz von Punktepläne

Studienergebnisse	– Stichprobe: 76 Jungen
	– Alter: 9 bis 12 Jahre
	– Randomisierte Zuordnung zu TG oder KG
	– Signifikante Effekte:
	  • Verbesserung von prosozialem Verhalten
	  • Reduzierung von antisozialem Verhalten
	  • Langzeiteffekte nach 3 Jahren
	  • weniger Drogen- und Alkoholkonsum

Es gibt viele internationale Untersuchungen zu verschiedenen Kompetenztrainings mit Vor- und Grundschulkindern, deren Wirksamkeit in kontrollierten Studien belegt ist. Für den angloamerikanischen Sprachraum kann hierzu beispielsweise auf das Anger Coping Program von J. E. Lochman et al. (vgl. Tab. 2) hingewiesen werden. Das Programm ist für Kinder in der 4. bis 6. Klasse entwickelt worden und wird in 18 Gruppensitzungen (wöchentlich 45 bis 60 Minuten) durchgeführt. Es basiert auf dem Modell der sozialen Informationsverarbeitung von Crick und Dodge (1994). Problemlöse- und Ärgerkontrollfertigkeiten werden in Gruppen-, Puppen- und Rollenspielen sowie Videoübungen eingeübt und individuelle Problemsituationen werden besprochen. Zusätzlich werden Selbstinstruktion- und Entspannungsmethoden sowie Tokensysteme eingeführt. In einer randomisierten Kontrollgruppenstudie von n = 76 Jungen im Alter von 9 bis 12 Jahren zeigten sich signifikante Effekte bezüglich der Verbesserung von prosozialem Verhalten und der Reduzierung von antisozialem Verhalten.

Das Coping Power Program von Lochman und Mitarbeitern (vgl. Tab. 3) ist eine längere, Multikomponenten-Version des Anger Coping Programs, das sowohl ein Einzeltraining mit dem Kind als auch ein Gruppentraining mit mehreren Kindern sowie Beratungsgespräche mit den Eltern umfasst. In einer randomisierten Kontrollgruppenstudie mit 183 Jungen im Alter von 9 bis 12 Jahren zeigten sich signifikante Effekte bezüglich der Verbesserung von prosozialem Verhalten und der Reduzierung von antisozialem Verhalten. In dieser Kinder-Eltern-Kombination zeigten sich noch bessere Effekte als beim Kindertraining alleine.

Zu dem Problem-Solving Skills Training und dem zugehörigen Parent Management Training von Kazdin (vgl. Tab. 4) wurden 10 Hauptstudien mit 40 bis 250 Kindern durchgeführt. Beide Programme (alleine oder kombiniert) zeigen signifikante Effekte (Effektstärke d > 1.2) im Prä-post-Vergleich bezüglich der Reduktion von aggressivem und der Verbesserung von prosozialem Verhalten. Wobei sich in der Kombination bessere Effekte zeigen als bei einer Methode alleine. Verglichen mit den Kontrollgruppen zeigt sich, dass es sich hierbei nicht um einen reinen Zeiteffekt oder Therapeutenkontakt-Effekt handelt. Im Einjahres-Follow-up zeigten sich ebenfalls signifikante Effekte über die Zeit. In den Moderatoranalysen zeigte sich, dass die Faktoren Erziehung und elterlicher Stress bzw. die Ressourcenaktivierung bei den Eltern sowie die Verbesserung der Stressreduktion den Erfolg erheblich beeinflussen.

Tabelle 3: Übersicht über das Coping Power Program

Programm, Autor	Coping Power Program (Lochman et al., 2003)
Formale Struktur	– 33 Sitzungen mit Kindergruppe (davon 6 bis 8 Einzelsitzungen) – 15 bis 18 Monate für Kinder 4. bis 6. Klasse – parallel: 16 Sitzungen mit Eltern
Inhaltliche Struktur	längere, multikomponente Version des Anger Coping Programs

Studienergebnisse	– Stichprobe: 183 Jungen
	– Alter: 9 bis 12 Jahre
	– Randomisierte Zuordnung zu TG oder KG
	– Signifikante Effekte:
	  • Verbesserung von prosozialem Verhalten
	  • Reduzierung von antisozialem Verhalten
	– 1-Jahres-Follow-up: sign. Effekte
	– in der Kombination (Kind/Eltern) zeigten sich bessere Effekte (als bei Kindertraining alleine)

Tabelle 4: Übersicht über das Problem-Solving Skills Training und Parent Management Training

Programm, Autor	Problem-Solving Skills Training (Kazdin, 2003)	+ Parent Management Training (Kazdin, 2003)
Formale Struktur	wöchentlich, 12 bis 20 Einzelsitzungen (30 bis 50 Minuten)	wöchentlich, 12 bis 16 Sitzungen (45 bis 60 Minuten)

Inhaltliche Struktur	– Beziehungsaufbau
	– Überblick Programm
	– Einführung Tokensysteme
	– Spielerische Übungen zur
	  • Konfliktlösung,
	  • Entscheidungsfindung,
	  • Selbstinstruktion,
	  • Impulskontrolle
	– Hausaufgaben zur Anwendung des Erlernten in realen Situationen
		– Ressourcenaktivierung
		– Anleitung der Eltern prosoziales Verhalten zu unterstützen z. B. durch positive Verstärkung, angemessene Reaktion auf nicht erwünschtes Verhalten (Time out, Verstärkerentzug)

Studien-ergebnisse	10 Hauptstudien: n = 40 bis 250, Alter: 2 bis 14 Jahre Beide Programme (alleine oder kombiniert) zeigen signifikante Effekte d > 1.2 (prä-post): – Reduzierung von anti-sozialem Verhalten – Verbesserung von pro-sozialem Verhalten – Kombiniert zeigen sich bessere Effekte (als bei einer Methode alleine) – verglichen mit Kontrollgruppen kein reiner Zeiteffekt oder Therapeutenkontakteffekt – 1-Jahres-Follow-up: signifikante Effekte – Moderatorvariablen wurden deutlich: Erziehung, elterlicher Stress, Ressourcenaktivierung bei Eltern, Verbesserung der Stressreduktion beeinflussen Ergebnis	

Tabelle 5 zeigt das Child Social Skills and Problem-Solving Training und das zugehörige Parent Skills Training von Webster-Stratton. In einer Studie wurden 97 Kinder auf vier Gruppen aufgeteilt (randomisierte Zuordnung): Elterntraining, Kindertraining, kombiniertes Eltern-Kind-Training und Kontrollgruppe. In allen drei Therapiegruppen zeigten sich signifikante Effekte gegenüber der Kontrollgruppe, wobei das Kinderprogramm alleine bzw. kombiniert mit dem Elternprogramm größere Effekte bei der Problem- und Konfliktlösung zeigte als das Elternprogramm alleine. Bei der Kombination verbessert sich die Eltern-Kind-Interaktion signifikant im Vergleich zum Kinderprogramm alleine. Im 1-Jahres-Follow-up zeigten sich ebenfalls Effekte über die Zeit bei allen drei Therapiegruppen, wobei die Effekte für die Kombination (Eltern und Kind) signifikant wurden.

Zusammenfassend lassen sich in allen oben beschriebenen internationalen Studien zu Problemlöse- und sozialen Kompetenztrainings für aggressives Verhalten therapeutische Effekte zeigen. Manchmal wird jedoch ein Problem in der Generalisierung und Stabilisierung des erlernten Verhaltens sichtbar, wenn die erlernten Verhaltensweisen nicht über einen längeren Zeitraum eingeübt und vertieft werden. Der Einbezug der Eltern erscheint sehr wichtig. Die meisten der vorgestellten Programme werden in Gruppen durchgeführt. Dies hat den Vorteil, dass soziales Verhalten bereits in der Therapiestunde in der Gleichaltrigengruppe eingeübt werden kann. Die Nachteile solcher Gruppen-Programme sind jedoch, dass sie häufig nicht ausreichend individualisierbar sind. Zudem bereitet es oft Schwierigkeiten in der Praxis solche Gruppen zu bilden und über einen langen Zeitraum zu binden. Des Weiteren sind solche

Tabelle 5: Übersicht über das Child Social Skills and Problem-Solving Training und Parent Skills Training

Programm, Autor	Child Social Skills and Problem-Solving Training (Webster-Stratton, 2005)	+ Parent Skills Training (Webster-Stratton, 2005)
Formale Struktur	– Gruppentraining, 22-Wochen-Programm (1-mal pro Woche 2 Stunden) – Kinder 3 bis 8 Jahre	26 Stunden (13 bis 14 Wochen)
Inhaltliche Struktur	Hauptkomponenten/Themen, die bearbeitet werden: – Regeleinhaltung – Empathie-Training – Problemlösetraining – Impulskontrolle – Freundschaftsfähigkeiten – Kommunikationsfähigkeiten – adäquates Schulverhalten – Methoden: Rollenspiele, Videotraining, Einsatz von Comics/Stickern als Erinnerungshilfen, Geschichten, Hausaufgaben, um erlerntes Verhalten in realen Situationen zu überprüfen	– Unterstützung prosozialen Verhaltens – Klare Aufforderungen geben – Positive Verstärkung (Belohnung) – Grenzsetzungen – Umgang mit aggressivem Verhalten (negative Konsequenzen)
Studien-ergebnisse	– N = 97 Kinder, Alter: 3 bis 8 Jahre – 4 Gruppen, randomisierte Zuordnung: Elterntraining, Kindertraining, Kombination aus Eltern- und Kindertraining – Messzeitpunkte: Baseline, Post-Messung, 1-Jahres-Follow-up (über Eltern-/Lehrerbefragung und Beobachtung des Kindes) – Therapiegruppen zeigen signifikante Effekte gegenüber Kontrollgruppe – Kinderprogramm alleine bzw. kombiniert zeigt größere Effekte bei Problem-/Konfliktlösung als Elternprogramm alleine – Bei Kombination verbessert sich Eltern-Kind-Interaktion signifikant im Vergleich zu Kinderprogramm alleine – 1-Jahres-Follow-up zeigt Effekte über Zeit (Kombination signifikante Effekte)	

Gruppenangebote (je nach Teilnehmerzahl und aggressivem Problemverhalten) meist nur mit zwei Therapeuten zu lenken.

Im deutschen Sprachraum gibt es wenige standardisierte Behandlungsmanuale, veröffentlichte kontrollierte Studien und längerfristige standardisierte Nachkontrollen liegen kaum vor. Ein Beispiel für den deutschen Sprachraum stellt das Training mit aggressiven Kindern (Petermann & Petermann, 2008) dar, das sowohl ein Einzeltraining mit dem Kind als auch ein Gruppentraining mit mehreren

Kindern sowie Beratungsgespräche mit den Eltern oder der Familie umfasst (vgl. Tab. 6).

Entsprechend wichtig wird im deutschen Sprachraum die Weiterentwicklung und Überprüfung von Therapieprogrammen für diesen Störungsbereich, die das Entwicklungsalter berücksichtigen, auf individuelle reale soziale Problemsituationen angepasst werden können, die Faktoren beachten, die in diesen Situationen das aggressive Verhalten vermutlich aufrechterhalten und verschiedene Interventionskomponenten integrieren.

Tabelle 6: Übersicht über das Training mit aggressiven Kindern

Programm, Autor	Training mit aggressiven Kindern (Petermann & Petermann, 2008)
Formale Struktur	– 11 Einzelsitzungen (50 Minuten) mit Kind – 14 Gruppensitzungen (3 bis 4 Kinder, 50 Minuten) – 6 Elternkontakte (100 Minuten) – 2 Lehrerkontakte (45 Minuten)
Inhaltliche Struktur	– Kennenlernen – Diagnostische Erhebungen – Trainingsvertrag, Regeln, Selbstbeobachtungsbogen – Tokenprogramme, – Entspannungstraining, – Bearbeiten von Videofilmen oder Fotogeschichten (Konfliktsituationen mit verschiedenen Lösungen) – Rollenspiel (angemessene Konfliktlösungen) – Selbstverbalisations-Training – Eltern-/Lehrerberatung
Studien-ergebnisse	– Mehrere Studien, teils in Kombination mit Jugendhilfe mit N = 12 bis 240 Kindern, Alter 6 bis 13 Jahre – Dokumentierte Verlaufsbeobachtungen in TG und KG-Studie zeigen: • Aggressives Verhalten und soziale Probleme in Schule und Elternhaus nahmen ab • Verhaltensprobleme und Schwierigkeiten mit anderen Kindern veringerten sich (besonders in Kombination mit Jugendhilfe) Positives Verhalten (Einfühlungsvermögen, Kooperation) nahm zu – 6-Monats-Follow up zeigt Effekte über Zeit

1.6 Zur Wirksamkeit von THAV

Aus den in Kapitel 1 dargelegten Überlegungen heraus wurde das Therapieprogramm für Kinder mit aggressivem Verhalten (THAV) entwickelt, das in Kapitel 2.1 genauer beschrieben wird. THAV soll der Behandlung von Kindern im Alter von 6 bis 12 Jahren dienen, die gleichaltrigenbezogenes aggressives Verhalten zeigen, das mit einer andauernden Beeinträchtigung der Beziehungen des Kindes zu anderen Personen insbesondere zur Gruppe der Gleichaltrigen einhergeht. Dies ist das erste deutschsprachige Programm zur Behandlung von aggressiven Verhaltensauffälligkeiten bei Kindern, das entsprechend der jeweiligen individuellen aufrechterhaltenden Faktoren auf jedes einzelne Kind abgestimmt werden kann.

Das Therapieprogramm wurde in einer Pilotstudie in einem Eigenkontrollgruppendesign überprüft.

Zurzeit findet eine teilrandomisierte Kontrollgruppenstudie statt, welche die Wirksamkeit von THAV in differenzierter Weise überprüft.

Zielsetzung, Methoden und Ergebnisse der Pilotstudie

Ziele der Pilotstudie waren, die Anwendbarkeit der Materialien und die Zufriedenheit der Patienten und der Eltern zu überprüfen sowie erste Hinweise auf die Wirksamkeit zu untersuchen (Adrian, 2010; Adrian et al., 2010). Die Stichprobe wurde aus der Inanspruchnahmepopulation einer kinder- und jugendpsychiatrischen und einer kinder- und jugendpsychotherapeutischen Ambulanz gezogen und umfasste n = 11 Jungen mit der Diagnose Störung des Sozialverhaltens mit dem Schwerpunkt auf gleichaltrigenbezogene Aggression im Alter von 6;11 bis 10;2 Jahren (Mittelwert = 8;6;

SD = 1,145). Diese Patienten erhielten nach einer differenzierten Eingangsdiagnostik und einer anschließenden sechswöchigen Wartephase eine individuell auf sie zugeschnittene Behandlung.

Folgende Hauptfragestellungen zur Wirksamkeit von THAV sollten überprüft werden:
• Zeigen sich Veränderungen in der aggressiven Symptomatik im Verlauf der Therapie?
• Sind diese Veränderungen während der Therapiephase stärker als die Veränderungen in der Wartezeit?

Abhängige Variable war das aggressive Problemverhalten, das mit Hilfe von individuellen Problemlisten und Fragebögen erhoben wurde.

Die Studie zeigt, dass THAV eine gut praktikable Intervention im klinischen Alltag ist. Die Behandlungszufriedenheit der Eltern lag im sehr guten bis guten Bereich. Therapeutische Effekte konnten bezüglich der Reduktion der aggressiven Symptomatik und der Verbesserung psychologischer Merkmale des Kindes (sozial-kognitive Informationsverarbeitung, Impulskontrolle, soziale Fertigkeiten) und dem Erziehungsverhalten der Bezugspersonen nachgewiesen werden, wobei nicht alle Effekte statistisch signifikant waren, was jedoch hauptsächlich durch die geringe Stichprobengröße bedingt zu sein scheint (vgl. Adrian, 2010).

Hauptstudie

Die Hauptstudie hat 2009 begonnen und soll insgesamt 100 Kinder im Alter von sechs bis zwölf Jahren mit ausgeprägter gleichaltrigenbezogener Aggression umfassen. Die Überprüfung der Wirksamkeit und der Anwendbarkeit des Therapieprogramms wird in einem teilrandomisierten Kontrollgruppendesign durchgeführt. Während die Therapiegruppe gemäß der Therapiebausteine des THAV über etwa ein halbes Jahr hinweg behandelt wird, wird in der Kontrollgruppe eine alternative Intervention durchgeführt, bei der über spielerische Methoden im Gruppenformat hauptsächlich ressourcenaktivierende Techniken eingesetzt und prosoziales Interaktionsverhalten eingeübt werden können. Damit sollen unspezifische Behandlungseffekte aufgrund von Aufmerksam-

keit und Zuwendung kontrolliert werden. Jeder Patient durchläuft zunächst eine behandlungsfreie Wartezeit von sechs Wochen. Vor und nach dieser Wartezeit werden Kind, Eltern und Lehrer gebeten, das Problemverhalten nach Auftretenshäufigkeit und Intensität zu beurteilen. Die Teilrandomisierung erfolgt am Ende der Wartezeit. Danach findet eine Therapiephase statt, in der nach je sechs Sitzungen mit dem Patienten ebenfalls mehrere Fragebögen vom Patienten und dessen Bezugspersonen ausgefüllt werden sollen. Darüber hinaus wird wöchentlich eine Verhaltensproblemliste zur Verlaufsmessung eingesetzt.

Die Studie verfolgt verschiedene Ziele:
• Überprüfung der Effekte von THAV auf die aggressive Symptomatik und die komorbide Symptomatik des Patienten.
• Überprüfung der Effekte von THAV auf die hypothetischen problemaufrechterhaltenden Faktoren (sozial-kognitive Informationsverarbeitung, Impulskontrolle, soziale Fertigkeiten, Empathie und Erziehungsverhalten).
• Untersuchung des Zusammenhangs zwischen der Veränderung problemaufrechterhaltender Faktoren und der aggressiven Symptomatik (Mediatoren-Analysen).
• Erfassung des Therapieprozesses hinsichtlich der zentralen Therapiemerkmale Therapie-Integrität, Therapie-Compliance und Therapie-Beziehung.
• Untersuchung des Zusammenhangs zwischen Merkmalen des Therapieprozesses einerseits und der Veränderung problemaufrechterhaltender Faktoren sowie der Veränderung der aggressiven Symptomatik andererseits (Mediatoren-Analysen).
• Überprüfung der Effekte von THAV auf auf das psychosoziale Funktionsniveau, die Familienbelastung und die Behandlungszufriedenheit.
• Untersuchung des Zusammenhangs zwischen der Veränderung problemaufrechterhaltender Faktoren und der aggressiven Symptomatik einerseits und dem das psychosozialen Funktionsniveau, der Familienbelastung und der Behandlungszufriedenheit andererseits (Mediatoren-Analysen).
• Untersuchung der Stabilität der Effekte von THAV auf die aggressive Symptomatik 3, 6, und 12 Monate nach Behandlungsende.

Kapitel 2

Das THAV-Programm

2.1 Übersicht über die Indikation und Struktur von THAV

Indikation von THAV

THAV ist für Kinder im Alter von 6 bis 12 Jahren mit aggressiven Verhaltensauffälligkeiten entwickelt worden, wobei ausgeprägte Konflikte mit anderen Kindern aus der Gleichaltrigengruppe im Mittelpunkt der Symptomatik stehen sollten. Geschwisterkonflikte können auch in die Therapie einbezogen werden, wenngleich die spezifische Dynamik von Geschwisterkonflikten in den Therapiebausteinen nicht angesprochen wird. Die meisten Kinder mit auffälligen Konflikten gegenüber Gleichaltrigen zeigen auch oppositionelles Verhalten gegenüber Eltern oder anderen Bezugspersonen. Diese Problematik wird ebenfalls im THAV angesprochen, weil das Programm in seinen elternzentrierten Bausteinen, die wichtigsten Elemente klassischer Elterntrainings integriert und sich dabei an das Therapieprogramm für Kinder mit hyperkinetischem und oppositionellem Problemverhalten (THOP; Döpfner et al., 2007) anlehnt. Bei Kindern mit ADHS-Symptomatik und ausgeprägt oppositionellem Verhalten ist THOP eher indiziert, weil es diesen Problembereich ausführlicher thematisiert; allerdings können Bausteine des THAV ebenfalls in die Behandlung integriert werden, wenn Gleichaltrigenkonflikte zusätzlich in erheblichem Maße vorliegen. Für die Bearbeitung von Gleichaltrigenkonflikten muss das Kind im Mittelpunkt der Therapie stehen, weil Eltern oder andere Bezugspersonen in diesen sozialen Situationen nur teilweise anwesend sind und diese daher nur begrenzt direkt beeinflussen können.

Viele Kinder mit Gleichaltrigenkonflikten zeigen auch andere Auffälligkeiten im Bereich der sozialen Kompetenzen, z. B. bei der Kontaktaufnahme oder der Gestaltung von Freundschaften. Diese Themen werden auch über das THAV abgedeckt. Für darüber hinaus gehende Angstsymptomatiken (z. B. Leistungsängste, Zwänge) ist eine Kombination mit Programmen aus dem Therapieprogramm für Kinder und Jugendliche mit Angst-

und Zwangsstörungen (THAZ; Suhr-Dachs & Döpfner, 2005) sinnvoll. Bei Kindern mit aggressiven Auffälligkeiten lassen sich zudem oft Selbstwertprobleme bis hin zu ausgeprägten depressiven Störungen erkennen. THAV versucht insbesondere mit seinem ressourcenorientierten Ansatz auch Selbstwertprobleme der Kinder zu bearbeiten und häufig verbessern sich Selbstwertprobleme auch im Zusammenhang mit der Minderung der aggressiven Auffälligkeiten. Bei ausgeprägter depressiver Symptomatik sind jedoch depressionsspezifische Behandlungsansätze zusätzlich indiziert, die sich aus den Manualen zur Behandlung depressiver Störungen im Kindes- und Jugendalter ableiten lassen, obwohl diese primär die Behandlung von Jugendlichen fokussieren (z. B. SELBST; Walter et al., 2007; Ihle et al., 2003)

Für die Behandlung von Jugendlichen mit Gleichaltrigenkonflikten sind teilweise andere Zugänge und Interventionen erforderlich, wenn auch einzelne Bausteine aus THAV adaptiert werden können. Alternativ wäre die Anwendung des Therapieprogramms für Jugendliche mit Selbstwert-, Leistungs- und Beziehungsstörungen (SELBST; Walter et al., 2007) indiziert, das in einem eigenen Band auch Gleichaltrigenprobleme thematisiert (Schmitt & Döpfner, 2011).

Das Programm ist für die ambulante Therapie im Einzelformat entwickelt worden, kann aber auch modifiziert sowohl im Gruppenformat als auch im teilstationären und stationären Setting eingesetzt werden. Die Kinder sollten bei ambulanter Therapie in der Lage sein wöchentliche Termine wahrzunehmen und auch die Eltern sollten bereit sein, aktiv mitzuarbeiten. Die Anzahl der Therapiesitzungen ist variabel, in der Regel wird zumindest der Rahmen einer Kurzzeittherapie (ca. 25 bis 30 Sitzungen) benötigt; häufig ist jedoch eine längere Therapiedauer indiziert.

Zu Beginn der Therapie ist es wichtig die spezifischen kovariierenden psychosozialen Merkmale zu erfassen, weil sie mit der Entwicklung von aggressiven Verhaltensauffälligkeiten ursächlich in Verbindung gebracht werden und ihre Veränderung zur Verminderung des aggressiven Verhaltens

Kasten 2: Mögliche psychosoziale Merkmale des Kindes

• Tendenzen zur Fehlwahrnehmung und Fehlinterpretation sozialer Situationen.
• Mangelnde Fähigkeit Empathie zu entwickeln.
• Mangelnde moralische Entwicklung, insbesondere Fähigkeit zur Verantwortungsübernahme und zur Entwicklung von Schuldgefühlen.
• Mangelnde soziale Problemlösefähigkeit (z. B. Entwicklung und Bewertung von Handlungsalternativen, Berücksichtigung von Handlungskonsequenzen).
• Soziale Kompetenzdefizite auf der Verhaltensebene bei der Kontaktaufnahme, der Selbstbehauptung und der Konfliktlösung.
• Mangelnde Fähigkeit zur Affekt- und Impulskontrolle, zum Bedürfnisaufschub und zur Frustrationstoleranz.
• Beeinträchtigte Beziehungen zu Gleichaltrigen.

---

beitragen kann. Häufig wird die Exploration dieser Merkmale erst im Verlauf der Therapie ausführlich durchgeführt werden können und der Übergang von Exploration und therapeutischer Intervention ist fließend. Die Exploration des Patienten kann bei der Erfassung dieser Merkmale valider sein als die der Bezugspersonen, einerseits weil diese zumindest teilweise als verdeckte, nicht offene und meist nur indirekt beobachtbare kognitive oder emotionale Prozesse ablaufen. Andererseits sind die Bezugspersonen nicht bei allen Konfliktsituationen präsent und haben so nur einen unvollständigen Überblick über das Verhalten des Kindes. Dennoch können Bezugspersonen wertvolle Hinweise liefern.

Wenn sowohl Eltern als auch andere wichtige Bezugspersonen, vor allem Erzieher bzw. Lehrer zu diesen Merkmalen exploriert werden, dann erhält der Therapeut einen guten Überblick über die Ausprägung dieser Merkmale in verschiedenen Lebenssituationen und aus der Perspektive verschiedener Beurteiler. Diese Informationen müssen dann mit den Informationen aus der Exploration und Verhaltensbeobachtung des Kindes ergänzt werden.

Im Folgenden werden die einzelnen psychosozialen Merkmale genauer beschrieben:
• Tendenzen zur *Fehlwahrnehmung und Fehlinterpretation* sozialer Situationen werden bei Kindern mit aggressiv-dissozialen Verhaltensauffälligkeiten gehäuft festgestellt. Sie nehmen eine soziale Situation gehäuft als bedrohlich war, und sie schreiben dem Interaktionspartner häufiger feindselige Motive zu – wenn andere lachen, wird dies schnell als auslachen interpretiert; ein Gerangel beim Verlassen der Schule wird als aggressiver Angriff gewertet. Die Be-

zugspersonen können danach befragt werden, ob sie durch die direkte Beobachtung des Kindes oder durch Diskussionen mit dem Kind, den Eindruck haben, dass eine solche Fehlwahrnehmung und Fehlinterpretation der sozialen Situation vorliegt (Haben Sie den Eindruck, dass das Kind schnell das Gefühl hat, dass andere ihn bedrohen oder ihm gegenüber feindselig eingestellt sind?).
• Eine *beeinträchtigte Empathie* (mangelnde Rollenübernahmefähigkeit) zeigt sich in der relativen Unfähigkeit, sich in die Gedanken, Gefühle oder Motive eines anderen hineinzuversetzen. Kinder mit solchen Beeinträchtigungen zeigen beispielsweise keine oder eine geringe emotionale Beteiligung bei traurigen oder freudigen Ereignissen und nur eine geringe Resonanz auf die Gefühle anderer. Viele dieser Kinder haben auch große Schwierigkeiten, über die eigenen Gefühle zu sprechen. Allerdings können diese Auffälligkeiten auch durch andere Faktoren (z. B. mangelndes Vertrauen, mangelnde Verbalisierungsfähigkeit) bedingt sein.
• In der *moralischen Entwicklung,* insbesondere in der Fähigkeit zur Verantwortungsübernahme und zur Entwicklung von Schuldgefühlen können Defizite vorliegen, die häufig auch mit beeinträchtigter Rollenübernahmefähigkeit korrespondieren. Auch ältere Kinder können beispielsweise auf die eigenen Vor- und Nachteile einer Handlung fokussiert sein und die Konsequenzen der Handlung für andere nicht beachten; es kann ihnen auch schwerfallen Prinzipien der Fairness und der Verhältnismäßigkeit der Mittel zu erkennen oder zu beachten.
• Eine *mangelnde soziale Problemlösefähigkeit* kann sich in der Schwierigkeit des Kindes äußern, in sozialen Situationen verschiedene

Handlungsalternativen zu entwickeln, die Handlungskonsequenzen vorherzusehen, die einzelnen Handlungsmöglichkeiten vor dem Hintergrund der antizipierten Konsequenzen zu bewerten und Handlungspläne zu entwickeln. Diese Fähigkeiten können meist bei der Exploration des Kindes – gut überprüft werden, aber auch Bezugspersonen können dazu exploriert werden, beispielsweise indem sie gefragt werden, ob sie den Eindruck haben, dass dem Kind gar keine anderen Lösungsmöglichkeiten in Konfliktsituationen einfallen oder dass es gar nicht die Konsequenzen seiner Handlung bedenkt.

- Soziale *Kompetenzdefizite auf der Verhaltensebene* bei der Kontaktaufnahme, der Selbstbehauptung und der Konfliktlösung liegen dann vor, wenn entsprechende sozial kompetente Verhaltensweisen nicht im Verhaltensrepertoire des Kindes enthalten sind. Solche Defizite äußern sich immer darin, dass das Kind in entsprechenden sozialen Situationen sich nicht sozial kompetent (aggressiv, sozial unsicher) verhält. Allerdings lässt sich nicht jedes sozial inkompetente Verhalten auf Kompetenzdefizite zurückführen, weil Kinder sich auch aus anderen Gründen nicht sozial kompetent verhalten – z. B. weil sie aggressives Verhalten als erfolgreich erfahren oder eine mangelnde Impulskontrolle haben. Soziale Kompetenzdefizite lassen sich ebenfalls in der Exploration und Verhaltensbeobachtung des Kindes besser herausarbeiten, aber auch die Bezugspersonen können wichtige Hinweise darauf geben. Wenn ein Kind sich in sozialen Situationen (z. B. bei der Kontaktaufnahme oder der Konfliktlösung mit Gleichaltrigen) immer sozial inkompetent verhält, dann ist das ein Hinweis auf das Vorliegen von Kompetenzdefiziten. Gelingt es dagegen dem Kind, sich in einer entsprechenden Situation gelegentlich sozial kompetent zu verhalten, dann liegen mit hoher Wahrscheinlichkeit keine prinzipiellen Kompetenzdefizite vor.
- Die Fähigkeit zur *Affekt- und Impulskontrolle*, zum Bedürfnisaufschub und zur Frustrationstoleranz ist bei aggressiv auffälligen Kindern häufig vermindert. Diese verminderte Affekt- und Impulskontrollfähigkeit kann unmittelbare Ursache für aggressives Verhalten sein. Sie kann sich vor allem in der Situation zeigen, in der die aggressive Handlung durchgeführt wird, beispielsweise wenn der Sechsjährige nicht warten kann, bis ein Wunsch erfüllt wird und dann mit einem Wutausbruch reagiert. Sie kann sich aber auch als generalisierte Impulskontrollstörung auch in Situationen äußern, in denen keine aggressiven Handlungen durchgeführt werden, beispielsweise wenn das Kind sehr schnell zu begeistern ist, aber auch schnell wieder die Lust verliert.

- Beeinträchtigte *Beziehungen zu Gleichaltrigen* sind bei Kindern mit aggressiv Auffälligkeiten häufig die Regel. Tritt aggressives Verhalten gegenüber Gleichaltrigen auf, dann reagiert der Gleichaltrigenverband, in dem das Verhalten auftritt (Schulklasse, Sportverein) meist entsprechend ablehnend. Ältere Kinder mit aggressiv Verhalten neigen dazu, aktiv Gleichaltrige (oder ältere) mit ähnlichem Verhalten zu suchen. Innerhalb dieser devianten Gruppen verhalten sie sich häufig prosozial und unterwerfen sich den Gruppenregeln, als Gruppe verhalten sie sich jedoch gegenüber anderen meist aggressiv und begehen auch delinquente Handlungen, die zu einer höheren Anerkennung in der devianten Gruppe führen können.
Die Eltern und andere Bezugspersonen sollten daher nach intakten und beeinträchtigten sozialen Beziehungen des Kindes exploriert werden. Der Generalisierungsgrad der sozialen Beziehungsstörung ist ein wichtiger Hinweis auf den Schweregrad der Störung und intakte Beziehungen zu nicht aggressiven Kindern können in der Therapie genutzt werden.

Die oben dargestellten aggressionsauslösenden und -aufrechterhaltenden psychosozialen Merkmale machen die therapeutischen Ansatzpunkte des Therapieprogrammes deutlich und können Hinweise zur Indikation einzelner Module und ihrer Behandlungsbausteine geben.

Struktur von THAV

Tabelle 7 gibt eine Übersicht über die fünf Module von THAV.

Modulübergreifend kann zudem das *Zauberwaldspiel* eingesetzt werden, das von der CD ausgedruckt werden kann, das aber in einer stabileren und größeren Form inklusive des Spielmaterials Bestandteil der THAV-Materialien ist.

THAV besteht aus drei Komponenten:
- dem Manual,
- der CD, die dem Manual beigefügt ist und die alle Arbeitsblätter enthält,

Tabelle 7: Module des THAV

Modul I	Vorbereitung, Diagnostik und Verlaufskontrolle	Bausteine 1 bis 3	– Beziehungsaufbau – Therapiemotivation – Ressourcenaktivierung – Diagnostik – Problemdefinition – Störungskonzept
Modul II	Sozial-kognitive Interventionen	Bausteine 4 bis 6	– Kognitiv-emotionale Komponenten der Störung
Modul III	Ärgerkontroll-training	Baustein 7	– Impulskontrolle
Modul IV	Problemlöse- und Fertigkeitentraining	Baustein 8 bis 10	– Situationsbezogene Einheiten mit starkem Anteil des Einübens von sozial kompetentem Verhalten
Modul V	Abschluss	Baustein 11	– Bilanzierung – Rückfallprävention – Ablösung

- den THAV-Materialien[1], welche die in Kasten 3 aufgelisteten und in Abbildung 14 dargestellten Materialien beinhaltet und damit einen kindgemäßen Zugang erleichtert. THAV kann auch ohne diese Materialien durchgeführt werden.

Kasten 3: THAV-Materialien

- Handpuppe „Till Taff"
- Handpuppe „Biest"
- Handpuppe „Cooler Engel"
- Handpuppe „Spuki"
- rote Wut-Brille und grüne Cool-Brille
- Zauberwaldspiel mit Spielkarten, Spielfiguren und Würfel
- Emotionskarten
- Ärgerthermometer
- Soziogrammtafeln „Ich zeig dir meine Welt"

THAV ist als individualisierte Therapie konzipiert, in der einzelne Module und ihre Bausteine entsprechend den individuellen Problemen der Kinder zusammengestellt werden. Abbildung 15 zeigt den *Entscheidungsbaum*, der einen Überblick über die Indikationen für die einzelnen Module erlaubt.

Ausgangspunkt bei der Therapieplanung sind die real stattgefundenen sozialen Konfliktsituationen in der letzten Zeit, die zunächst anhand der Exploration von Eltern und Lehrern zusammengestellt werden und danach mit dem Kind detailliert exploriert werden. Dazu sind Explorationsschemata und Fragebögen (Fragebogen zum aggressivem Verhalten von Kindern, FAVK-Fremdurteil, FAVK-Selbsturteil, Görtz-Dorten & Döpfner, 2010, Bezug siehe Literatur) entwickelt worden, die im Modul I (s. Kap. 2.2) genauer beschrieben werden.

Das Kind wird in der Exploration gefragt, was genau passiert ist, was es getan hat und was es dabei gedacht und gefühlt hat. Auf der Basis dieser Exploration lassen sich typische kognitive Fehler identifizieren, die so gut wie immer auftreten. Daher ist eine sozial-kognitive Intervention, die in Modul II (s. Kap. 2.3) beschrieben wird, immer indiziert.

Im nächsten Schritt der Exploration wir das Kind aufgefordert, das Ausmaß des Ärgers zu beurteilen, das in diesen Situationen aufkommt. Zusätzlich werden von den Bezugspersonen Einschätzungen bezüglich der emotionalen Reaktionen des Kindes in diesen Situationen erhoben. Bei Hinweisen auf ausgeprägte Probleme in der Impuls-

---

1 Die THAV-Materialien (Bestellnummer 01 361 01) können über die Testzentrale (www.testzentrale.de) bezogen werden.

Abbildung 14: THAV-Materialien

kontrolle ist ein *Ärgerkontrolltraining* (Modul III; s. Kap. 2.4) indiziert.

Für jede soziale Situation wird beim Kind auch erfragt, welche Handlungsalternativen ihm noch einfallen, welche Konsequenzen die verschiedenen Alternativen nach sich ziehen könnten, wie seine Erfolgs-/Misserfolgserwartungen sind, wofür es ein Kompetenzvertrauen hat und was letztlich die beste Alternative wäre. Schließlich wird eine sozial kompetente Verhaltensalternative im Rollenspiel durchgespielt und das Verhalten des Kindes wird dabei beobachtet. Ergeben sich daraus oder aus weiteren Informationen der Bezugspersonen Hinweise auf Defizite in der Problemlösung oder auf mangelnde soziale Fertigkeiten, dann ist ein *Problemlöse- und Fertigkeitentraining* (Modul IV; s. Kap. 2.5) indiziert, in dem diese Kompetenzen eingeübt werden.

Allerdings zeigen Kinder häufig trotz guter sozial-kognitiver Problemlösefähigkeit, guter Affekt- und Impulskontrolle und gut entwickelten sozialen Fertigkeiten dennoch aggressive Verhaltensauffälligkeiten, die dann vermutlich durch verstärkende Bedingungen in der konkreten Situation aufrecht erhalten werden. In solchen Fällen sind Methoden des Selbstmanagement (Selbstverstärkung) sowie Interventionen im natürlichen Umfeld indiziert, um angemessene positive und negative Konsequenzen für sozial kompetentes Verhalten bzw. aggressives Verhalten zu setzen. Dabei sind die umfeldzentrierten Interventionen, die über Eltern, Erzieher oder Lehrer in den Modulen II bis IV eingeführt werden, von besonderer Bedeutung.

Verstärkersysteme (Token-Systeme und Token-Entzugssysteme) spielen daher innerhalb von THAV eine große Rolle. Prinzipiell können sie eingesetzt werden:
1. Zur Verstärkung der Mitarbeit des Kindes und von sozial kompetentem Verhalten in der Therapiestunde durch den Therapeuten.
2. Zur Verstärkung der Durchführung der Therapieaufgaben zunächst unabhängig vom Erfolg durch den Therapeuten und durch Bezugspersonen.

3. Zur Verstärkung von Verhaltensänderungen im realen Umfeld, dabei werden folgende Formen eingesetzt:

a) Selbstverstärkung durch das Kind selbst,
b) Verstärkung durch Eltern, Erzieher oder Lehrer,
c) Verstärkung durch Therapeuten.

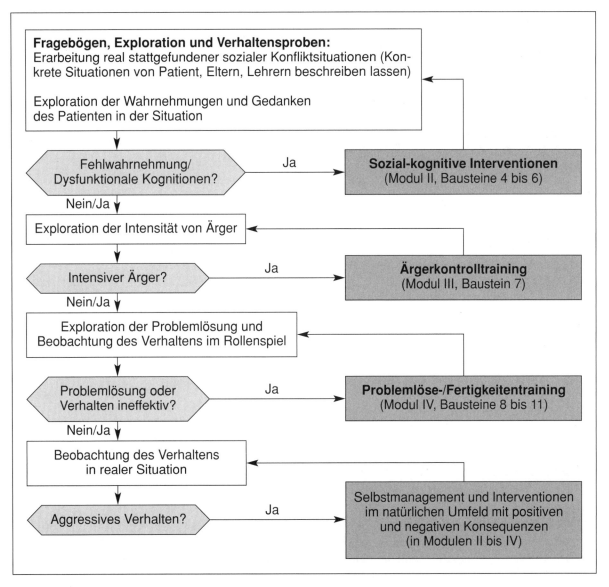

Abbildung 15: Adaptive Behandlungsform analog Entscheidungsbaum

Tabelle 8: Aufbau der Bausteine der einzelnen Module und zugeordnete Arbeitsmaterialien

Modul I: Vorbereitung, Diagnostik und Verlaufskontrolle	
Baustein 1: Beziehungsaufbau, Therapiemotivation, Ressourcenaktivierung **Indikation:** immer	
Kinder: – K1.01 Das Kennenlern-Poster – K1.02 Zeige, was du gerne magst! – K1.03 Das Ratespiel – K1.04 Das Interview und die Prima-Kärtchen – K1.05 Mein Punkte-Plan in der Therapiestunde	**Bezugspersonen:** – B1.01 Meine Stärken – B1.02 Was gefällt mir gut an meinem Kind?
Baustein 2: Diagnostik und Problemdefinition **Indikation:** immer	
Kinder: – K2.01 Geschichte: „Ich bin Till Taff!" – K2.02 Meine Stärken – meine Schwächen: Meine Meinung – K2.03 Meine Stärken – meine Schwächen: Die Meinung anderer – K2.04 Fragen zur Geschichte: „Ich bin Till Taff!" – K2.05 Kennst du das auch? – K2.06 Geschichte: „Ich soll zu einer Psychologin/einem Psychologen." – K2.07 Ich zeig dir meine Welt. – K2.08 Mein Problem – mein Ziel – K2.09 Ärger-Problem-Liste – K2.10 Ziel-Liste	**Bezugspersonen:** – B2.01 Explorationsschema für aggressives Verhalten – B2.02 Es gibt Probleme! Wer muss was ändern? – B2.03 Kennen Sie das? Basisinformation zur Therapie – B2.04 Verhaltensproblemliste – B2.05 Ziel-Liste
Baustein 3: Störungskonzept **Indikation:** immer	
Kinder: – K3.01 Geschichte: „Das Biest" – K3.02 So kann es sein – so kann es werden! – K3.03 Wie ist das bei dir, wenn du wütend wirst? – K3.04 So ist es – so soll es werden! – K3.05 Ärger-Thermometer Beispiele – K3.06 Mein Detektivbogen – K3.07 Wut-Tagebuch (1) – K3.08 Mein Detektivbogen zur Selbstbelohnung – K3.09 Ich belohne mich selbst! – K3.10 Mein Selbstbelohnungs-Punkte-Konto für tolle Sticker – K3.11 Fragen zum Wut-Tagebuch und Anleitung zum Rollen- oder Puppenspiel – K3.12 Wut-Tagebuch (2)	**Bezugspersonen:** – B3.01 Warum hat mein Kind Verhaltensprobleme? – B3.02 Warum hat mein Kind Verhaltensprobleme? – Gemeinsames Modell – B3.03 Entstehungsmodell und Ausstieg – B3.04 Der Teufelskreis – B3.05 Den Teufelskreis durchbrechen – B3.06 Aufforderungen und Regeln, Loben und negative Konsequenzen – B3.07 Elterninformation zur Kindertherapie – B3.08 Coaching: Helfen Sie Ihrem Kind bei seinen Therapieaufgaben

Tabelle 8 (Fortsetzung): Aufbau der Bausteine der einzelnen Module und zugeordnete Arbeitsmaterialien

Modul II: Sozial-kognitive Interventionen

Baustein 4: Ärgergedanken und Ärgerkiller-Gedanken
Indikation: Wird möglichst immer durchgeführt; wenn jedoch die kognitiven Voraussetzungen dafür beim Kind nicht (hinreichend) vorhanden sind, kann der Baustein nicht oder nur in einer vereinfachten Form durchgeführt werden.

Kinder:	Bezugspersonen:
– K4.01 Geschichte: „Alle ärgern mich!"	– B4.01 Elterninformation – Was kann Ihr Kind gegen Ärgergedanken tun?
– K4.02 Geschichte: „Die Wutbrille"	– B4.02 Coaching: Helfen Sie Ihrem Kind, Ärgergedanken zu bekämpfen
– K4.03 Bastelvorlage Wutbrille	
– K4.04 Was sind deine Wut-Situationen?	
– K4.05 Geschichte: „Die Ärgerkillergedanken"	
– K4.06 Was ist passiert?	
– K4.07 Geschichte: „Die Coolbrille"	
– K4.08 Bastelvorlage Coolbrille	
– K4.09 Meine Ärgerkiller-Gedanken	
– K4.10 Mein Detektivbogen zur Selbstbeobachtung und Selbstkontrolle	
– K4.11 Den Ärger mit Ärgerkiller-Gedanken bekämpfen – Rollen- oder Puppenspiel	
– K4.12 Mein Detektivbogen zur Selbstbeobachtung und Selbstkontrolle (2)	

Baustein 5: Denkfallen
Indikation: Wird immer durchgeführt, wenn die kognitiven Voraussetzungen dafür beim Kind vorhanden sind

Kinder:	Bezugspersonen:
– K5.01 Geschichte: „Superhelden"	– B5.01 Elterninformation – Achtung, Denkfallen!
– K5.02 Stärken und Schwächen von Superhelden	– B5.02 Wie stehe ich selbst zu Gewalt?
– K5.03 Geschichte: „Till und die Denkfallen oder die Geschichte vom Schattengeist"	– B5.03 Coaching: Helfen Sie Ihrem Kind, kluge Gedanken einzusetzen
– K5.04 Achtung, Denkfallen-Alarm!	
– K5.05 Geschichte: „Was ist stark?"	
– K5.06 Was ist o. k. für dich?	
– K5.07 Fair play?	
– K5.08 Mein Detektivbogen – Was ist o. k. für mich?	
– K5.09 Den Ärger mit klugen Gedanken und fairem Verhalten bekämpfen – Rollen- oder Puppenspiel	
– K5.10 Mein Detektivbogen – Was ist o. k. für mich? (2)	

Tabelle 8 (Fortsetzung): Aufbau der Bausteine der einzelnen Module und zugeordnete Arbeitsmaterialien

Baustein 6: Mitfühlen **Indikation:** Bei Störungen der Empathiefähigkeit und einem hinreichenden kognitiven Entwicklungsniveau. Wenn diese Voraussetzungen dafür beim Kind nicht hinreichend vorhanden sind, kann der Baustein nur in einer vereinfachten Form durchgeführt werden.	

Kinder:	**Bezugspersonen:**
– K6.01 Geschichte: „Till Taff lernt mitfühlen" – K6.02 Gefühle erkennen – K6.03 Meine Gefühle und die anderer – K6.04 Beobachtungsbogen – Auf Gefühle achten – K6.05 Fragen zum Beobachtungsbogen und Anleitung zum Rollen- oder Puppenspiel	– B6.01 Elterninformation – Gefühle erkennen und mitfühlen – B6.02 Coaching: Helfen Sie Ihrem Kind, Gefühle zu erkennen

Modul III: Ärgerkontrolltraining

Baustein 7: Impulskontrolle **Indikation:** Bei Störungen der Impulskontrolle, die sich in heftigen Ärger- oder Wutreaktionen oder der Unfähigkeit „klar zu denken" äußern können.	

Kinder:	**Bezugspersonen:**
– K7.01 Geschichte: „Till und das Biest" – K7.02 Das kleine Biest namens Wut – K7.03 Das Frühwarnsystem – K7.04 Meine Reportage über Wut-Buster – K7.05 Dampf ablassen! – K7.06 Signalkarten zur Selbstinstruktion – K7.07 Das Marterpfahlspiel – K7.08 Ich habe total viel Energie! – K7.09 Beobachtungsbogen – Klappt mein Frühwarnsystem? Arbeitet meine Ärgerpolizei gut? Erkenne ich das Biest? – K7.10 Das Biest mit der Ärgerpolizei bekämpfen – Rollen- oder Puppenspiel	– B7.01 Elterninformation – Impulskontrolle – B7.02 Wie bekomme ich meine Wut in den Griff? – B7.03 Coaching Helfen Sie Ihrem Kind, seine Wut in den Griff zu bekommen! – B7.04 Der Punkte-Plan – B7.05 Wettkampf um lachende Zaubergeister – B7.06 Die Auszeit

Modul IV: Problemlöse- und Fertigkeitentraining

Baustein 8: Kontakte aufnehmen und Freunde finden **Indikation:** Wenig Kontakte zu Gleichaltrigen, wenig Freunde, überwiegend Freunde mit aggressivem oder dissozialem Verhalten.	

Kinder:	**Bezugspersonen:**
– K8.01 Geschichte: „Till hat wenig Kontakt und richtige Freunde" – K8.02 Ich zeig dir meine Welt! Mit wem hätte ich gerne mehr Kontakt und wen möchte ich gerne als Freund haben? – K8.03 Kontakte knüpfen, Freunde gewinnen und sich von falschen Freunden abgrenzen: Was tun? – K8.04 Kontakte knüpfen, Freunde gewinnen und sich von falschen Freunden abgrenzen – Rollen- oder Puppenspiel – K8.05 Therapieaufgabe – Kontakte knüpfen, Freunde gewinnen und sich von falschen Freunden abgrenzen – K8.06 Kontakte knüpfen, Freunde gewinnen, und sich von falschen Freunden abgrenzen – Patenschaften	– B8.01 Elterninformation – Kontakte knüpfen und richtige Freunde finden – B8.02 Coaching: Helfen Sie Ihrem Kind, Kontakte zu knüpfen und Freunde zu gewinnen

Tabelle 8 (Fortsetzung)**:** Aufbau der Bausteine der einzelnen Module und zugeordnete Arbeitsmaterialien

---

Baustein 9: Nicht immer der Erste sein müssen
Indikation: Dominantes Verhalten gegenüber Gleichaltrigen, woraus sich Gleichaltrigenkonflikte oder soziale Ablehnung entwickeln.

Kinder:	Bezugspersonen:
– K9.01 Geschichte: „Till Taff muss immer der Erste sein" – K9.02 Ich zeig dir meine Welt! Wo muss ich immer der Erste und der Beste sein? – K9.03 Mal nicht der Erste und Beste sein müssen! Was tun? – K9.04 Mal nicht der Erste und Beste sein müssen! – Rollen- oder Puppenspiel – K9.05 Therapieaufgabe – Mal nicht der Erste und Beste sein müssen! – K9.06 Mal nicht der Erste und Beste sein müssen – Patenschaften	– B9.01 Elterninformation – Immer der Erste und Beste sein müssen (Dominanzverhalten) – B9.02 Wie dominant bin ich selbst? Muss mein Kind immer der Erste und Beste sein? – B9.03 Coaching: Helfen Sie Ihrem Kind, sein dominanten Verhalten in den Griff zu bekommen.

Baustein 10: Konflikte lösen und Rechte durchsetzen
Indikation: immer

Kinder:	Bezugspersonen:
– K10.01 Geschichte: „Till Taff hat viel Streit!" – K10.02 Ich zeig dir meine Welt! Mit wem habe ich oft Streit? – K10.03 Streit friedlich beenden, Rechte durchsetzen und Feindschaften begraben: Was tun? – K10.04 Streit friedlich beenden, Rechte durchsetzen und Feindschaften begraben – Rollen- oder Puppenspiel – K10.05 Therapieaufgabe – Streit friedlich beenden, Rechte durchsetzen und Feindschaften begraben – K10.06 Streit friedlich beenden, Rechte durchsetzen und Feindschaften begraben – Patenschaften	– B10.01 Elterninformation – Konflikte lösen und Rechte durchsetzen – B10.02 Wie lebe ich Konfliktlösungen vor? – B10.03 Coaching: Helfen Sie Ihrem Kind, Konflikte zu lösen.

Modul V: Abschluss

Baustein 11: Bilanzierung, Rückfallprävention und Ablösung
Indikation: immer

Kinder:	Bezugspersonen:
– K11.01 Geschichte: „Till Taff nimmt Abschied!" – K11.02 Die Talkshow – Rollen- oder Puppenspiel – K11.03 Was schaffe ich alles? Was hat mir in der Therapie gefallen, was hat mir geholfen? – K11.04 Mein Cool-Down-Koffer – K11.05 Urkunde	– B11.01 Bilanz ziehen – Zufriedenheit mit der Therapie – B11.02 Wenn neue Probleme auftauchen

Modulübergreifende Intervention

Kinder:	
– K12.01 Das Zauberwald-Spiel	

Die genaue Durchführung der Verstärkerpro-
gramme wird in den entsprechenden Modulen
beschrieben.

Tabelle 8 gibt eine Übersicht über die einzelnen
Bausteine der Module von THAV sowie die zu-
geordneten Arbeitsmaterialien, die in der kindzentrierten Arbeit und in der Arbeit mit den Bezugspersonen eingesetzt werden können.

Die Einbeziehung von Kindern und Bezugspersonen ist in den einzelnen Bausteinen spezifiziert.
Prinzipiell werden einzelne Bausteine mit dem
Kind alleine, mit Bezugspersonen und Kind gemeinsam oder mit Bezugspersonen alleine durchgeführt. Die Materialen für die Bezugspersonen
sind in einer Form abgefasst, in der sie die Eltern
ansprechen; sie können aber auch auf Erzieher
oder Lehrer angepasst werden.

Jeder Baustein erstreckt sich in der Regel über
mehrere Sitzungen. In der Regel umfasst die Therapie mit THAV zumindest den Rahmen einer
Kurzzeittherapie (die nach GKV-Regeln insgesamt 31 Sitzungen beträgt); häufig ist jedoch eine
längere Therapiedauer indiziert.

Die Diagnostik-Bausteine 1 bis 3 von Modul I
haben eine spezifische Sitzungsstruktur. Die allgemeine Stundenstruktur der Interventions-Bau-
steine 4 bis 10 der Module II bis IV ist in Kasten
4 zusammengefasst. Ein abschließendes Spiel mit
dem Kind ist immer günstig, wenn das Kind anwesend ist, teilweise wird hier Spielzeit eingetauscht, die das Kind über ein Verstärkersystem
erworben hat. Wenn die Sitzung ausschließlich
mit Bezugspersonen durchgeführt wurde, verlän-
gern sich die ersten beiden Phasen entsprechend.

Kasten 4: Sitzungsstruktur der Interventions-
Bausteine 4 bis 10

1. Besprechen der Therapieaufgaben der letz-ten Sitzung (ca. 15 Minuten). 2. Einführung neuer Arbeitsblätter (ca. 15 bis 20 Minuten). 3. Wenn das Kind in der Sitzung anwesend ist, freies oder angeleitetes Spiel (z. B. Das Zauberwald-Spiel; ca. 15 Minuten).

Sowohl Eltern oder auch andere Bezugspersonen
als auch die Kinder selbst erhalten im Verlauf der
Therapie viele Arbeitsblätter. Daher empfiehlt es
sich getrennt für Eltern und Kinder Therapiemap-
pen anzulegen, in welche die Arbeitsblätter nach-
einander eingeheftet werden können.

2.2 Modul I: Vorbereitung, Diagnostik und Verlaufskontrolle

2.2.1 Baustein 1: Beziehungsaufbau, Therapiemotivation, Ressourcenaktivierung

Indikation:

• Wird immer durchgeführt.
• Eignet sich als Einstieg in die Therapie.
• Durchführung ist besonders wichtig:
  a) Wenn die Wahrnehmung der Verhaltensprobleme des Kindes gegenüber der Wahrnehmung positiver Verhaltensanteile und Eigenschaften des Kindes dominiert
  b) Bei initialen Motivationsproblemen

Hauptziele des Bausteins:
• Beziehungsaufbau zwischen Kind/Eltern und Therapeut • Stärkung von Ressourcen • Fokussierung der Aufmerksamkeit auf positive Verhaltensanteile und Eigenschaften und Minderung negativer Eltern-Kind-Beziehungsanteile • Aufbau von Therapiemotivation

Anzahl der Sitzungen:
• In der Regel sind 3 Sitzungen notwendig (1 mit Kind, 1 mit Eltern, 1 mit Kind und Eltern; Wichtig: Reihenfolge beachten!) • + Einbeziehung von Lehrern/Erziehern möglich

Therapieaufgabe für Eltern/andere Bezugspersonen:
• B1.02 Was-gefällt-mir-gut-Liste aus Was gefällt mir gut an meinem Kind (kann über mehrere Wochen fortgesetzt werden)

Material Kinder	
Material/Teilnehmer:	**Inhalt und Ziele:**
• **K1.01 Das Kennenlern-Poster** Therapeutin/Therapeut alleine mit dem Kind.	Das Kind kann sich der Therapeutin mit seinen positiven Anteilen vorstellen. Die Aufmerksamkeit des Kindes wird zunächst auf seine eigenen positiven Verhaltensanteile und Eigenschaften gelenkt.
• **K1.02 Zeige, was du gerne magst!** Therapeutin/Therapeut alleine mit dem Kind.	Auch hier wird der Fokus des Kindes weiter auf seine eigenen positiven Anteile gelenkt. Es kann zeigen, was es gut kann und was es gerne macht.
• **K1.03 Das Ratespiel** Zunächst Therapeutin/Therapeut alleine mit dem Kind, später mit Eltern(-teil). Dieses Arbeitsblatt ist modifiziert auch mit Erziehern oder Lehrern durchführbar.	Im Ratespiel geht es darum zu erraten, was der andere an einem mag. Das Kind soll die Meinung der Eltern und die Eltern die Meinung des Kindes erraten. Damit soll die Aufmerksamkeit der Familie spielerisch auf positive Erfahrungen und Erlebnisse miteinander gelenkt werden.

Material Kinder	
Material/Teilnehmer:	**Inhalt und Ziele:**
• **K1.04 Das Interview und die Prima-Kärtchen**	Im Interview erfragt das Kind, was den Eltern an ihm gefällt und die Eltern fragen das Kind, was ihm an ihnen gefällt. Damit sollen nicht nur die Eltern angeleitet werden, stärker auf positive Aspekte zu achten, sondern auch das Kind.
Zunächst Therapeutin/Therapeut alleine mit dem Kind, weil es dem Kind anfangs häufig schwerfällt, positive Verhaltensanteile der Eltern zu benennen. Später mit Eltern(-teil). Dieses Arbeitsblatt ist modifiziert auch mit Erziehern oder Lehrern durchführbar.	
• **K1.05 Mein Punkte-Plan in der Therapiestunde**	Der Punkte-Plan ist ein Tokensystem, mit dessen Hilfe das Kind zur Mitarbeit in der Therapie motiviert werden soll. Das Kind erhält immer dann einen Punkt, wenn es ihm gelingt, sich an spezifische Vereinbarungen zu halten. Die Punkte werden später in primäre Verstärker eingetauscht.
Therapeutin/Therapeut alleine mit dem Kind.	
Material Bezugspersonen	
Material/Teilnehmer:	**Inhalt und Ziele:**
• **B1.01 Meine Stärken**	Die Aufmerksamkeit der Eltern wird auf eigenes positives Erziehungsverhalten und eigene positive Eigenschaften gelenkt. Weitere familiäre Ressourcen, die zur Unterstützung genutzt werden können, werden erarbeitet.
Soweit wie möglich beide Elternteile ohne Kind.	
• **B1.02 Was gefällt mir gut an meinem Kind?**	Die Aufmerksamkeit der Eltern wird auf positive Verhaltensanteile und Eigenschaften des Kindes gelenkt. Die Eltern werden angeleitet eine „Was-gefällt-mir-gut-Liste" zu führen, in die sie die positiven Erlebnisse mit dem Kind jeden Abend eintragen können. Für jedes positive Erlebnis bekommt das Kind ein Prima-Kärtchen, das es sammeln und gegen zuvor definierte Belohnungen eintauschen darf.
Soweit wie möglich beide Elternteile ohne Kind, weil es Eltern anfangs häufig schwerfällt, positive Verhaltensanteile des Kindes zu benennen. Dieses Arbeitsblatt ist modifiziert auch mit Erziehern oder Lehrern durchführbar.	

Möglicher Ablauf der Sitzungen. In der Regel müssen für diesen Baustein drei Sitzungen veranschlagt werden, wenn neben dem Kind ausschließlich Eltern einbezogen werden. Bei zusätzlicher Einbeziehung von Erziehern/Lehrern erhöht sich die Sitzungszahl entsprechend. Normalerweise haben Sie vor Beginn mit THAV bereits erste Kontakte zum Kind und den Eltern aufgebaut und Informationen über die Problematik erhalten sowie die Indikation für THAV bereits abgeklärt, d. h. festgestellt, dass gleichaltrigenbezogene Aggres-

sion ein wesentlicher Bestandteil der Symptomatik ist. An dieser Stelle schlagen wir eine Einstiegshilfe im THAV vor.

Übersicht über den Ablauf des Bausteins
• Sitzung 1: Kennenlernen (Kind)
• Sitzung 2: Ressourcen (Eltern)
• Sitzung 3: Was gefällt mir gut (Eltern/Kind)

Baustein 1, erste Sitzung: Kennenlernen (Kind)

Teilnehmer	• Therapeutin/Therapeut alleine mit dem Kind
Materialien	• K1.01 Das Kennenlern-Poster • K1.02 Zeige, was du gerne magst!
Therapie-aufgaben	• Keine

Beginn der Sitzung und Bearbeitung neuer Arbeitsblätter

Man kann nach einem kurzen Bezug auf den Vorstellungsanlass *(Es geht darum, Probleme zu lösen ...)* zunächst auf die positiven Anteile des Kindes eingehen. Als möglicher Einstieg in die kindzentrierten Interventionen, besonders bei initialer Motivationsproblematik, eignet sich das *K1.01 Kennenlern-Poster* (siehe Abb. 16). Für das Poster kann ein großer Fotokarton verwendet werden, den das Kind mit farbigen Stiften, Aufklebern, Fotos usw.

Abbildung 16: Das Kennenlern-Poster (K1.01)

nach eigenen Vorstellungen gestalten kann. Das Kind kann sich hier zunächst mit seinen positiven Anteilen dem Therapeuten vorstellen (siehe Abb. 17). Bei den Fragen auf dem Arbeitsblatt K1.01 handelt es sich um mögliche Fragen, die nicht alle und auch nicht in bestimmter Reihenfolge mit dem Kind durchgegangen werden müssen.

Abbildung 17: Beispiel Kennenlern-Poster

Das Kind kann erzählen, was es gut kann oder gerne macht. Eine Möglichkeit ist hierbei, dass das Kind von zu Hause z. B. einige Fotos, Aufkleber, das Lieblingsspiel, die Lieblingsmusik usw. mitbringt. Im Anschluss an das Poster kann das Kind, wenn es mag, mit dem Therapeuten zusammen sein Lieblingsspiel spielen, in seine Lieblingsmusik hineinhören usw. (s. *K1.02 Zeige, was du gerne magst*).

 Schwierige Therapiesituationen

Je nach Problematik des Kindes kann sich die erste Stunde als äußerst schwierig gestalten. Vielleicht verfügt das Kind über viele negative Beziehungserfahrungen mit Erwachsenen und erwartet hier eine Fortsetzung. Das Kind kann Ihnen daher mit großem Misstrauen oder verweigernd begegnen. Solche Widerstände des Kindes lösen bei Therapeuten häufig Enttäuschungen oder Aggressionen aus. Achten Sie daher besonders darauf, dass Sie nicht gereizt oder unterschwellig aggressiv reagieren. Vermeiden Sie, in einen Machtkampf zu geraten. Nehmen Sie sich Zeit und zeigen Sie Verständnis für die Situation des Kindes. Zeigen Sie Interesse an seiner Person und an dem, was es mag. Bieten Sie ihm Raum sich mit seinen positiven Anteilen vorzustellen, um die Grundlage für eine tragfähige Beziehung und spätere Interventionen zu schaffen.

Baustein 1, zweite Sitzung: Ressourcen (Eltern)

Teilnehmer	• Eltern ohne Kind (B1.02 modifiziert auch mit Erziehern/Lehrern durchführbar)
Materialien	• B1.01 Meine Stärken • B1.02 Was gefällt mir gut an meinem Kind • K1.03 Das Ratespiel • K1.04 Das Interview und die Prima-Kärtchen
Therapieaufgaben	• Keine

Beginn der Sitzung und Bearbeitung neuer Arbeitsblätter

Im Rahmen der Eltern-Intervention kann es wichtig sein, mit den Eltern an eigenen Ressourcen und positiven Eigenschaften zu arbeiten, weil die Eltern häufig durch negative Rückmeldungen aus der Umwelt oft selbst stark verunsichert sind und Schuld- und Versagensgefühle haben. Nachdem die Eltern ihre Probleme und Vorstellungen dargestellt haben, erklären Sie ihnen, warum Sie sich jetzt zunächst mit ihnen auf die positiven Anteile konzentrieren wollen. Arbeiten Sie mit den Eltern heraus, was bereits gut läuft. Ein Weg kann hier sein, sich mit den Eltern anhand des Arbeitsblattes *B1.01 Meine Stärken* damit zu beschäftigen. Des Weiteren sollte es um die Erarbeitung weiterer familiärer und schulischer Ressourcen gehen, die zur Unterstützung genutzt werden können sowie um Möglichkeiten der elterlichen Entlastung, die im weiteren Behandlungsverlauf ausgebaut werden können.

Im zweiten Teil der Sitzung können Sie mit den Eltern überprüfen, wie sie ihr Kind derzeit erleben, ob negative Erlebnisse mit dem Kind gegenüber positiven überwiegen. Hierzu können Sie die Eltern bitten, die positiven Erlebnisse mit dem Kind in der letzten Zeit auf ein Blatt Papier zu schreiben und die negativen Erlebnisse auf ein anderes Blatt zu notieren. Wenn die negativen Erlebnisse überwiegen, besprechen Sie mit den Eltern, dass ein Ungleichgewicht zwischen positiven und negativen Erfahrungen einerseits durch die Verhaltensprobleme des Kindes entstanden ist, andererseits entwickeln sowohl die Eltern als auch das Kind die Erwartung, dass Auseinandersetzungen entstehen, wenn sie zusammen sind. Die Aufmerksamkeit wird dadurch in erster Linie auf die negativen Ergebnisse gelenkt und positive Erfahrungen werden kaum noch wahrgenommen.

 Besprechung der neuen Therapieaufgabe

Hier bietet es sich an, die *Was-gefällt-mir-gut-Liste (B1.02)* aus *Was gefällt mir gut an meinem Kind* einzuführen (siehe Abb. 18). Diese Maßnahme soll

---

B1.02 Was gefällt mir gut an meinem Kind?   S 4/5

Notieren Sie bitte für die nächste Woche täglich, was mit Ihrem Kind gut gelaufen ist und worüber Sie sich gefreut haben. Denken Sie dabei bitte auch an kleine Ereignisse. Nehmen Sie sich jeden Abend etwas Zeit und notieren Sie Ihre positiven Erlebnisse mit Ihrem Kind. Verteilen Sie für jedes positive Erlebnis ein Prima-Kärtchen (siehe K1.04)!

Was-gefällt-mir-gut-Liste		
Datum	Was lief gut?	Wie habe ich reagiert?
11.07.08	Kevin hat für kurze Zeit mit dem Nachbarsjungen schön gespielt.	Habe mich gefreut, aber nichts gesagt.

Als **Erinnerungshilfe**, diese Liste jeden Tag zu führen und mit Ihrem Kind zu besprechen, können Sie z. B. ein **Erinnerungskärtchen** für sich selbst verwenden, indem Sie es an einem Ort befestigen, an dem Sie sich am Tag häufiger aufhalten (in der Küche am Kühlschrank, im Badezimmer am Spiegel ...).

Erinnerung! ☆

Abbildung 18: Die Was-gefällt-mir-gut-Liste (Ausschnitt aus B1.02) mit Beispiel

den Eltern helfen, vorhandenen positiven Erfahrungen wieder vermehrt Aufmerksamkeit zu widmen. Zweitens sollen die Eltern ihrem Kind wieder vermehrt mitteilen, wenn sie sich über ihr Kind freuen oder mit ihm zufrieden sind. Als Erinnerungshilfe, diese Liste jeden Tag zu führen und mit ihrem Kind zu besprechen, können sie z. B. das *Erinnerungskärtchen (B1.02)* aus *Was gefällt mir gut an meinem Kind* für sich selbst verwenden, indem sie es an einem Ort befestigen, an dem sie sich am Tag häufiger aufhalten (in der Küche am Kühlschrank, im Badezimmer am Spiegel …).

Die Liste wird mit den Eltern in dieser Sitzung besprochen und in der dritten Sitzung als Therapieaufgabe gegeben. Für jedes positive Erlebnis bekommt das Kind ein *Prima-Kärtchen (aus K1.04)*, die es sammeln und gegen zuvor definierte Belohnungen eintauschen darf. Betonen Sie, dass durch diese Maßnahmen sich häufig die Beziehung zwischen Eltern und Kind verbessern lässt und die Eltern häufig auch ihre Sicht der Probleme ein wenig verändern. Eine deutliche Verminderung der Probleme sollten die Eltern dadurch jedoch nicht erwarten. Die Maßnahme ist aber eine gute Basis für spätere Interventionen.

Einsatzmöglichkeiten für Erzieher/Lehrer: Dieses Arbeitsblatt ist modifiziert auch mit Erziehern oder Lehrern durchführbar. Diese können die Ereignisse am Ende eines Schultages mit dem Kind besprechen.

 Schwierige Therapiesituationen

Bei der Bearbeitung von positiven und negativen Erlebnissen reagieren Eltern häufig über sich selbst mit Entsetzen, wenn sie feststellen müssen, dass sie sich kaum noch an positive Erlebnisse mit dem Kind erinnern können. Sprechen Sie dieses Gefühl an und erklären Sie den Eltern, dass dies häufig bei Eltern von Kindern mit diesen Schwierigkeiten zu beobachten ist. Erklären Sie ihnen, dass ein Ziel der Behandlung ist, auch wieder vermehrt positive Erfahrungen mit dem Kind zu ermöglichen.

Bei der Besprechung der *Was-gefällt-mir-gut-Liste (aus B1.02)* äußern manche Eltern (Lehrer/Erzieher) Bedenken, dass positive Rückmeldungen über eigentlich selbstverständliche Dinge unangemessen sind und dem Kind ein falsches Bild von der Wirklichkeit vermitteln könnten. Betonen Sie, dass diese Maßnahme dazu dient, die Interaktion zu verbessern und dass es nicht um überschwängliches

Lob geht, sondern um kurze positive Rückmeldungen. Besprechen Sie mit den Eltern (Lehrern/Erziehern) das Prinzip, dass negative Reaktionen auf unangemessenes Verhalten durch positive Reaktionen auf angemessenes Verhalten ergänzt werden müssen.

Das Führen der *Was-gefällt-mir-gut-Liste* ist die erste konkrete Intervention, in der Familie (in der Schule) und kann nach der dritten Sitzung beginnen, die gemeinsam mit dem Kind durchgeführt wird. Auf Durchführungsprobleme ist dann genau zu achten (s. Baustein 2). Mit den Eltern sollte an dieser Stelle auch *das Ratespiel (K1.03)* und das *Interview (aus K1.04)* aus der folgenden gemeinsamen Sitzung mit dem Kind thematisiert und vorbesprochen werden.

Betonen Sie noch einmal, dass es bei diesen ersten Maßnahmen darum geht, die Beziehung zwischen Eltern und Kind zu verbessern und wie wichtig es ist, in der folgenden Sitzung möglichst auf negative Rückmeldungen oder Bemerkungen zu verzichten. Überlegen Sie gemeinsam mit den Eltern, was sie dem Kind rückmelden wollen und üben Sie dies eventuell im Rollenspiel mit ihnen ein.

Baustein 1, dritte Sitzung: Was gefällt mir gut (Kind/Eltern)

Teilnehmer	• Zunächst Therapeutin/Therapeut alleine mit Kind. • Später mit Eltern (K1.03, K1.04 modifiziert auch mit Erziehern/Lehrern durchführbar)
Materialien	• K1.03 Das Ratespiel • K1.04 Das Interview und die Prima-Kärtchen • K1.05 Mein Punkte-Plan in der Therapiestunde
Therapie-aufgaben	• B1.02 Was-gefällt-mir-gut-Liste (Eltern/Bezugspersonen)

Beginn der Sitzung und Bearbeitung neuer Arbeitsblätter

In der dritten Sitzung kann *das Ratespiel (K1.03)* durchgeführt werden. In diesem Spiel geht es darum, zu erraten, was der andere an einem mag.

Das Kind kann die Meinung der Eltern und die Eltern die Meinung des Kindes erraten. Damit kann die Aufmerksamkeit der Familie spielerisch auf positive Erfahrungen und Erlebnisse miteinander gelenkt werden. In den meisten Fällen hat es sich als sinnvoll erwiesen, die Sitzung zunächst alleine mit dem Kind zu beginnen, um mit ihm im Vorfeld gemeinsam zu überlegen, was es glaubt, was die Eltern an ihm mögen bzw. was es selbst an den Eltern mag.

Danach können die Eltern dazu gebeten werden und das *Ratespiel (K1.03)* kann beginnen. Nachdem die Eltern und das Kind gegenseitig die Meinung des anderen erraten haben, kann *das Interview* (aus *K1.04*) gegenseitig durchgeführt werden. Damit sollen nicht nur die Eltern angeleitet werden, stärker auf positive Aspekte zu achten, sondern auch das Kind. Möglicherweise müssen Sie dem Kind und auch den Eltern im Gespräch helfen die zuvor überlegten positiven Aspekte zu verbalisieren und sich einschleichende negative Rückmeldungen nach Absprache unterbrechen. In dieser Stunde werden dem Kind die *Was-gefällt-mir-gut-Liste (aus B1.02)* und die *Prima-Kärtchen (aus K1.04)* vorgestellt. Diese Kärtchen können natürlich durch beliebig andere Sammelkärtchen ersetzt werden.

Einsatzmöglichkeiten für Erzieher/Lehrer: Die Arbeitsblätter *(K1.03, K1.04, B1.02)* sind modifiziert auch mit Erziehern oder Lehrern durchführbar.

Abschluss der Sitzung

Zum Abschluss der Stunde kann das Arbeitsblatt *K1.05 Mein Punkte-Plan in der Therapiestunde* (s. Abb. 19) einschließlich des *Punkte-Kontos* eingeführt werden.

Hierbei handelt es sich um ein Tokensystem mit dessen Hilfe das Kind zur Mitarbeit in der Stunde motiviert werden soll. Das Kind erhält immer dann die vereinbarte Punktzahl, wenn es ihm gelingt, sich an spezifische Vereinbarungen/Verhaltensregeln zu halten. Wenn eine Regel besonders schwierig für das Kind ist, sollte sich dies in einer höheren Punkteanzahl zeigen. Die Punkte können gesammelt werden (auf dem *Punkte-Konto* aus *K1.05*) und später in der Therapiestunde in zuvor vereinbarte Verstärker wie *„am Ende der Stunde gemeinsam mit der Therapeutin ein Spiel spielen"* eingetauscht werden. Das Kind kann dann entsprechende Spielminuten bekommen. Sie können

auch eine kleine Schatzkiste mit kleinen Verstärkern zusammenstellen oder die Punkte in Lego-Steine für ein kleines Lego-Objekt eintauschen, das wenn es fertig aufgebaut ist, mit nach Hause genommen werden darf.

Abbildung 19: Mein Punkte-Plan in der Therapiestunde (Ausschnitt aus K1.05) – Beispiel

Auswertungsgespräch über die Therapieaufgabe in der nächsten Sitzung

Besprechen Sie mit den Eltern (Lehrern/Erziehern) (und dem Kind) die Eintragungen und Erfahrungen mit der *Was-gefällt-mir-gut-Liste (aus B1.02)*. Fragen, die beim Auswertungsgespräch hilfreich sein können sind z. B.:
- Wie empfanden die Eltern (und das Kind) das Führen der Liste (hilfreich – lästig, anstrengend – einfach)?
- Wie schwer ist es ihnen gefallen, positive Erlebnisse zu finden?
- Wurden auch Kleinigkeiten notiert?
- Konnten die Eltern dem Kind in der Situation positive Erfahrungen zurückmelden?
- Wurde die abendliche Rückmeldung regelmäßig durchgeführt?

• Wie berichten die Eltern von den Erfahrungen (Kongruenz von Inhalt und Affekt)?

Dies ist in der Regel die erste Therapieaufgabe für die Eltern, deshalb ist es besonders wichtig, darauf zu achten, dass die Eltern die Aufgabe umsetzen konnten.

Wenn die Eltern berichten, dass sie vergessen haben, die Liste zu führen oder dass sie sie nicht regelmäßig führen konnten, überlegen Sie mit den Eltern, ob noch andere Ursachen für diese Probleme in Frage kommen können. Beispielsweise könnten die Eltern von der Notwendigkeit der Intervention nicht überzeugt sein oder es fällt ihnen besonders schwer, auf positive Aspekte zu achten, weil die Beziehung zum Kind sehr belastet ist. Führen Sie eine ausführliche Widerstandsanalyse durch und überlegen Sie gemeinsam mit den Eltern, welche Veränderungen notwendig sind, damit die Intervention durchgeführt werden kann. Wenn möglich vereinbaren Sie engmaschigere Rückmeldemöglichkeiten durch telefonische Kontakte zwischen den Sitzungen.

 Schwierige Therapiesituationen

Viele Eltern und Kinder sind häufig in einem Teufelskreis negativer Interaktionen gefangen, sodass sie sich kaum noch an positive Erlebnisse miteinander erinnern und positive Eigenschaften des anderen nur schwer benennen können. Häufig sind Widerstandsphänomene zu beobachten, z. B. wenn Eltern und Kind sich scheinbar keine Mühe machen, positive Interaktionsanteile zu benennen. Sprechen Sie dies mit beiden an und zeigen Sie Ihr Verständnis dafür. Erklären Sie den Eltern und dem Kind, dass dies häufig in Familien mit solchen Schwierigkeiten zu beobachten ist. Weisen Sie beide darauf hin, dass der Teufelskreis, in den sie geraten sind, nahezu unausweichlich war, dass sie gemeinsam in eine Falle getappt sind, die bei vielen Familien zuschnappt, dass aber das Ziel der Therapie ist, diesen Teufelskreis zu durchbrechen, um auch positive Erfahrungen wieder zu ermöglichen.

2.2.2 Baustein 2: Diagnostik und Problemdefinition

Indikation:
• Wird immer durchgeführt

Hauptziele des Bausteins:
• Einführung der Identifikationsfigur Till Taff • Erfassung und Analyse der Probleme des Kindes auf kognitiver, emotionaler und Verhaltensebene in sozialen Situationen und ihrer Konsequenzen

Anzahl der Sitzungen:
• In der Regel sind 4 Sitzungen notwendig (2 überwiegend mit Kind, 2 mit Eltern) • + Einbeziehung von Lehrern/Erziehern möglich

Therapieaufgabe für Eltern/andere Bezugspersonen:
• B1.02 Was-gefällt-mir-gut-Liste • Fragebogen zum aggressiven Verhalten von Kindern (FAVK, Görtz-Dorten & Döpfner, 2010), Fremdurteil; nicht Bestandteil von THAV, Bezug siehe Literatur • Elternfragebogen über das Verhalten von Kindern und Jugendlichen (CBCL/4-18; Arbeitsgruppe Deutsche Child Behavior Checklist, 1998a), nicht Bestandteil von THAV, Bezug siehe Literatur • Lehrerfragebogen über das Verhalten von Kindern und Jugendlichen (TRF Arbeitsgruppe Deutsche Child Behavior Checklist, 1993), nicht Bestandteil von THAV, Bezug siehe Literatur • Fremdbeurteilungsbogen für Störungen des Sozialverhaltens (FBB-SSV; Döpfner et al., 2008), nicht Bestandteil von THAV, Bezug siehe Literatur

Therapieaufgabe für Kind:
• Fragebogen zum aggressiven Verhalten von Kindern (FAVK, Görtz-Dorten & Döpfner, 2010), Selbsturteil; nicht Bestandteil von THAV, Bezug siehe Literatur • Fragebogen für Jugendliche (YSR) Arbeitsgruppe Deutsche Child Behavior Checklist, 1998a, b), nicht Bestandteil von THAV, Bezug siehe Literatur • Selbstbeurteilungsbogen für Störungen des Sozialverhaltens (FBB-SSV; Döpfner et al., 2008), nicht Bestandteil von THAV, Bezug siehe Literatur

Material Kinder	
Material/Teilnehmer:	**Inhalt und Ziele:**
• **K2.01 Geschichte: „Ich bin Till Taff!"** Therapeutin/Therapeut alleine mit dem Kind.	Till Taff wird vorgestellt. Typische Problemsituationen von Kindern mit aggressivem Verhalten werden aus der Perspektive eines Kindes geschildert. Das Kind soll sich mit Till Taff und dessen Problemen identifizieren bzw. auseinandersetzen.
• **K2.02 Meine Stärken – meine Schwächen: Meine Meinung** Therapeutin/Therapeut alleine mit dem Kind.	Das Kind kann aus seiner Sicht seine Stärken und Schwächen beschreiben. Die Aufmerksamkeit des Kindes wird auf seine positiven Verhaltensanteile und Eigenschaften gelenkt, sowie auf seine Problembereiche und Defizite.

Material Kinder	
Material/Teilnehmer:	**Inhalt und Ziele:**
• **K2.03 Meine Stärken – meine Schwächen: Die Meinung anderer** Therapeutin/Therapeut alleine mit dem Kind.	Das Kind kann seine Stärken und Schwächen aus Sicht anderer beschreiben. Hierbei soll es sich mit der Meinung anderer auseinandersetzen. Auch hier wird die Aufmerksamkeit des Kindes gleichermaßen auf seine positiven Verhaltensanteile und Eigenschaften sowie auf seine Problembereiche und Defizite gelenkt.
• **K2.04 Fragen zur Geschichte „Ich bin Till Taff!"** Therapeutin/Therapeut alleine mit dem Kind.	Mit Hilfe der Identifikationsfigur Till Taff soll das Kind sich mit dessen Problemen auseinandersetzen. Anhand des Schemas können Problemlösestrategien und -defizite sowie Externalisierungstendenzen exploriert werden.
• **K2.05 Kennst du das auch?** Therapeutin/Therapeut alleine mit dem Kind.	Mit Hilfe des Explorationsschemas soll sich das Kind mit seinem Verhalten in sozialen Konfliktsituationen auseinandersetzen. Anhand des Schemas können Problemlösestrategien und -defizite sowie Externalisierungstendenzen exploriert werden.
• **K2.06 Geschichte „Ich soll zu einer Psychologin"** Therapeutin/Therapeut alleine mit dem Kind.	Till erzählt, wie er zusammen mit seinen Eltern zu einer Therapeutin geht. Dort erfährt er, dass die Psychologin versuchen will, ihm und seinen Eltern zu helfen. Beim Kind soll eine positive Einstellung gegenüber der Therapie aufgebaut werden.
• **K2.07 Ich zeig dir meine Welt!** Therapeutin/Therapeut alleine mit dem Kind.	Bei diesem Soziogramm soll das Kind Beziehungen zu anderen Kindern z. B. aus seiner Klasse anhand von Smileys und Pfeilen darstellen. Damit lassen sich sowohl die aktuellen Beziehungen des Kindes zu anderen Kindern in einer bestimmten Gruppe als auch seine Beziehungswünsche explorieren.
• **K2.08 Mein Problem – mein Ziel** Therapeutin/Therapeut alleine mit dem Kind.	Das Kind wird dazu angeleitet, erstens über Vor- und Nachteile des eigenen Verhaltens nachzudenken, zweitens eigene Verhaltensziele zu formulieren und drittens sich selbst zu beobachten, in welchem Ausmaß es die eigenen Verhaltensziele erreicht hat.
• **K2.09 Ärger-Problem-Liste** Therapeutin/Therapeut alleine mit dem Kind.	Anhand einer Ärger-Problem-Liste soll das Kind Probleme in sozialen Situationen aus seiner Sicht formulieren. Die Liste soll der kontinuierlichen Kontrolle dienen.
• **K2.10 Ziel-Liste** Therapeutin/Therapeut alleine mit dem Kind.	siehe Ärger-Problem-Liste K2.09, hier als Ziel-Liste formuliert, da manche Kinder eher eine positive Formulierung bevorzugen

Material Bezugspersonen	
Material/Teilnehmer:	**Inhalt und Ziele:**
• **B2.01 Explorationsschema für aggressives Verhalten** Soweit wie möglich beide Elternteile ohne Kind (für Teilbereiche auch Lehrer/Erzieher).	Die klinische Exploration der Bezugspersonen kann anhand des Explorationsschemas für aggressives Verhalten durchgeführt werden.
• **B2.02 Es gibt Probleme! Wer muss was ändern?** Soweit wie möglich beide Elternteile ohne Kind.	Anhand des Schemas können Externalisierungstendenzen bezogen auf das Verhalten des Kindes und der eigenen Verhaltensanteile exploriert werden.
• **B2.03 Kennen Sie das? Basisinformation zur Therapie** Soweit wie möglich beide Elternteile ohne Kind.	Die Eltern erhalten eine Basisinformation zur Therapie. Till wird vorgestellt und eigene Ohnmachtsgefühle thematisiert.
• **B2.04 Verhaltensproblemliste** Soweit wie möglich beide Elternteile ohne Kind. Modifiziert auch mit Erziehern und Lehrern durchführbar.	Auf Basis der Ergebnisse der multimodalen Verhaltens- und Psychodiagnostik werden die Verhaltensprobleme des Kindes in sozialen Situationen definiert, die durch die Behandlung vermindert werden sollen. Damit werden die Ziele der Behandlung bezogen auf Veränderungen der Verhaltensprobleme des Kindes in sozialen Situationen festgelegt und die Problemliste über Verhaltensprobleme des Kindes in sozialen Situationen, die der kontinuierlichen Verhaltenskontrolle dient, wird erarbeitet.
• **B2.05 Ziel-Liste** Soweit wie möglich beide Elternteile ohne Kind. Modifiziert auch mit Erziehern und Lehrern durchführbar.	Siehe Verhaltensproblemliste B2.04: Hier als Zielliste formuliert, da manche Eltern eher eine positivere Formulierung bevorzugen.

Möglicher Ablauf der Sitzungen. In der Regel müssen für diesen Baustein vier Sitzungen veranschlagt werden, wenn neben dem Kind ausschließlich Eltern einbezogen werden. Bei zusätzlicher Einbeziehung von Erziehern/Lehrern erhöht sich die Sitzungszahl entsprechend.

Übersicht über den Ablauf des Bausteins
• Sitzung 1: Einführung Till Taff (Kind) • Sitzung 2: Exploration (Eltern) • Sitzung 3: Ich zeig dir meine Welt (Kind) • Sitzung 4: Basisinformation zur Therapie und Problemliste (Eltern)

Baustein 2, erste Sitzung: Einführung Till Taff (Kind)

Teilnehmer	• Therapeutin/Therapeut alleine mit Kind
Materialien	• K2.01 Geschichte: „Ich bin Till Taff" • K2.02 Meine Stärken – meine Schwächen: Meine Meinung • K2.03 Meine Stärken – meine Schwächen: Die Meinung anderer • K2.04 Fragen zur Geschichte: „Ich bin Till Taff"

Abbildung 20: Handpuppe Till erzählt Geschichte

Materialien	• K2.05 Kennst du das auch? • K1.05 Mein Punkte-Plan in der Therapiestunde
Therapie-aufgaben	• Keine

Beginn der Sitzung

Erinnern Sie das Kind zu Beginn der Sitzung an den *Punkte-Plan* und an die Regeln, nach denen es in der Sitzung Punkte gewinnen kann. Passen Sie bei Bedarf die Regeln neu an.

Auswertungsgespräch zur letzten Therapie-aufgabe

Besprechen Sie zunächst mit dem Kind die Eintragungen und Erfahrungen mit der *Was-gefällt-mir-gut-Liste (B1.02)*. Lassen Sie sich die gesammelten *Prima-Kärtchen* zeigen und lassen Sie sich berichten, wie das Kind die Rückmeldungen der Eltern oder Lehrer/Erzieher empfunden hat.

Bearbeitung neuer Arbeitsblätter

Danach kann der Übergang in die weitere kindzentrierte Intervention mit Hilfe der Geschichte: *Ich bin Till Taff (K2.01)* erfolgen. Lesen Sie dem Kind die Geschichte vor oder erzählen Sie sie mit einer Handpuppe (s. Abb. 20). Eine Till-Handpuppe finden Sie bei den THAV-Materialien.

Am Seitenrand des Arbeitsblattes finden Sie mögliche Fragen zu den einzelnen Textabschnitten (diese Fragen können Sie auch mit der Handpuppe stellen). Till erzählt in der Geschichte von dem, was er gut kann und von Dingen, die für ihn schwierig sind. Mit Hilfe der Arbeitsblätter *K2.02* und *K2.03* können hier die Stärken und Schwächen des Kindes thematisiert werden. Zunächst aus seiner eigenen Sicht und im Anschluss aus der Sicht anderer Menschen.

• Was finde ich/jemand anderes gut an mir?
• Was finde ich/jemand anderes nicht gut an mir?
• Was kann ich gut?
• Was kann ich weniger gut?
• Welche positiven und negativen Eigenschaften habe ich?

Im Anschluss daran kann das Explorationsschema zunächst zur Geschichte *(Fragen zur Geschichte, K2.04)* eingesetzt werden. Mit Hilfe der Identifikationsfigur Till Taff soll sich das Kind mit dessen Problemen auseinandersetzen und die Gedanken, Gefühle, Handlungen und Konsequenzen erkennen und beschreiben. Im weiteren Vorgehen kann dann das Explorationsschema zum eigenen Verhalten in sozialen Situationen (*K2.05*; s. Abb. 21) durchgeführt werden. Anhand der Schemata können die Probleme des Kindes auf kognitiver, emotionaler und Verhaltensebene in sozialen Situationen einschließlich ihrer Konsequenzen sowie Externalisierungstendenzen anhand eines Thermometers (von 0: Ich habe überhaupt keinen Anteil daran! bis 100: Ich habe das ganz alleine verursacht!) (s. Abb. 22, auch bei den THAV-Materialien) erfasst und analysiert werden.

Diese Exploration kann die weitere Therapieplanung wesentlich bestimmen, weil damit erstens die Konfliktsituationen herausgearbeitet und zweitens Hinweise auf symptomaufrechterhaltende Faktoren gewonnen werden können.

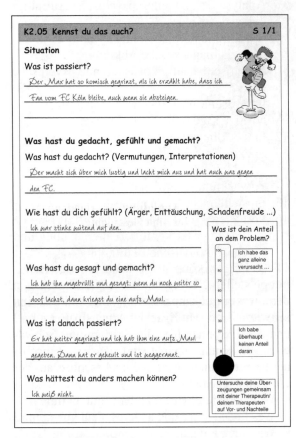

Abbildung 21: Kennst du das auch? (Ausschnitt aus K2.05) – Beispiel

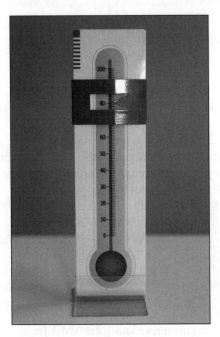

Abbildung 22: Thermometer

Abschluss der Sitzung

Zum Abschluss der Stunde sollte dann wieder das Arbeitsblatt *K1.05 Mein Punkte-Plan* in der Therapiestunde eingesetzt werden. Das Kind erhält für die Regeln, die es eingehalten hat, die vereinbarte Punktezahl und darf diese, wenn es will, eintauschen z. B. gegen Spielzeit.

 Schwierige Therapiesituationen

Manchen Kindern fällt es schwer, der Geschichte von *Till Taff* vom Anfang bis zum Ende aufmerksam zuzuhören. Hier empfiehlt sich, die Geschichte zu verkürzen und nur Teilbereiche vorzulesen oder zu erzählen. Bei einigen Kindern zeigen sich auch Widerstände, über die eigenen Schwächen zu sprechen. Nehmen Sie sich daher Zeit und zeigen Sie Verständnis. Sprechen Sie die Widerstände des Kindes an und erklären Sie ihm, dass es vielen Menschen schwerfällt, eigene Schwächen vor anderen einzuräumen. Beginnen Sie daher mit den Stärken des Kindes. Geben Sie ihm Raum, zunächst nochmals über seine positiven Anteile zu sprechen. Signalisieren Sie Interesse an seiner Person mit all seinen Anteilen.

Baustein 2, zweite Sitzung: Exploration (Eltern)

Teilnehmer	• Eltern ohne Kind (B2.01 in Teilbereichen und B2.02 auch mit Erziehern/Lehrern durchführbar)
Materialien	• B2.01 Explorationsschema für aggressives Verhalten • Diagnose-Checkliste für Störungen des Sozialverhaltens (DCL-SSV; Döpfner et al., 2008), nicht Bestandteil von THAV, Bezug siehe Literatur • B2.02 Es gibt Probleme! Wer muss was ändern?
Therapie-aufgaben	• Fragebogen zum aggressiven Verhalten von Kindern (FAVK, Görtz-Dorten & Döpfner, 2010), – Fremdurteil; nicht Bestandteil von THAV, Bezug siehe Literatur

Therapie-aufgaben	• Aus B1.02 Was-gefällt-mir-gut-Liste (Eltern/Bezugs-personen) • Elternfragebogen über das Verhalten von Kindern und Jugendlichen (CBCL/4-18; Arbeitsgruppe Deutsche Child Behavior Checklist, 1998a), nicht Bestandteil von THAV, Bezug siehe Literatur • Lehrerfragebogen über das Verhalten von Kindern und Jugendlichen (TRF Arbeits-gruppe Deutsche Child Behavior Checklist, 1993), nicht Bestandteil von THAV, Bezug siehe Literatur • Fremdbeurteilungsbogen für Störungen des Sozialverhal-tens (FBB-SSV; Döpfner et al., 2008), nicht Bestand-teil von THAV, Bezug siehe Literatur

Beginn der Sitzung und Auswertungs-gespräch zur letzten Therapieaufgabe

Besprechen Sie zunächst mit den Bezugspersonen die Eintragungen und Erfahrungen mit der *Was-gefällt-mir-gut-Liste (aus B1.02)* (siehe Auswer-tungsgespräch dritte Sitzung, Baustein 1). Diese Intervention kann über mehrere Wochen fortge-setzt werden.

Bearbeitung neuer Arbeitsblätter

Die klinische Exploration kann im Anschluss mit dem *Explorationsschema für aggressives Verhalten (B2.01)* durchgeführt werden. Das Explorations-schema ist eine Modifikation des Explorations-schemas für psychische Störungen im Kindes- und Jugendalter (EPSKI; Döpfner et al., 2008) und wird in 16 Sektionen aufgeteilt:

1. Familienzusammensetzung
2. Kindergarten/Schule
3. Vorstellungsanlass und spontan berichtete Probleme
4. Erwartungen der Eltern an die Untersuchung
5. Weitergabe und Einholung von Informationen
6. Aktuelle oppositionelle, aggressive und disso-ziale Problematik

7. Vertiefende Exploration von Gleichaltrigen-kontakten und Gleichaltrigenkonflikten und Empathie
8. Analyse der aktuellen psychische Auffällig-keiten des Kindes
9. Spezifische koexistierende Symptomatik/dif-ferenzialdiagnostische Abklärung
10. Spezifische häufig kovariierende psychische Merkmale
11. Interessen, Aktivitäten, Kompetenzen und positive Eigenschaften des Kindes
12. Entwicklungsstand und schulische Leistungen
13. Spezifischer familiärer und sozialer Hinter-grund
14. Entwicklungsgeschichte des Patienten
15. Einstellungen zur Therapie
16. Verhaltens- und Interaktionsauffälligkeiten während der Exploration/Untersuchung und psychopathologische Beurteilung
17. Planung weiterer diagnostischer Maßnahmen

Für die klinische Exploration sollte mindestens eine Stunde veranschlagt werden. Im Einzelfall kann die Exploration auch länger dauern. Das Ex-plorationsschema kann auch in Teilbereichen bei der Exploration des Kindes eingesetzt werden. Zur Exploration der aktuellen aggressiven Problematik des Kindes in der Familie, im Kindergarten bzw. in der Schule und im Kontakt mit Gleichaltrigen sollten neben der freien Exploration die Diag-nose-Checkliste *„Störungen des Sozialverhalten"* (DCL-SSV) zur klinischen Beurteilung von Kin-dern und Jugendlichen nach ICD-10 und DSM-IV aus dem Diagnostiksystem für Psychische Störun-gen im Kindes und Jugendalter, DISYPS-II (Döpf-ner et al., 2008) herangezogen werden. Ergänzend können bei Hinweisen auf ADHS die Diagnose-Checkliste *„ADHS"* (DCL-ADHS) oder auch andere Diagnose-Checklisten, beispielsweise zur Abklärung depressiver Störungen eingesetzt wer-den.

 ### *Besprechung der neuen Therapie-aufgabe*

Für die oben genannten Störungen liegen auch ent-sprechende Fremdbeurteilungsbögen für Eltern, Lehrer und Erzieher für Kinder und Jugendliche im Alter von 4 bis 18 Jahren (FBB) sowie Selbst-beurteilungsbögen für Kinder und Jugendliche im Alter von 11 bis 18 Jahren (SBB) vor (siehe DISYPS-II, Döpfner et al., 2008). Diese sollten Sie ebenfalls einsetzen und den Eltern im An-schluss mit nach Hause geben mit der Bitte, sie

Fragebogen
zum aggressiven Verhalten von Kindern – Fremdurteil ▬▬▬▬ **FAVK-F**

Name/Code: _____ Alter: _____ Datum: _____

Kindergarten/Schule: _____ Klasse: _____

Beurteilt von: ☐ Mutter ☐ Vater ☐ Lehrer ☐ Erzieher

Kreuzen Sie bitte für jede Beschreibung: – zuerst die Zahl an, die angibt, wie zutreffend die Beschreibung für das Kind/die (den) Jugendlichen im Umgang mit anderen Kindern/ Jugendlichen ist – und danach die Zahl, die angibt, wie zutreffend die Beschreibung für das Kind/die (den) Jugendliche(n) im Umgang mit Erwachsenen ist.	Wie zutreffend ist die Beschreibung im Umgang mit anderen Kindern/Jugendlichen?				Wie zutreffend ist die Beschreibung im Umgang mit Erwachsenen?			
	gar nicht	ein wenig	weitgehend	besonders	gar nicht	ein wenig	weitgehend	besonders
01. Bei Streit mit anderen, schiebt er/sie häufig die Schuld auf diese.	0	1	2	3	0	1	2	3
02. Tritt ihm/ihr jemand auf den Fuß, unterstellt er/sie diesem böswillige Absicht.	0	1	2	3	0	1	2	3
03. Glaubt, viele Menschen suchen nur Streit.	0	1	2	3	0	1	2	3
04. Schiebt häufig die Schuld für eigene Fehler oder eigenes Fehlverhalten auf andere.	0	1	2	3	0	1	2	3
05. Fühlt sich von anderen geärgert oder provoziert, wenn diese ihn/sie seiner/ihrer Meinung nach komisch anschauen.	0	1	2	3	0	1	2	3
06. Denkt, viele Menschen mögen ihn/sie nicht und haben ihm/ihr gegenüber eine feindliche Haltung.	0	1	2	3	0	1	2	3
07. Andere zu verletzen oder zu beleidigen macht ihm/ihr Spaß.	0	1	2	3	0	1	2	3
08. Fühlt sich oft ungerecht behandelt.	0	1	2	3	0	1	2	3

Abbildung 23: Fragebogen zum Aggressiven Verhalten von Kindern – Fremdurteil (Ausschnitt aus FAVK-F, Görtz-Dorten & Döpfner, 2010)

ausgefüllt zum nächsten Termin wieder mitzubringen. Ebenfalls können Sie den Eltern an dieser Stelle als Therapieaufgabe den FAVK-F (s. Abb. 23) mit nach Hause geben. Dieser Fragebogen erfasst das aggressive Verhalten des Kindes im Umgang mit anderen Kindern bzw. mit Erwachsenen aus der Sicht der Bezugspersonen.

Der FAVK (Görtz-Dorten & Döpfner, 2010) erfasst in 25 Items jeweils gleichaltrigenbezogene und erwachsenenbezogene aggressive Kognitionen und Verhaltensweisen. Die Items werden getrennt für gleichaltrigenbezogene und erwachsenenbezogene Beurteilungen in vier Skalen zusammengefasst. Sie bilden damit die wesentlichen aufrechterhaltenden Faktoren für aggressives Verhalten ab und geben damit Hinweise zur Indikation für die einzelnen Module des THAV. Die Skalen erfassen im Einzelnen:

- Störungen sozial-kognitiver Informationsverarbeitung,
- Störungen der Impulskontrolle,
- Störungen sozialer Fertigkeiten,
- Störungen sozialer Interaktionen.

Auf dem Auswertungsbogen kann das Elternurteil normbezogen ausgewertet werden. Für das Lehrerurteil liegt noch keine Normierung vor. Orientierend können für die Auswertung der Lehrerurteile bis auf Weiteres die Elternnormen benutzt werden. Im Manual zum FAVK (Görtz-Dorten & Döpfner, 2010) sind die Fragebogenentwicklung einschließlich der psychometrischen Kriterien sowie die Informationen zur Validität des Verfahrens und zum Zusammenhang zwischen Eltern- und Selbsteinschätzungen publiziert.

Um ein breites Spektrum an psychischen Auffälligkeiten diagnostisch zu überprüfen, haben sich zudem störungsübergreifende Verfahren, wie der Elternfragebogen über das Verhalten von Kindern und Jugendlichen (CBCL, Arbeitsgruppe Deutsche Child Behavior Checklist, 1998a) und der Lehrerfragebogen über das Verhalten von Kindern und Jugendlichen (TRF Arbeitsgruppe Deutsche Child Behavior Checklist, 1993) bewährt.

Abschluss der Sitzung

Zum Abschluss der Sitzung können Sie noch anhand des Arbeitsblattes *B2.02 Es gibt Probleme! Wer muss was ändern?* mit den Eltern thematisieren, welche Anteile ihr Kind und welche Anteile andere Personen an der Entwicklung der Gleichaltrigenkonflikte hat. Mitunter neigen Eltern dazu, ähnlich wie ihr Kind, die Probleme zu externalisieren, d. h. vor allem bei den Interaktionspartnern – den anderen Kindern, den Lehrern – die Schuld zu suchen. Andere Eltern sehen ausschließlich ihr Kind als Verursacher aller Probleme und können beispielsweise auch nicht mögliche eigene Anteile wahrnehmen. Die Wahrheit liegt oft zwischen beiden Extremen und Sie können anhand dieses Arbeitsblattes zunächst mit den Eltern ihre eigene Einschätzung feststellen und dann auch im sokratischen Dialog andere Perspektiven einbringen, wenn Sie dies für indiziert halten.

Einsatzmöglichkeiten für Erzieher/Lehrer: Die Arbeitsblätter *B2.01* in Teilbereichen und *B2.02* sind modifiziert auch mit Erziehern oder Lehrern durchführbar.

Auswertungsgespräch über die Therapieaufgabe in der nächsten Sitzung

Besprechen Sie mit den Eltern (Lehrer/Erziehern) die ausgefüllten Fragebögen, nachdem Sie die Fragebögen ausgewertet haben. Neben der normbezogenen Information aus Skalenebene sollten Sie ein besonderes Augenmerk auf Fragen legen, die von den Bezugspersonen mit zwei oder drei angekreuzt wurden. Hier lohnt sich eine genauere Exploration. Lassen Sie sich Beispiele erzählen und fragen Sie nach der Häufigkeit des Verhaltens.

 Schwierige Therapiesituationen

Eltern sind häufig in einer ausgesprochen belasteten Situation und drängen oft nach schneller Hilfe; im Explorationsgespräch tendieren Eltern daher oft dazu, eine Liste von Fehlverhaltensweisen und Missetaten aufzumachen. Sie beschreiben das Verhalten des Kindes oft noch dramatischer als es tatsächlich ist, um so ihrer Belastung Ausdruck zu geben. Sie sollten daher für die Eltern in dieser Phase genügend Zeit haben, sich die Sorgen in Ruhe anzuhören und ihnen Verständnis für ihre Situation zu signalisieren. Auf der anderen Seite sollten Sie aber auch immer wieder versuchen, den roten Faden Ihrer Exploration nicht zu verlieren und die Eltern in ihren Erzählungen vorsichtig zu begrenzen. Versuchen Sie, sich nicht zu allzu schnellen Ratschlägen hinreißen zu lassen. Äußern Sie Ihr Verständnis für das Bedürfnis nach schneller Hilfe und erklären Sie ihnen, wie wichtig zunächst eine ausführliche Diagnostik ist, um ihnen als Familie eine bestmögliche Hilfe zuteil werden zu lassen.

Baustein 2, dritte Sitzung: Ich zeig dir meine Welt (Kind)

Teilnehmer	• Therapeutin/Therapeut alleine mit Kind
Materialien	• K2.06 Geschichte „Ich soll zu einer Psychologin/einem Psychologen" • K2.07 Ich zeig dir meine Welt! • K2.08 Mein Problem – mein Ziel • K2.09 Ärger-Problem-Liste oder K2.10 Ziel-Liste • K1.05 Mein Punkte-Plan in der Therapiestunde
Therapie-aufgaben	• ab 9 Jahre: Fragebogen zum aggressivem Verhalten von Kindern (FAVK, Görtz-Dorten & Döpfner, 2010), Selbsturteil; nicht Bestandteil von THAV, Bezug siehe Literatur
Therapie-aufgaben	• ab 11 Jahre: Fragebogen für Jugendliche (YSR; Arbeitsgruppe Deutsche Child Behavior Checklist, 1998b), nicht Bestandteil von THAV, Bezug siehe Literatur • ab 11 Jahre: Selbstbeurteilungsbogen für Störungen des Sozialverhaltens (SBB-SSV; Döpfner et al., 2008), nicht Bestandteil von THAV, Bezug siehe Literatur

Beginn der Sitzung

Erinnern Sie das Kind zu Beginn der Sitzung an den *Punkte-Plan* und an die Regeln, nach denen es in der Sitzung Punkte gewinnen kann. Passen Sie bei Bedarf die Regeln neu an.

Bearbeitung neuer Arbeitsblätter

Wie in der ersten Sitzung dieses Bausteins kann auch in dieser Sitzung mit dem Kind der Einstieg mit einer Till Taff-Geschichte *(K2.06) Ich soll zu einer Psychologin/einem Psychologen* gestaltet werden. In dieser Geschichte erzählt Till, wie er zusammen mit seinen Eltern zu einer Therapeutin geht. Till erzählt von Fragebögen, die er ausfüllen soll und von den vielen Fragen, die ihm die Therapeutin stellt und schließlich von seiner Ärger-Problem-Liste, die er geschrieben hat. Dieser Einstieg kann helfen, beim Kind eine positive Einstellung gegenüber der Therapie auf- und Ängste abzubauen. Lesen Sie dem Kind die Geschichte vor oder erzählen Sie sie mit einer Handpuppe (vgl. THAV-Materialien). Am Blattrand finden Sie wieder mögliche Fragen zu den einzelnen Textabschnitten und zugehörige Materialien.

Nach der gesamten Geschichte oder nach dem ersten Textabschnitt können Sie das Soziogramm *(Ich zeig dir meine Welt! K2.07* siehe Abb. 24) durchführen, um die Beziehungen des Kindes zu anderen Kindern in einer bestimmten Gruppe (z. B. Klasse, Sportverein) und seine Wünsche nach Veränderungen zu explorieren.

Für die weitere Exploration zur Beziehung in der Gleichaltrigengruppe werden am Ende von *K2.07* hilfreiche Fragen formuliert. Dieses Soziogramm wird in späteren Bausteinen zur Verbesserung sozialer Problemlösefähigkeiten und Fertigkeiten wieder aufgegriffen. Daher bietet es sich an, ein

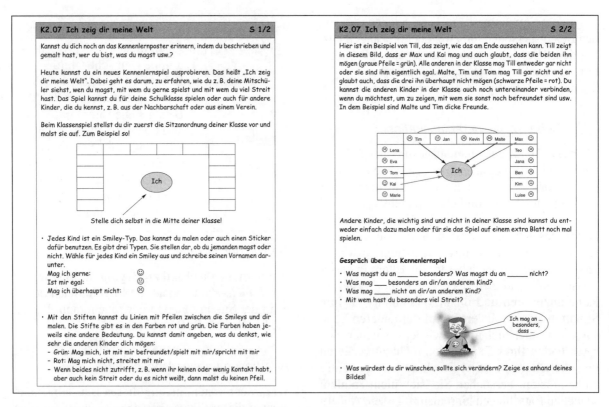

Abbildung 24: Ich zeig dir meine Welt (K2.07, Seite 1 und 2)

K2.08 Mein Problem – mein Ziel S 1/1

Mein Problem

Ich streite viel mit anderen Kindern; ich schreie sie an, schlage oder trete sie.

Vorteile:
- Ich bekomme, was ich will
- Andere machen, was ich will
- Max findet mich cool

Nachteile:
- Viele Kinder wollen nicht mit mir befreundet sein
- Viele Kinder haben Angst vor mir oder mögen mich nicht
- Ich werde selten zu Geburtstagen eingeladen
- Ich muss häufig alleine spielen
- Ich bekomme oft Ärger mit meinen Eltern oder Lehrern

Ich möchte gerne das Problem in den Griff bekommen und bin bereit, mein eigener Detektiv zu sein!

☒ Ja! ☐ Nein!

Mein Ziel

Ich möchte mich nicht mehr so viel streiten und neue Freunde in der Klasse finden.

Unterschrift: _Kevin_

Abbildung 25: Mein Problem – mein Ziel (K2.08) – Beispiel

---

weißes Blatt Papier zu laminieren und abwaschbare Folienstifte zu verwenden, um jederzeit Veränderungen einfacher vornehmen zu können oder Sie finden diese Tafeln auch bei den THAV-Materialien. Aufbauend auf dem Soziogramm kann mit dem Kind dann anhand des Arbeitsblattes *Mein Problem – mein Ziel (K2.08*, s. Abb. 25) seine individuelle Problematik in der sozialen Interaktion mit anderen Kindern sowie die Vor- und Nachteile des Verhaltens erarbeitet werden.

Zum Beispiel kann das Problem des Kindes lauten:
- *Ich streite viel mit anderen Kindern; ich schreie sie an, schlage oder trete sie.*

Die Vorteile, die sich aus diesem Verhalten ergeben können, können sein:
- *Ich bekomme was ich will.*
- *Andere machen was ich will.*
- *Max findet mich cool.*

Die Nachteile können beispielsweise lauten:
- *Viele Kinder wollen nicht mit mir befreundet sein.*
- *Viele Kinder haben Angst vor mir oder mögen mich nicht.*
- *Ich werde selten zu Geburtstagen eingeladen.*
- *Ich muss häufig alleine spielen.*

| K2.09 Ärger-Problem-Liste | | | | | | S 1/1 |

Ich heiße: _____Kevin_____   Datum: _18.09.2009_

Kreuze bitte für jedes Ärger-Problem die Zahl an, die angibt, wie häufig das Problem in der beschriebenen Situation in der vergangenen Woche aufgetreten ist.

Ärger-Problem-Liste	Wie häufig trat mein Ärger-Problem in der beschriebenen Situation auf?					
	nie	manchmal (weniger als in der Hälfte der Situationen)	in der Hälfte der Situationen	fast immer (mehr als in der Hälfte der Situationen)	immer	Situation ist nicht aufgetreten
1. *Wenn ich denke, ein Kind lacht mich aus, haue ich ihm eine aufs Maul*	0	1	2	3	✗	5
2.	0	1	2	3	4	5
3.	0	1	2	3	4	5
4.	0	1	2	3	4	5

Abbildung 26: Ärger-Problem-Liste (K2.09) – Beispiel

• *Ich bekomme oft Ärger mit meinen Eltern oder Lehrern.*

Daraufhin sollten mit dem Kind gemeinsam die Vor- und Nachteile des Problemverhaltens gegeneinander abgewogen und ein Verhaltensziel formuliert werden.

Ein mögliches Ziel, das sich daraus ergeben kann, kann sein:
• *Ich möchte mich nicht mehr so viel streiten und neue Freunde in der Klasse finden.*

Im Anschluss daran sollte das Kind anhand der individuellen *Ärger-Problem-Liste (K2.09,* siehe Abb. 26) oder *Ziel-Liste (K2.10)* nun noch differenzierter Probleme oder Ziele in sozialen Situationen aus seiner Sicht formulieren. Damit werden Ziele der Behandlung bezogen auf Veränderungen der Verhaltensprobleme des Kindes festgelegt.

Die Liste dient der kontinuierlichen Verlaufskontrolle und sollte ab jetzt zu Beginn jeder Sitzung mit dem Kind eingesetzt werden. Versuchen Sie gemeinsam mit dem Kind, die einzelnen Verhaltensprobleme möglichst konkret zu formulieren und gegeneinander abzugrenzen. Die Konkretisierung sollte sich auf die Situation und auf die Häufigkeit und/oder Intensität beziehen, mit der das Verhalten in den Situationen auftritt.

Eine Konkretisierung der Situation gelingt nicht immer, sollte aber nach Möglichkeit angestrebt werden, weil situationsunabhängig definierte Ver-

haltensprobleme allgemein schwieriger zu behandeln sind.

 Besprechung der neuen Therapieaufgabe

Zum Schluss der Stunde können Sie dem Kind als Therapieaufgabe den *FAVK-S* (ab 9 Jahren) mit nach Hause geben. Der Fragebogen dient der Erfassung aggressiven Verhaltens des Kindes im Umgang mit anderen Kindern und Erwachsenen aus der Sicht des Kindes und ist wie der FAVK-F in vier Skalen unterteilt, die Hinweise zur Indikation für die einzelnen Module des THAV geben können: Auf dem Auswertungsbogen kann das Selbsturteil normbezogen ausgewertet werden. Im Manual zum FAVK (Görtz-Dorten & Döpfner, 2010) sind die Fragebogenentwicklung einschließlich der psychometrischen Kriterien sowie die Informationen zur Validität des Verfahrens und zum Zusammenhang zwischen Eltern- und Selbsteinschätzungen publiziert.

Außerdem können Sie aus dem Diagnostik-System für Psychische Störungen im Kindes- und Jugendalter nach ICD-10 und DSM-IV (DISYPS-II; Döpfner et al., 2008) den Selbstbeurteilungsbogen für Störungen des Sozialverhaltens (SBB-SSV) (ab 11 Jahre) zur Erfassung der oppositionell-aggressiven Symptomatik entsprechend den Kriterien von ICD-10 und DSM-IV einsetzen. Um ein breites Spektrum an psychischen Auffälligkeiten im Selbsturteil von älteren Kindern diagnostisch zu überprüfen, hat sich der Fragebogen für Jugendliche (YSR; Arbeitsgruppe Deutsche Child Behavior Checklist, 1998b) als störungsübergreifendes Verfahren bewährt.

Abschluss der Sitzung

Zum Abschluss der Stunde sollte dann wieder das Arbeitsblatt *K1.05 Mein Punkte-Plan in der Therapiestunde* eingesetzt werden und das Kind für die eingehaltenen Regeln Punkte erhalten, die es, wenn es will, eintauschen darf z. B. gegen Spielzeit.

Auswertungsgespräch über die Therapieaufgabe in der nächsten Sitzung

Bei älteren Kindern (ab 9 bzw. 11 Jahren) besprechen Sie mit dem Kind die ausgefüllten Fragebögen, nachdem Sie die Fragebögen ausgewertet haben. Legen Sie ein besonderes Augenmerk auf Fragen, die vom Kind mit zwei oder drei angekreuzt wurden. Hier lohnt sich eine genauere Exploration. Lassen Sie sich Beispiele erzählen und fragen Sie nach der Häufigkeit des Verhaltens. Wenn nötig, können Sie mit diesen Informationen die *Ärger-Problem-Liste (K2.09)* bzw. analog die *Ziel-Liste (K2.10)* vervollständigen.

 ### Schwierige Therapiesituationen

Es kann vorkommen, dass das Kind ein Verhalten, das Sie und die Bezugspersonen als problematisch einschätzen, selbst nicht als problematisch beurteilt, entweder weil es das Problemverhalten als solches gar nicht wahrnimmt, es bewusst abstreitet oder weil es andere dafür verantwortlich macht. Deshalb kann es sich dann auf dem Arbeitsblatt *K2.08 Mein Problem – mein Ziel* nicht dazu entscheiden, etwas zu tun, um das Problem in den Griff zu bekommen. In diesem Fall sollten Sie sich noch mehr Zeit lassen, zu dem Kind eine vertrauensvolle Beziehung aufzubauen und seine Sichtweise näher kennenlernen. Häufig stellt diese Diskrepanz in der Beurteilung des Problemverhaltens einen aktiven Schutz des Kindes dar: Es möchte sich selbst und anderen nicht zugeben, dass es Probleme hat. Mit zunehmendem Vertrauen zum Therapeuten kann dann dieses Thema meistens besser angesprochen werden. Mit Till Taff wird in den Geschichten ein Modell vorgegeben, das zeigt, wie ein Kind aktiv seine Probleme wahrnimmt und sich zur Bearbeitung von Problemen entschließt und damit ein Bewältigungsmodell für den Patienten bietet. Die intensive Bearbeitung dieser Geschichten kann daher zur Überwindung dieser Problematik beitragen. Gelegentlich haben Kinder eine eingeschränkte Selbstwahrnehmungsfähigkeit oder eine egozentrische Perspektive und können die negativen Konsequenzen, die sich aus dem Problemverhalten ergeben, nicht erkennen bzw. erwarten, dass sich ausschließlich andere Kinder oder die Bezugspersonen ändern sollen. In diesem Fall sollten Sie mit dem Kind intensiv an seiner Fähigkeit zur Perspektivenübernahme und an einer gemeinsamen Problemdefinition durch die Bezugspersonen und des Kindes arbeiten, bevor beispielsweise Selbstbeobachtungsbögen eingesetzt werden können. Ohne jegliche eigene Motivation und Fähigkeit zur Selbstkritik kann Selbstmanagement nicht angewendet werden.

Baustein 2, vierte Sitzung: Basisinformation zur Therapie und Problemliste (Eltern)

Teilnehmer	• Eltern ohne Kind (B2.03 bis B2.05 auch mit Erziehern/Lehrern durchführbar)
Materialien	• B2.03 Kennen Sie das? Basisinformation zur Therapie • B2.04 Verhaltensproblemliste oder B2.05 Ziel-Liste
Therapieaufgaben	• Aus B1.02 Was-gefällt-mir-gut-Liste (Eltern/Bezugspersonen)

Beginn der Sitzung und Auswertungsgespräch zur letzten Therapieaufgabe

Besprechen Sie zunächst mit den Bezugspersonen die Eintragungen und Erfahrungen mit der *Was-gefällt-mir-gut-Liste (aus B1.02)* (s. dritte Sitzung, Baustein 1, Auswertungsgespräch) und thematisieren Sie den Verlauf seit der letzten Bezugspersonensitzung. Diese Intervention kann weiter fortgesetzt werden.

Kasten 5: Beispiele für Problemdefinitionen in der Problemliste

- Ärgert ständig auf dem Spielplatz andere Kinder, indem er sie mit kleinen Gegenständen (z. B. Stöckchen) bewirft.
- Wenn er bei einem Spiel mit anderen Kindern verliert, bekommt er immer einen Wutanfall, schreit und tritt dann oder macht das Spiel kaputt.
- Schreit sofort, wenn er ein Spiel mit anderen Kindern nicht bestimmen darf.
- Greift beim Fußballspiel andere Kinder körperlich an (indem er sie schlägt, tritt), wenn sie ihn anrempeln.
- Beleidigt permanent auf dem Spielplatz andere Kinder, indem er Schimpfwörter zu ihnen sagt oder sie nachahmt.

Bearbeitung neuer Arbeitsblätter

Besprechen Sie danach mit den Eltern die Elterninformation *(B2.03 Kennen Sie das? Basisinformation zur Therapie)* und geben Sie diese den Eltern nach der Besprechung mit nach Hause.

Die Eltern erhalten hier eine *Basisinformation zur Therapie.* Den Eltern kann zunächst am Beispiel des neunjährigen Till, ein Kind mit aggressiven Verhaltensproblemen vorgestellt werden und eigene Ohnmachtsgefühle können danach thematisiert werden. Erläutern Sie den Eltern, dass solche aggressiven Verhaltensweisen eine Reaktion erfordern und dazu verpflichten, dem Kind eine neue Orientierung zu geben. Besprechen Sie mit den Eltern, dass dies eine schwierige Aufgabe ist und dass viele Eltern, um diese Aufgabe bewältigen zu können, Hinweise und Strategien benötigen, die Sie gerne mit ihnen gemeinsam erarbeiten wollen.

Thematisieren Sie mit den Eltern, dass wenn man den Umgang mit aggressiven Kindern falsch anpackt, aggressives Verhalten schnell zur Eskalation führt, die man nicht mehr „friedvoll" beeinflussen kann. Kinder lernen sehr schnell, dass sie durch Aggressionen Erwachsene und Gleichaltrige steuern können. Sie merken, wie schutzlos die Interaktionspartner einer Aggression ausgeliefert sind und kosten manchmal auch die eigene Macht sowie die erzeugte Ohnmacht aus. Besprechen Sie mit den Eltern aber auch, dass die Kinder häufig auch richtig verzweifelt sind, weil sie keinen Ausweg aus den Konflikten kennen, sie interpretieren soziale Situationen falsch, können ihre Wut nicht kontrollieren oder wissen nicht, wie man sich anders verhalten kann.

Besprechen Sie mit den Eltern anhand des Arbeitsblattes, welches die Ziele der Therapie sind und machen Sie deutlich, dass neben der kindzentrierten Arbeit die Einbeziehung der Eltern in die Therapie von essenzieller Bedeutung ist.

Hiernach können Sie auf Basis der Ergebnisse der multimodalen Verhaltens- und Psychodiagnostik die Verhaltensprobleme des Kindes in sozialen Situationen gemeinsam mit den Eltern definieren, die durch die Behandlung vermindert werden sollen. Damit werden die Ziele der Behandlung bezogen auf Veränderungen der Verhaltensprobleme des Kindes in sozialen Situationen festgelegt und die Problemliste über Verhaltensprobleme des Kindes in sozialen Situationen, die der kontinuierlichen Verhaltenskontrolle dient, wird erarbeitet *(B2.04 Verhaltensproblemliste).* Sie sollte ab jetzt zu Beginn jeder Sitzung mit den Eltern eingesetzt werden. Versuchen Sie gemeinsam mit den Eltern, die einzelnen Verhaltensprobleme möglichst konkret zu formulieren und gegeneinander abzugrenzen. Die Konkretisierung sollte sich auf die Situation und auf die Häufigkeit und/oder Intensität beziehen, mit der das Verhalten in den Situationen auftritt. Kasten 5 zeigt einige Beispiele für Problemdefinitionen in der *Problemliste.*

Eine Konkretisierung der Situation gelingt nicht immer, sollte aber nach Möglichkeit angestrebt werden, weil situationsunabhängig definierte Verhaltensprobleme allgemein schwieriger zu behandeln sind. Sie können die *Verhaltensproblemliste B2.04* aber auch als *Ziel-Liste B2.05* formulieren, da manche Eltern eher eine positivere Formulierung bevorzugen.

Besprechen Sie mit den Eltern, dass Sie jetzt mit ihnen gemeinsam jene Verhaltensprobleme des Kindes möglichst genau beschreiben und voneinander abgrenzen wollen, die durch die Behandlung vermindert werden sollen. In der Regel sollten nicht mehr als vier Verhaltensprobleme für die Behandlung definiert werden. Falls Sie mehr als vier Problembereiche vorläufig definiert und abgegrenzt haben, besprechen Sie mit den Eltern, welche der problematischen Verhaltensweisen am stärksten belastend sind und welche diejenigen sind, die es am vordringlichsten zu verändern gilt. Tragen Sie diese in die *Verhaltensproblemliste B2.04* oder *Ziel-Liste B2.05* ein. Danach sollten Sie die jeweilige Liste kopieren. Auf diese Weise müssen die Probleme oder Ziele nicht bei jeder Bearbeitung der Liste neu eingetragen werden. Bitten Sie dann die Eltern, die Liste für die vergangene Woche zu bearbeiten. Dabei auftretende Beurteilungsprobleme können nochmals diskutiert werden.

Einsatzmöglichkeiten für Erzieher/Lehrer: Diese Arbeitsblätter (*B2.03* bis *B2.05*) sind modifiziert auch mit Erziehern oder Lehrern durchführbar.

Abschluss der Sitzung

Erklären Sie den Eltern, dass von nun an künftig zu Beginn jeder Sitzung die Liste für die vergangene Woche beurteilt wird, um dadurch eine Kontrolle über den Behandlungsverlauf zu haben. Falls im Verlauf der Behandlung neue Probleme auftreten oder eine andere Gewichtung als notwendig erachtet wird, kann die Liste entsprechend überarbeitet werden.

Auswertungsgespräch über die Therapieaufgabe in der nächsten Sitzung

Besprechen Sie mit den Eltern/Bezugspersonen die Eintragungen und Erfahrungen mit der *Was-gefällt-mir-gut-Liste (aus B1.02)* (s. dritte Sitzung, Baustein 1, Auswertungsgespräch).

 ### Schwierige Therapiesituationen

Mitunter ist es schwierig, bei der Festlegung der Therapieziele gemeinsam mit den Eltern sich auf wenige konkrete Ziele zu einigen. Eltern, die sehr belastet sind, können sich häufig nicht auf drei bis vier Ziele festlegen und meinen, es müsse sich noch viel mehr ändern. Betonen Sie in einer solchen Situation, dass es darum geht, Kernprobleme herauszugreifen und dass später auch weitere Probleme angegangen werden können. Weisen Sie daraufhin, dass nach therapeutischer Erfahrung andere Probleme sich häufig von selbst vermindern, wenn einige Kernprobleme erfolgreich bearbeitet wurden. Achten Sie darauf, nicht mehrere Probleme in ein globales Problem zu verpacken (z. B. „wird schnell wütend").

2.2.3 Baustein 3: Störungskonzept

Indikation:
• Wird immer durchgeführt

Hauptziele des Bausteins:
• Erarbeitung der Elemente eines gemeinsamen Konzeptes über die Ursachen des Problemverhaltens • Besprechung von Ansätzen in der Therapie • Einübung von effektiven Aufforderungen, Verstärkung von positivem Verhalten und Anwendung von negativen Konsequenzen (nur Eltern) • Einübung von Selbstbeobachtung und Selbstverstärkung (nur Kind)

Anzahl der Sitzungen:
• In der Regel sind 5 Sitzungen notwendig (3 überwiegend mit Kind, 2 mit Eltern) • + Einbeziehung von Lehrern/Erziehern möglich

Therapieaufgabe für Eltern/andere Bezugspersonen:
• B3.06 Beobachtungsbogen aus Aufforderungen, Regeln, Loben und negativen Konsequenzen • B3.08 Coaching: Helfen Sie Ihrem Kind bei seinen Therapieaufgaben

Therapieaufgabe für Kind:
• K3.07 Detektivbogen (für jüngere Kinder oder Kinder, die den Bogen weitgehend ohne Hilfe ausfüllen müssen) oder • K3.08 Wut-Tagebuch 1 (für ältere Kinder oder Kinder, die beim Ausfüllen Hilfe erhalten) • K3.09 Detektivbogen Selbstbelohnung • K3.12 Wut-Tagebuch 2 (für ältere Kinder oder Kinder, die beim Ausfüllen Hilfe erhalten)

Material Kinder	
Material/Teilnehmer:	**Inhalt und Ziele:**
• **K3.01 Geschichte: „Das Biest"** Therapeutin/Therapeut alleine mit dem Kind.	In dieser Geschichte wird das Biest eingeführt. Ziel ist es, das Problembewusstsein und die Veränderungsmotivation des Kindes zu verstärken. Das Kind soll sich die Wut wie ein Biest vorstellen und damit eine hilfreiche Externalisierung durchführen. Es soll mit Hilfe der Geschichte realisieren, dass das Biest das Leben des Kindes fest im Griff hat und dass es ein Problem darstellt seine Wut nicht kontrollieren zu können.
• **K3.02 So kann es sein – so kann es werden** Therapeutin/Therapeut alleine mit dem Kind.	Das allgemeine Entstehungsmodell (So kann es sein) über die Ursachen des Problemverhaltens das mit dem Kind nach der Geschichte „Das Biest" erarbeitet werden kann, ist die Basis für die Entwicklung der einzelnen Interventionsschritte (So kann es werden). Danach werden die kindzentrierten Ansätze der Therapie besprochen und ein Ausblick auf Veränderungsmöglichkeiten gegeben.

Material Kinder	
Material/Teilnehmer:	**Inhalt und Ziele:**
• **K3.03 Wie ist das bei dir, wenn du wütend wirst?** Therapeutin/Therapeut alleine mit dem Kind.	Ausgehend von den Vorstellungen des allgemeinen Entstehungsmodells sollen nun anhand des Explorationsschemas die Elemente eines individuellen Entstehungsmodells über die Ursachen des Problemverhaltens mit dem Kind erarbeitet werden.
• **K3.04 So ist es – so soll es werden** Therapeutin/Therapeut alleine mit dem Kind.	Weiter ausgehend von den Vorstellungen des allgemeinen Entstehungsmodells und den Elementen eines individuellen Entstehungsmodells aus dem Explorationsschema sollen nun noch einmal vertiefend die Elemente eines individuellen Konzeptes über die Ursachen des Problemverhaltens mit dem Kind erarbeitet und ein Ausblick auf die persönlichen Veränderungsmöglichkeiten gegeben werden.
• **K3.05 Ärger-Thermometer Beispiele** Therapeutin/Therapeut alleine mit dem Kind.	Die emotionale Ärgerkomponente kann mit Ratings auf dem von 0 bis 100 reichenden Ärgerthermometer erfasst werden. Mit diesem Instrument kann die subjektiv erlebte Intensität des Ärgers in verschiedenen sozialen Situationen gemessen werden. Das individuelle Ärgerrating mit Hilfe des Ärgerthermometers dient nicht nur diagnostischen Zwecken, sondern findet darüber hinaus Verwendung in den weiterführenden therapeutischen Interventionen.
• **K3.06 Detektivbogen (für jüngere Kinder)** Zunächst Therapeutin/Therapeut alleine mit dem Kind. Später Bezugspersonen in die Sitzung mit einbeziehen, um eine Unterstützung im natürlichen Umfeld zu gewährleisten.	Das Kind soll sich vorstellen, es sei sein eigener Detektiv. Es soll sich selbst in Situationen beobachten, in denen es oft wütend wird. Es soll überprüfen, ob es ihm beispielsweise gelungen ist, gelassen zu bleiben oder sich fair zu verhalten. Die Selbstwahrnehmung soll geschult werden.
• **K3.07 Wut-Tagebuch 1 (für ältere Kinder)** Zunächst Therapeutin/Therapeut alleine mit dem Kind. Später Bezugspersonen in die Stunde mit einbeziehen, um eine Unterstützung im natürlichen Umfeld zu gewährleisten.	Das Kind soll sich vorstellen, es sei sein eigener Detektiv. Es soll sich selbst in Situationen beobachten, in denen es oft wütend wird. Hierbei soll es besonders auf seine Gedanken, Gefühle, sein Verhalten und auf die Konsequenzen achten. Es soll überprüfen, ob es ihm beispielsweise gelungen ist, gelassen zu bleiben oder sich fair zu verhalten. Die Selbstwahrnehmung soll geschult werden.
• **K3.08 Detektivbogen zur Selbstbelohnung** Therapeutin/Therapeut alleine mit dem Kind. Später Bezugspersonen in die Stunde mit einbeziehen, um eine Unterstützung im natürlichen Umfeld zu gewährleisten.	Ausgehend vom Detektivbogen und Wut-Tagebuch (K3.06 und K3.07) soll sich das Kind weiter vorstellen, es sei sein eigener Detektiv. Nachdem es sich selbst in Situationen beobachtet hat, in denen es oft wütend wird und überprüft hat, ob es es z. B. geschafft hat gelassen zu bleiben oder sich fair zu verhalten, soll es lernen sich in diesem Fall selbst zu belohnen. Hierzu kann es ebenfalls einen Detektivbogen ausfüllen.

Material Kinder	
Material/Teilnehmer:	**Inhalt und Ziele:**
• **K3.09 Ich belohne mich selbst!** Therapeutin alleine mit dem Kind.	Gemeinsam mit dem Kind wird anhand einer Liste überlegt, welche Möglichkeiten der Selbstbelohnung zur Verfügung stehen und besprochen, welche Art der Belohnung es in den nächsten Wochen ausprobieren möchte.
• **K3.10 Mein Selbstbelohnungs-Punkte-Konto für tolle Sticker** Therapeutin alleine mit dem Kind.	Auf dem Selbstbelohnungs-Punkte-Konto kann sich das Kind immer dann Sticker einkleben, wenn es ihm gelungen ist, z. B. bei Streit gelassen zu bleiben oder sich fair zu verhalten.
• **K3.11 Fragen zum Wut-Tagebuch und Anleitung zum Rollen- oder Puppenspiel** Therapeutin/Therapeut alleine mit dem Kind.	Mit Hilfe des Explorationsschemas soll sich das Kind mit seinem Verhalten, in den zuvor im Wut-Tagebuch beschriebenen Konfliktsituationen, auseinandersetzen. Anhand des Schemas können typische Situationsmerkmale exploriert werden. In den anschließenden Rollen- oder Puppenspielen kann sozial angemessenes Verhalten eingeübt oder vertieft werden.
• **K3.12 Wut-Tagebuch 2** Zunächst Therapeutin/Therapeut alleine mit dem Kind. Später Bezugspersonen in die Stunde mit einbeziehen, um eine Unterstützung im natürlichen Umfeld zu gewährleisten.	Das Kind soll sich erneut vorstellen, es sei sein eigener Detektiv. Es soll sich selbst in einer zuvor individuell definierten Situation in der nächsten Zeit beobachten, in der es ausgehend vom Wut-Tagebuch 1 oft wütend geworden ist. Hierbei soll es wieder besonders auf seine Gedanken, seine Gefühle, sein Verhalten und auf die Konsequenzen achten. Es soll überprüfen, ob es ihm beispielsweise gelungen ist, gelassen zu bleiben oder sich fair zu verhalten. Die Selbstwahrnehmung soll weiter geschult werden.
Material Bezugspersonen	
Material/Teilnehmer:	**Inhalt und Ziele:**
• **B3.01 Warum hat mein Kind Verhaltensprobleme?** Soweit wie möglich beide Elternteile ohne Kind (modifiziert auch mit Lehrern/Erziehern durchführbar).	Zunächst werden hier die Vorstellungen der Eltern über die Ursachen des Problemverhaltens (Störungskonzept der Eltern) erhoben.
• **B3.02 Warum hat mein Kind Verhaltensprobleme? Gemeinsames Modell** Soweit wie möglich beide Elternteile ohne Kind (modifiziert auch mit Lehrern/Erziehern durchführbar).	Ausgehend von den Vorstellungen der Eltern über die Ursachen des Problemverhaltens sollen die Elemente eines gemeinsamen Konzeptes über die Ursachen des Problemverhaltens erarbeitet werden, das sich aus einer Makroperspektive und einer Mikroperspektive zusammensetzt. Aus der Makroperspektive werden hier zunächst die Eigenschaften des Kindes, der Eltern und familiäre Probleme als Faktoren untersucht, die das Problemverhalten des Kindes und die Interaktion beeinflussen.

Material Bezugspersonen	
Material/Teilnehmer:	**Inhalt und Ziele:**
• **B3.03 Entstehungsmodell und Ausstieg** Soweit wie möglich beide Elternteile ohne Kind (auch mit Lehrern/Erziehern durchführbar).	Das gemeinsame Entstehungsmodell ist die Basis für die Entwicklung der einzelnen Interventionsschritte im Rahmen des Therapieprogramms. Danach werden die kind- und bezugspersonenzentrierten Ansätze der Therapie besprochen.
• **B3.04 Der Teufelskreis** Soweit wie möglich beide Elternteile ohne Kind (modifiziert auch mit Lehrern/Erziehern durchführbar).	Die familiären Interaktionen als unmittelbare Ursachen für die Entwicklung und Aufrechterhaltung der Problematik werden hier in der Mikroperspektive genauer analysiert.
• **B3.05 Den Teufelskreis durchbrechen** Soweit wie möglich beide Elternteile ohne Kind (auch mit Lehrern/Erziehern durchführbar).	Nachdem die familiären Interaktionen als unmittelbare Ursachen für die Entwicklung und Aufrechterhaltung der Problematik genauer analysiert wurden, ist dies die Basis für die Entwicklung der einzelnen Interventionsschritte im Rahmen des Therapieprogramms. Danach werden die bezugspersonenzentrierten Ansätze der Therapie besprochen.
• **B3.06 Aufforderungen, Regeln, Loben und negative Konsequenzen** Soweit wie möglich beide Elternteile ohne Kind. Modifiziert auch mit Erziehern und Lehrern durchführbar.	Mit den Eltern wird erarbeitet, auf welche Weise Aufforderungen effektiv gestellt werden können. Die Eltern werden dazu angeleitet, weniger Aufforderungen zu geben, diese aber eindeutig zu stellen, sich der Aufmerksamkeit ihres Kindes zu vergewissern und auf die Durchführung der Aufforderung zu achten. Zudem soll mit den Eltern erarbeitet werden, ihr Kind unmittelbar verbal oder nonverbal zu loben und ihm Aufmerksamkeit zu schenken, wenn es einer Aufforderung nachgekommen ist. Gleichermaßen werden die Eltern aber auch dazu angeleitet natürliche negative Konsequenzen zu setzen, wenn das Kind Aufforderungen oder Regeln nicht befolgt. Hiermit soll sozial angemessenes Verhalten verstärkt und die Häufigkeit und Intensität von impulsivem und oppositionellem Verhalten vermindert werden.
• **B3.07 Elterninformation zur Kinder-Therapie** Soweit wie möglich beide Elternteile ohne Kind. Modifiziert auch für Erziehern und Lehrern geeignet.	Mit der Elterninformation werden die Eltern über den Inhalt und die Ziele der kindzentrierten Interventionen des Therapieabschnitts (Baustein 3) in Kenntnis gesetzt, um eine bestmögliche Mitarbeit und Transparenz in der Therapie mit dem Kind zu ermöglichen.
• **B3.08 Coaching: Helfen Sie Ihrem Kind bei seinen Therapieaufgaben** Soweit wie möglich beide Elternteile ohne Kind. Modifiziert auch mit Erziehern und Lehrern durchführbar.	Die Eltern werden dazu angeleitet, „Coach" ihres Kindes zu werden. Sie sollen lernen, dem Kind die bestmöglichste Unterstützung (durch Lob und Hilfestellung) bei der Durchführung seiner Therapieaufgabe (Ausfüllen der Selbstbeobachtungsbögen K3.06 oder K3.07) zu geben.

Möglicher Ablauf der Sitzungen: In der Regel müssen für diesen Baustein fünf Sitzungen veranschlagt werden, wenn neben dem Kind ausschließlich Eltern einbezogen werden. Bei zusätzlicher Einbeziehung von Erziehern/Lehrern erhöht sich die Sitzungszahl entsprechend.

Übersicht über den Ablauf des Bausteins
• Sitzung 1: Gemeinsames Störungskonzept und Teufelskreis (Eltern) • Sitzung 2: Gemeinsames Entstehungsmodell (Das Biest) (Kind) • Sitzung 3: Aufforderungen und Regeln (Eltern) • Sitzung 4: Ärgerthermometer und Wut-Tagebuch (Kind/Eltern) • Sitzung 5: Exploration zum Wut-Tagebuch und Selbstbelohnung (Kind)

Baustein 3, erste Sitzung: Gemeinsames Störungskonzept und Teufelskreis (Eltern)

Teilnehmer	• Eltern ohne Kind (B3.01 – B3.04 modifiziert auch mit Erziehern/Lehrern durchführbar)
Materialien	• B2.04 Verhaltensproblemliste oder B2.05 Ziel-Liste • B3.01 Warum hat mein Kind Verhaltensprobleme? • B3.02 Warum hat mein Kind Verhaltensprobleme? Gemeinsames Modell • B3.03 Entstehungsmodell und Ausstieg • B3.04 Der Teufelskreis
Therapieaufgaben	• Aus B1.02 Was-gefällt-mir-gut-Liste (Eltern/Bezugspersonen)

Beginn der Sitzung

Lassen Sie die Bezugspersonen zunächst die *Verhaltensproblemliste (B2.04)* bzw. die *Ziel-Liste (B2.05)* bearbeiten und thematisieren Sie den Verlauf seit der letzten Bezugspersonensitzung.

Auswertungsgespräch zur letzten Therapieaufgabe

Besprechen Sie danach die Eintragungen und Erfahrungen mit der *„Was-gefällt-mir-gut-Liste"* (aus *B1.02*) (s. dritte Sitzung, Baustein 1, Auswertungsgespräch). Gehen Sie kurz auf die Ereignisse der letzten Woche ein.

Bearbeitung neuer Arbeitsblätter

Besprechen Sie mit den Eltern, dass es in dieser Sitzung darum geht, eine gemeinsame Vorstellung über die Ursachen der Verhaltensprobleme zu bekommen und dass es deshalb wichtig ist, von den Eltern zu erfahren, welche Vorstellungen und Vermutungen sie selbst darüber haben. Ermutigen Sie die Eltern dazu, alle ihre Vermutungen (auch widersprüchliche) auszusprechen. Häufig vermutete Ursachen sind Temperamentsmerkmale und Eigenschaften des Kindes, Eigenschaften und Verhaltensweisen der Eltern, Traumata, familiäre Belastungen und Eltern-Kind-Beziehungsstörungen. Wenn bestimmte Ursachenkomplexe von den Eltern nicht angesprochen werden, sollten Sie diese gegen Ende des Gespräches thematisieren. Diese Vorstellungen können auf dem Arbeitsblatt *B3.01 Warum hat mein Kind Verhaltensprobleme?* gesammelt werden. Betonen Sie, wie wichtig eine gemeinsame Vorstellung über die Ursachen der Probleme für eine erfolgreiche Behandlung ist. Nur auf der Grundlage eines solchen gemeinsamen Störungsmodells lassen sich die Ansatzpunkte der Behandlung bestimmen und alle können an einem Strang ziehen. Erläutern Sie den Eltern anhand des Arbeitsblattes *B3.02 Warum hat mein Kind Verhaltensprobleme? Gemeinsames Modell* aus welchen Elementen sich dieses gemeinsame Modell zusammen setzt: Eigenschaften des Kindes, der Eltern und familiäre Probleme beeinflussen die Art und Weise, wie man miteinander umgeht (Verhalten des Kindes und die Wahrnehmung und Reaktion der Eltern auf das Verhalten). Es geht darum, die einzelnen Punkte mit den Eltern noch einmal systematisch durchzugehen. So können die meisten Eltern die typischen Interaktionen in ihrer Familie in diesem Schema wieder erkennen.

Hiernach können Sie sich mit den Eltern das Arbeitsblatt *B3.03 Entstehungsmodell und Ausstieg* (s. Abb. 27) gemeinsam anschauen und noch einmal auf die zuvor bearbeiteten Punkte Bezug nehmen:

Die Eigenschaften des Kindes, z. B. sehr impulsiv und leicht erregbar zu sein, können dazu führen,

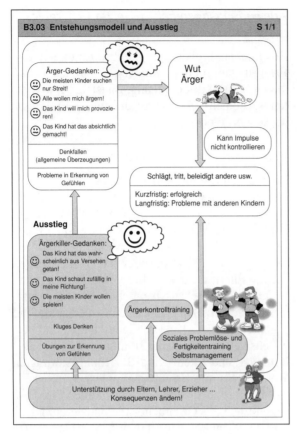

Abbildung 27: Entstehungsmodell und Ausstieg
(B3.03)

dass es soziale Situationen falsch interpretiert, dass es seine Wut nicht kontrolliert oder dass es nicht weiß, wie man sich anders verhalten kann.

Kinder lernen sehr schnell, dass sie durch Aggressionen zumindest kurzfristig Erfolg haben können. Den Eltern soll verdeutlicht werden wo die Ansatzpunkte in der Therapie liegen können: In der Therapie sollen die Kinder eine differenzierte soziale Wahrnehmung und Informationsverarbeitung erwerben und sie sollen lernen, ihre oft überschießenden Reaktionen besser zu kontrollieren. Zudem sollen soziale Fertigkeiten, also geschicktes soziales Verhalten, eingeübt und verstärkt werden. Die Eltern können lernen das Kind bei seinen Bemühungen zu unterstützen, indem sie angemessen auf das Verhalten ihres Kindes reagieren und dem Kind damit eine neue Orientierung geben.

Nachdem Sie mit den Eltern das *Entstehungsmodell und Möglichkeiten des Ausstiegs* (anhand des Arbeitsblattes *B3.03*) besprochen haben, bietet sich die Besprechung des *Teufelskreises (B3.04)* an. Erklären Sie den Eltern, dass es viele Familien mit Kindern gibt, die ähnliche Schwierigkeiten haben. Überprüfen Sie gemeinsam mit den

Eltern, ob bei ihnen Auseinandersetzungen auf eine ähnliche Weise stattfinden, wie sie im *Teufelskreis* beschrieben werden. Die Eltern sollen sich beispielsweise vorstellen, die Eltern von Till würden beobachten, wie er zum wiederholten Male aus dem Vorgarten ihres Hauses andere Kinder beschimpft. Sie würden ihn dann auffordern, das sein zu lassen; aber Till würde nicht reagieren. Und auch nach wiederholter Aufforderung würde Till höchstens für kurze Zeit das Beschimpfen unterbrechen, um dann wieder weiterzumachen.

Schließlich werden sie laut und drohen Till. Till bekommt daraufhin einen Wutanfall. Die Eltern sind ratlos. Sie sehen nur noch zwei Möglichkeiten zu reagieren: Sie geben nach und Till macht so weiter oder sie drohen Till Schläge an. Fragen Sie die Eltern, ob auch bei ihnen Auseinandersetzungen auf diese oder ähnliche Weise stattfinden. Nach unserer Erfahrung können die meisten Eltern die typische Interaktion in ihrer Familie in diesem Schema wiedererkennen.

Nun überlegen Sie gemeinsam mit den Eltern, was ein solcher Ablauf für Till oder ihr eigenes Kind bedeutet. Versuchen Sie den Eltern zu erklären, dass wenn sie nachgeben, das Kind die Erfahrung macht, das es durch seinen Wutanfall schließlich sein Ziel erreicht – es muss nicht mit den Provokationen aufhören und wird sich in vergleichbaren Situationen in ähnlicher Weise verhalten. Schlagen sie andererseits das Kind, dann werden sie für es ein Vorbild dafür, dass man sich gegenüber körperlich Schwächeren so verhalten muss, um sich durchzusetzen. Das Kind wird dies in Zukunft z. B. bei seinen Klassenkameraden ausprobieren und zumindest kurzfristig vielleicht damit sogar erfolgreich sein.

Schauen Sie sich danach mit den Eltern die andere Seite der Abbildung an, die zeigt, was häufig passiert, wenn ein Kind eine Aufforderung befolgt z. B. nach der ersten Aufforderung oder etwas später mit den Schimpfwörtern aufhört. Typischerweise passiert dann Folgendes: Die Eltern bemerken zwar, dass das Kind der Aufforderung nachkommt, aber sie gehen nicht weiter darauf ein, sondern machen mit der Tätigkeit weiter, mit der sie gerade beschäftigt sind (z. B. bügeln). Signalisieren Sie den Eltern, dass das sehr verständlich ist, da diese Kinder so viel Kraft kosten und man endlich einmal das tun kann, was man gerade vorhatte. Erklären Sie den Eltern, dass das Kind aber in dieser Situation die Erfahrung macht, dass sein angemessenes Verhalten nicht beachtet wird und deshalb in Zukunft den Aufforderungen der Eltern seltener Folge leisten wird. Fragen Sie die Eltern, ob sie einiges wiedererkennen.

Einsatzmöglichkeiten für Erzieher/Lehrer: Diese Arbeitsblätter *(B3.01 bis B3.04)* sind modifiziert auch mit Erziehern oder Lehrern durchführbar.

Auswertungsgespräch über die Therapieaufgabe in der nächsten Sitzung

Was-gefällt-mir-gut-Liste (aus *B1.02*) (s. dritte Sitzung, Baustein 1, Auswertungsgespräch).

 ### Schwierige Therapiesituationen

Je nach Problematik der Familie kann sich diese Therapiestunde äußerst schwierig gestalten, vor allem dann, wenn sehr verschiedene Vorstellungen oder Vermutungen über die Ursachen der Verhaltensprobleme existieren. Nehmen Sie sich Zeit, die einzelnen Punkte ausführlich zu besprechen. Zeigen Sie Verständnis für die Situation der Eltern. Viele Eltern werden Sie auch fragen, wie sie den Teufelskreis durchbrechen können. Erklären Sie den Eltern, dass dies wichtige Ansatzpunkte in der Therapie sein werden, z. B. zu lernen, wie man wirkungsvolle Aufforderungen stellt und welche Konsequenzen man einsetzen kann und dass Sie dies mit ihnen in den nächsten Elternsitzungen bearbeiten wollen.

Baustein 3, zweite Sitzung: Gemeinsames Entstehungsmodell (Das Biest) (Kind)

Teilnehmer	• Therapeutin/Therapeut alleine mit Kind
Materialien	• K2.09 Ärger-Problem-Liste bzw. K2.10 Ziel-Liste • K3.01 Geschichte: „Das Biest" • K3.02 So kann es sein – so kann es werden • K3.03 Wie ist das bei dir, wenn du wütend wirst? • K3.04 So ist es – so soll es werden • K1.05 Mein Punkte-Plan in der Therapiestunde
Therapieaufgaben	• Keine

Beginn der Sitzung

Erinnern Sie das Kind zu Beginn der Sitzung an den *Punkte-Plan* und an die Regeln, nach denen es in der Sitzung Punkte gewinnen kann. Passen Sie bei Bedarf die Regeln neu an. Lassen Sie das Kind die *Ärger-Problem-Liste (K2.09)* bzw. die *Ziel-Liste (K2.10)* bearbeiten.

Bearbeitung neuer Arbeitsblätter

Lesen Sie dem Kind die Geschichte *„Das Biest" K3.01* vor oder erzählen Sie sie mit einer Handpuppe (vgl. THAV-Materialien). Am Seitenrand finden Sie wieder mögliche Fragen zu den einzelnen Textabschnitten. In dieser Geschichte wird das Biest eingeführt. Ziel der Geschichte ist, das Problembewusstsein und die Veränderungsmotivation des Kindes zu verstärken. Das Kind soll sich die Wut wie ein Biest vorstellen. Es soll mit Hilfe der Geschichte realisieren, dass das Biest das Leben des Kindes fest im Griff hat und dass es ein Problem darstellt, seine Wut nicht kontrollieren zu können. Nach der Geschichte können Sie mit dem Kind das allgemeine Entstehungsmodell *K3.02 (So kann es sein,* s. Abb. 28) über

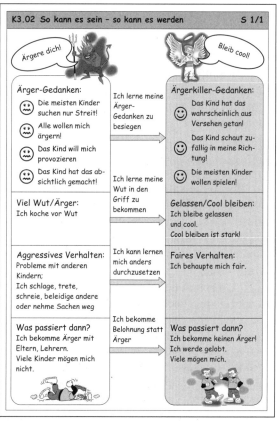

Abbildung 28: So kann es sein – so kann es werden (K3.02)

die Ursachen des Problemverhaltens erarbeiten (z. B. Ärgergedanken). Es ist die Basis für die Entwicklung der einzelnen Interventionsschritte *(So kann es werden)* (z. B. Ich bleibe gelassen und cool). Danach können Sie mit dem Kind die Möglichkeiten der Therapie (Ich lerne meine Ärgergedanken zu besiegen) besprechen und ihm einen Ausblick auf die Veränderungsmöglichkeiten geben.

Ausgehend von den Vorstellungen des allgemeinen Entstehungsmodells können Sie nun anhand des Explorationsschemas *Wie ist das bei dir, wenn du wütend wirst? (K3.03)* die Elemente eines individuellen Entstehungsmodells über die Ursachen des Problemverhaltens mit dem Kind erarbeiten. Weiter ausgehend von diesen Vorstellungen des allgemeinen Entstehungsmodells *(K3.02)* und den Elementen eines individuellen Entstehungsmodells aus dem Explorationsschema *(K3.03)* können Sie nun noch einmal vertiefend die Elemente eines individuellen Konzeptes über die Ursachen des Problemverhaltens mit dem Kind erarbeiten und ihm einen Ausblick auf die persönlichen Veränderungsmöglichkeiten gegeben *(K3.04 So ist es – so soll es werden).*

Abschluss der Sitzung

Zum Abschluss der Stunde sollte dann wieder das Arbeitsblatt *„Mein Punkte-Plan" (K1.05)* in der Therapiestunde eingesetzt werden. Das Kind erhält für die Regeln, die es eingehalten hat, die vereinbarte Punktezahl und darf diese, wenn es will eintauschen z. B. gegen Spielzeit.

 Schwierige Therapiesituationen

Je nach Problematik des Kindes und nach seinen intellektuellen Fähigkeiten kann sich diese Therapiestunde schwierig gestalten. Nehmen Sie sich Zeit, die einzelnen Punkte ausführlich mit ihm zu besprechen. Zeigen Sie Verständnis für seine Situation. Manche Kinder überfordert es, die möglichen Ursachen des Problemverhaltens zu erarbeiten. In einer solchen Situation kann es hilfreich sein, wenn Sie dem Kind von anderen Kindern oder auch von Till Taff erzählen und was diese als Ursachen gefunden haben. Andere Kinder können frustriert reagieren, weil sie nicht glauben, dass sie es schaffen werden, dies alles zu verändern. Erklären Sie dem Kind, dass Sie und seine Bezugspersonen es dabei unterstützen werden und es damit nicht alleine ist. Legen Sie zum Schluss den Fokus

auf die persönlichen Veränderungsmöglichkeiten, um das Kind zu motivieren und sagen Sie ihm, dass Sie es ihm zutrauen, sich zu verändern, wenn es das will.

Baustein 3, dritte Sitzung: Aufforderungen und Regeln (Eltern)

Teilnehmer	• Eltern ohne Kind (B3.05–B3.08 modifiziert auch mit Erziehern/Lehrern durchführbar)
Materialien	• B2.04 Verhaltensproblemliste bzw. B2.05 Ziel-Liste • B3.05 Den Teufelskreis durchbrechen • B3.06 Aufforderungen, Regeln, Loben und negative Konsequenzen
Therapieaufgaben	• Aus B3.06 Beobachtungsbogen • B3.07 Elterninformation zur Kinder-Therapie • B3.08 Coaching: Helfen Sie Ihrem Kind bei seinen Therapieaufgaben

Beginn der Sitzung

Lassen Sie die Bezugspersonen zunächst die *Verhaltensproblemliste (B2.04)* bzw. die *Ziel-Liste (B2.05)* bearbeiten und thematisieren Sie den Verlauf seit der letzten Bezugspersonensitzung.

Auswertungsgespräch zur letzten Therapieaufgabe

Besprechen Sie danach die Eintragungen und Erfahrungen mit der *Was-gefällt-mir-gut-Liste* (aus *B1.02)* (s. dritte Sitzung, Baustein 1, Auswertungsgespräch). Gehen Sie kurz auf die Ereignisse der letzten Woche ein.

Bearbeitung neuer Arbeitsblätter

Besprechen Sie mit den Eltern, dass in dieser Sitzung bearbeitet werden soll, wie sie wirkungsvollere Aufforderungen stellen können und welche Konsequenzen man einsetzen kann, wenn das

Kind eine Aufforderung nicht befolgt oder wenn es sie befolgt. Die in dieser Sitzung eingesetzten Arbeitsblätter sind verkürzte Fassungen aus dem Therapieprogramm für Kinder mit hyperkinetischem und oppositionellem Problemverhalten (THOP; Döpfner et al., 2007), dem Sie auch ausführlichere Hinweise zu diesen Interventionen entnehmen können.

Erarbeiten Sie anhand des Arbeitsblattes *B3.05*, wie man den Teufelskreis durchbrechen kann, in dem man wirkungsvollere Aufforderungen stellt, das Kind lobt, wenn es einmal eine Aufforderung befolgt und auf die Einhaltung der Aufforderung besteht und wenn nötig, natürliche negative Konsequenzen folgen lässt. Thematisieren Sie mit den Eltern, dass Kinder Regeln und Grenzen brauchen, die ihnen Halt, Sicherheit und Orientierung geben, dass Kinder aber natürlich auch Freiheit brauchen, dass aber grenzenlose Freiheit sie überfordert. Eine klare Linie bietet Kindern Sicherheit und damit auch Geborgenheit und Verlässlichkeit. Vor allem bei oppositionellen Kindern sind klare Regeln sehr wichtig, weil sie sich selbst nicht so gut steuern können wie andere Kinder. Allerdings kann der Weg dahin sehr aufreibend und mühsam sein, da das verweigernde Verhalten schon lange besteht und Eltern und Kind in einer bestimmten Rolle gefangen sind.

Anhand des Arbeitsblattes *B3.06 Aufforderungen, Regeln, Loben und negative Konsequenzen* (erster Abschnitt) können Sie mit den Eltern eine Liste der Regeln erstellen, die in letzter Zeit zu Auseinandersetzungen führten. Überlegen Sie danach gemeinsam mit den Eltern, für welche Familienmitglieder die Regel gilt und überlegen Sie mit ihnen, warum ihnen diese Regel wichtig ist. Besprechen Sie mit den Eltern, ob sie für die Einhaltung der Regel sorgen können und ob sie bereit sind, Konsequenzen folgen zu lassen, wenn die Regel nicht eingehalten wird. Versuchen Sie hierbei die Eltern auf wenige Regeln zu beschränken, die ihnen wirklich wichtig sind.

Erklären Sie den Eltern mit Hilfe des Arbeitsblattes *B3.06 Aufforderungen, Regeln, Loben und negative Konsequenzen* (zweiter Abschnitt), dass Kinder schon dann Aufforderungen/Regeln eher beachten und Grenzen häufiger einhalten, wenn die Eltern die Art und Weise verändern, in der sie Aufforderungen stellen und Verbote aussprechen. Besprechen Sie mit den Eltern, dass sie einige Punkte beachten sollten, wenn sie ihrem Kind

eine Aufforderung geben oder eine Regel aufstellen, z. B. indem sie nur Aufforderungen bzw. Regeln aufstellen, wenn sie bereit sind, diese auch durchzusetzen. Die Eltern sollten zudem jegliche Ablenkung verringern, bevor Sie ihrem Kind eine Aufforderung geben oder es an die Einhaltung der Regel erinnern. Vermitteln Sie den Eltern, dass es besonders wichtig ist, dass ihr Kind aufmerksam ist, wenn sie eine Aufforderung stellen (Blickkontakt herstellen). Sagen Sie den Eltern, dass eine Aufforderung/Regel eindeutig und nicht als Bitte formuliert und immer nur eine Aufforderung gegeben werden sollte.

Besprechen Sie mit den Eltern, dass sie ihr Kind zu Anfang auffordern sollten ihre Aufforderung/ die Regel zu wiederholen und dass sie in unmittelbarer Nähe ihres Kindes bleiben, um sicher zu gehen, dass ihr Kind der Aufforderung/Regel nachkommt.

In den nächsten Wochen sollten sich die Eltern zunächst nur auf wenige Aufforderungen/Regeln konzentrieren. Thematisieren Sie mit den Eltern, dass sie langfristig Veränderungen im Verhalten ihres Kindes bewirken können, wenn sie nicht nur wirkungsvolle Aufforderungen geben, sondern wenn sie ihrem Kind auch zeigen, dass sie sich freuen, wenn es ihren Aufforderungen nachkommt *(B3.06 Aufforderungen, Regeln, Loben und negative Konsequenzen* – dritter Abschnitt). Besprechen Sie mit den Eltern, dass sie ihr Kind loben, sobald es eine Aufforderung befolgt. Erarbeiten Sie für jede einzelne Regel und Aufforderung ein Lob, das erfolgt, wenn das Kind die Regel oder Aufforderung befolgt. Überlegen Sie gemeinsam, welche Art und Weise der Anerkennung das Kind mag, damit die Eltern ihm diese Anerkennung geben können. Beispielsweise können sie ihm sagen: „Das hast du gut gemacht!" Abends sollten die Eltern zusammen mit ihrem Kind noch einmal besprechen, welche Aufforderungen und Regeln es tagsüber befolgt hat und ihr Kind ganz besonders loben, wenn es eine Aufgabe/Regel erfüllt hat, ohne dass sie es direkt darum gebeten/aufgefordert haben. Besprechen Sie letztlich den vierten Abschnitt des Arbeitsblattes *Aufforderungen und Regeln, Loben und negative Konsequenzen* mit den Eltern. Viele Eltern von Kindern mit Verhaltensproblemen finden es schwer, auf die vielen Regelverstöße ihrer Kinder angemessen zu reagieren. Die Reaktion der Eltern auf den Regelverstoß hängt häufig davon ab, wie sehr sich die Eltern darüber geärgert haben. So kommt es, dass

Eltern manchmal keine Konsequenz auf das Verhaltensproblem folgen lassen und zu einem anderen Zeitpunkt auf dasselbe Problem sehr streng reagieren. Dieses Arbeitsblatt soll den Eltern dabei helfen, auf die Verhaltensprobleme ihres Kindes mit natürlichen Konsequenzen zu reagieren und diese konsequent durchzuführen. Das Arbeitsblatt soll Ideen vermitteln, wie natürliche Konsequenzen aussehen können.

Als erstes sollten Sie hier mit den Eltern erarbeiten, dass negative Konsequenzen durchführbar sein müssen und sofort und regelmäßig durchgeführt werden sollten. Erarbeiten Sie mit den Eltern für jede einzelne Regel und Aufforderung die natürliche negative Konsequenz, die erfolgt, wenn das Kind die Regel oder Aufforderung nicht befolgt (s. Tabelle auf Arbeitsblatt). Zum Beispiel durch:

- Wiedergutmachung: Der durch das Problemverhalten entstandene Schaden oder Zustand muss wieder gut gemacht werden.
- Ausschluss aus der Situation: Das Kind wird aus der Situation, in der sich das Problemverhalten entwickelt hat, kurzzeitig ausgeschlossen.
- Verstärkerentzug und Entzug von Privilegien: Dem Kind werden Privilegien oder Verstärker entzogen, die mit dem Problemverhalten in Verbindung stehen sollten.
- Einengung des Handlungsspielraums: Die negative Konsequenz wird nicht durch Worte durchgesetzt, sondern durch eine elterliche Handlung, wenn sich das Kind beispielsweise weigert einen Schaden wieder gut zu machen, in dem seine Hand geführt wird etc.

Die Eltern sollten lernen, die negative Konsequenz möglichst ruhig durchzuführen. Erläutern Sie den Eltern, was bei der Durchführung einer negativen Konsequenz beachtet werden muss, wenn das Problemverhalten bereits beendet ist. Wenn das Kind beispielsweise ein anderes Kind geschlagen hat oder aus Wut ein Spiel an die Wand geworfen hat (Problemverhalten ist beendet), dann sollten die Eltern folgendermaßen vorgehen:

- Als erstes sollten die Eltern die Regelverletzung benennen (z. B.: „Du darfst andere Kinder nicht schlagen!") und dem Kind die Möglichkeit geben, sich zu der Regelverletzung zu äußern („Der hat mir aber mein Spielzeug weggenommen").
- Danach sollten die Eltern dem Kind, wenn nötig, noch einmal die Regel begründen („Das ist trotzdem kein Grund zu schlagen!").

- Danach sollen sie die negative Konsequenz durchführen („Du entschuldigst dich bei ihm und bleibst jetzt zehn Minuten in deinem Zimmer!"). Wenn weitere Dinge unklar sind (z. B.: Hat das Kind das Spielzeug weggenommen, oder nicht?), dann sollten die Eltern diese klären, nachdem die negative Konsequenz durchgeführt worden ist.

Erläutern Sie den Eltern im Anschluss, was bei der Durchführung einer negativen Konsequenz beachtet werden muss, wenn das Problemverhalten noch andauert. Zum Beispiel, wenn das Kind sich weigert, aufzuhören, ein anderes Kind beim Spielen zu ärgern. In diesem Fall sollten Eltern folgendermaßen vorgehen: Zunächst sollten die Eltern die Aufforderung wiederholen bzw. das Kind auf seine Regelverletzung hinweisen und ihm die negative Konsequenz ankündigen („Höre auf das Kind zu ärgern, sonst darfst du gleich nicht spielen, sondern gehst in dein Zimmer!"). Auch hier sollten die Eltern ihrem Kind die Möglichkeit geben, sich dazu zu äußern. Kommt das Kind der Aufforderung nach, so sollten sie es dafür loben („Schön, dass du das Kind in Ruhe spielen lässt, gleich darfst du spielen!").

Wenn das Kind der Aufforderung nicht nachkommt, sollten die Eltern mit der negativen Konsequenz beginnen und darauf achten, dass diese eingehalten wird („Du hast nicht aufgehört das Kind zu ärgern, deshalb darfst du jetzt nicht spielen, sondern gehst auf dein Zimmer!"). Wichtig ist es, den Eltern zu erklären, keine langen Diskussionen mit dem Kind zu führen.

 Besprechung der neuen Therapieaufgabe

In den nächsten Wochen sollten die Eltern ihre Erfahrungen notieren auf dem Beobachtungsbogen *Ich schenke meinem Kind Aufmerksamkeit/lobe es, wenn es Aufforderungen/Regeln befolgt und setze Konsequenzen, wenn es sie nicht befolgt (aus B3.06)*.

In der zweiten Therapieaufgabe werden die Eltern angeleitet, ihr Kind bei der Durchführung seiner Therapieaufgaben zu unterstützen, d. h. ihr Kind zu „coachen". Geben Sie den Eltern hierzu die *Elterninformation zur Kinder-Therapie (B3.07)* und das Informationsblatt zum Coaching *(B3.08 Coaching: Helfen Sie Ihrem Kind bei seinen Therapieaufgaben)* nach der Besprechung mit nach Hause. Mit der *Elterninformation zur Kinder-Therapie*

B3.07 werden die Eltern über den Inhalt und die Ziele der kindzentrierten Interventionen des Therapieabschnitts (Baustein 3) schriftlich in Kenntnis gesetzt, um eine bestmögliche Mitarbeit und Transparenz in der Therapie mit dem Kind zu ermöglichen. Mit dem Informationsblatt zum *Coaching: Helfen Sie Ihrem Kind bei seinen Therapieaufgaben (B3.08)* werden sie angeleitet, dem Kind die bestmöglichste Unterstützung (durch Lob und Hilfestellung) bei der Durchführung seiner künftigen Therapieaufgabe (Ausfüllen des *Selbstbeobachtungsbogens K3.06 oder K3.07*) zu geben. Sie sollten den Eltern vermitteln, dass es für das Kind viel Anstrengung und Arbeit bedeutet die Therapieaufgabe zu erledigen. Deshalb braucht das Kind zu Hause jemanden, der ihm hilft, seine Therapieaufgabe umzusetzen. Die Eltern sollten angeleitet werden, das Kind an das Ausfüllen des Detektivbogens zu erinnern und zu ermutigen, mit ihnen über seine Ärgersituationen, seine Gedanken und Gefühle zu sprechen. Die Eltern sollten ihr Kind loben, wenn es seinen Bogen ausfüllt. Wenn es dem Kind zunächst noch schwerfällt, den Detektivbogen alleine auszufüllen, sollten die Eltern bereit sein, sich mit ihm hinzusetzen und den Bogen gemeinsam auszufüllen. Die Eltern sollten sich auch die Situationen erzählen lassen, bei denen Sie nicht dabei waren und diese für ihr Kind protokollieren. Wichtig ist hier den Eltern zu vermitteln, wie notwendig es an dieser Stelle ist, das Verhalten des Kindes nicht zu bewerten und es nicht für seine Ehrlichkeit zu bestrafen. Sie sollten ihm vielmehr Vertrauen vermitteln, dass es mit der Zeit besser gelingen wird, es für seine Mitarbeit und seine Ehrlichkeit loben und es ermutigen, weiter zu machen.

Abschluss der Sitzung

Üben Sie dies am besten mit den Eltern (später, wenn mit dem Kind die Aufgabe in der nächsten Stunde besprochen wurde, eventuell mit dem Kind zusammen) im Rollenspiel ein.

Einsatzmöglichkeiten für Erzieher/Lehrer: Diese Arbeitsblätter *(B3.05* bis *B3.08)* sind modifiziert auch mit Erziehern oder Lehrern durchführbar.

Auswertungsgespräch über die Therapieaufgabe in der nächsten Sitzung

Besprechen Sie ausführlich anhand des *Beobachtungsbogens aus B3.06*, ob die Eltern die Regeln umsetzen konnten, ob es ihnen gelungen ist, wir-

kungsvolle Aufforderungen zu stellen und das Kind in den ausgewählten Situationen zu loben, wenn es die Aufforderung befolgt hat. Erfragen Sie, wie gut sie die negativen Konsequenzen durchführen konnten, wie sie sich dabei gefühlt haben, ob es Probleme gab und wie das Kind reagiert hat.

 Schwierige Therapiesituationen

Manchen Eltern, die ihrem Kind sehr viele Aufforderungen stellen, fällt es schwer, einige Aufforderungen zumindest für eine bestimmte Zeit ganz aufzugeben, selbst dann, wenn das Kind diesen Aufforderungen in der Regel nicht nachkommt. Machen Sie den Eltern deutlich, dass das Stellen von Aufforderungen, die schließlich vom Kind nicht beachtet werden, wesentlich problematischer ist und die weitere Entwicklung des Kindes mehr gefährdet, als die Verminderung der Anzahl von Aufforderungen, die dann aber auch leichter eingehalten werden können.

In manchen Familien sind die Kinder extrem mächtig und die Eltern haben es bereits aufgegeben, wirklich notwendige Aufforderungen zu stellen und Grenzen zu setzen. In diesen Fällen ist es eher notwendig, die Eltern zu überzeugen, bestimmte basale Aufforderungen und Grenzsetzungen wieder einzuführen.

Einige Eltern äußern Bedenken, dass sie ihr Kind für eigentlich selbstverständliche Dinge loben sollen. Besprechen Sie mit den Eltern, dass es ganz offensichtlich für dieses Kind keine Selbstverständlichkeit darstellt. Zeigen Sie anhand des Teufelskreises noch einmal auf, wie notwendig es ist, dass positive Rückmeldungen zunehmen.

Manche Eltern äußern Bedenken, negative Konsequenzen einzusetzen, entweder weil sie befürchten, dass diese sich schädlich auf die Entwicklung ihres Kindes auswirken könnten oder weil sie vom Kind erwarten, dass es sein Verhalten durch Einsicht steuert und nicht, weil es negative Konsequenzen befürchtet. Geben Sie den Eltern Raum, diese Bedenken zu äußern. Erarbeiten Sie mit den Eltern, dass die Erfahrung, dass bestimmte Verhaltensweisen von anderen nicht toleriert werden und negative Konsequenzen nach sich ziehen, für das Kind eine notwendige Erfahrung ist. Nur so wird es in der Lage sein, sich in Gemeinschaften zu integrieren.

Die Therapieaufgabe *„Ich schenke meinem Kind Aufmerksamkeit/lobe es, wenn es Aufforderungen/*

Regeln befolgt und setze Konsequenzen, wenn es sie nicht befolgt" (B3.06) ist häufig die erste, in der die Eltern dazu angeleitet werden, eingefahrene Erziehungsgewohnheiten zu verändern. Die Veränderung von solchen Gewohnheiten fällt vielen Eltern besonders schwer. Gehen Sie deshalb davon aus, dass es vielen Eltern eher nicht gelingt, sich in den ausgewählten Situationen immer den Regeln entsprechend zu verhalten. Geben Sie den Eltern Hilfestellungen, indem Sie z. B. mit den Eltern überlegen, die Regeln in der Wohnung aufzuhängen; bieten Sie ihnen die Möglichkeit, telefonisch Rücksprache mit Ihnen zu nehmen oder üben Sie die Regeln mit den Eltern im Rollenspiel ein.

Die Durchführung von negativen Konsequenzen kann für die Eltern sehr anstrengend sein, da viele Kinder häufig die Grenzen austesten oder mit heftigen Wutausbrüchen reagieren. Thematisieren Sie dieses Problem.

Baustein 3, vierte Sitzung: Ärgerthermometer und Wut-Tagebuch (Kind/Eltern)

Teilnehmer	• Zunächst Therapeutin/Therapeut alleine mit Kind. • Später Eltern in die Stunde mit einbeziehen, um eine Unterstützung im natürlichen Umfeld zu gewährleisten.
Materialien	• K2.09 Ärger-Problem-Liste bzw. K2.10 Ziel-Liste • K3.05 Ärger-Thermometer Beispiele • K3.09 Ich belohne mich selbst! • K1.05 Mein Punkte-Plan in der Therapiestunde
Therapie-aufgaben	• K3.06 Detektivbogen (für jüngere Kinder) oder K3.07 Wut-Tagebuch 1 (für ältere Kinder) • K3.08 Detektivbogen zur Selbstbelohnung • K3.10 Mein Selbstbelohnungs-Punkte-Konto für tolle Sticker

Beginn der Sitzung

Erinnern Sie das Kind zu Beginn der Sitzung an den Punkteplan und an die Regeln, nach denen es in der Sitzung Punkte gewinnen kann. Passen Sie bei Bedarf die Regeln neu an. Lassen Sie das Kind die *Ärger-Problem-Liste (K2.09)* bzw. die *Ziel-Liste (K2.10)* bearbeiten.

Bearbeitung neuer Arbeitsblätter

In dieser Sitzung lernt das Kind Konfliktsituationen nach dem Ausmaß des empfundenen Ärgers in eine Rangreihe zu bringen. Zunächst empfiehlt es sich, die verschiedenen Ärgersituationen auf kleinen Kärtchen zu sammeln, um sie anschließend in eine Reihenfolge zu bringen und danach anhand des Arbeitsblattes *Ärger-Thermometer (K3.05,* s. Abb. 29) das Ausmaß des empfundenen Ärgers zu bestimmen.

Das *Ärger-Thermometer* (vgl. THAV-Materialien) stellt eine Ratingskala dar, auf der die Stärke spezifischer Ärgerzustände vom Kind angegeben werden kann. Das Thermometer reicht von 0 bis 100. Analog einem Thermometer zur Temperaturbe-

Abbildung 29: Ärger-Thermometer (K3.05) – Beispiel

Abbildung 30: Übung Ärger-Thermometer

K3.07 Wut-Tagebuch (1)							S 1/1
	Ich bin mein eigener Detektiv und beobachte mich in Situationen in denen ich wütend werde!						
Datum	Was ist passiert?	Was habe ich gedacht?	Wie habe ich mich gefühlt?	Ärger-thermometer (0-100)	Was habe ich gemacht/ gesagt?	Was ist danach passiert?	O. K.?
08.07. 2006	Tom hat mir in der Schule meinen Stift weggenommen	Der will mich ärgern und mir den Stift kaputt machen	Ich war stocksauer!	80	Ich habe ihn gegen die Tür gedrückt und ihm in den Bauch gehauen	Er hat geheult und mir den Stift wieder gegeben	Nicht so ganz

Abbildung 31: Wut-Tagebuch 1 (K3.07) – Beispiel

stimmung können Sie dem Kind erklären, dass das Ärgerthermometer messen soll, wie stark sein Ärger ist: „Null bedeutet gar kein Ärger und 100 bedeutet der stärkste Ärger, den du je in einer Situation mit anderen Kindern erlebt hast." In Abhängigkeit von der Symptomatik können auf dem Thermometer verschiedene Situationen abgetragen werden (z. B. Max sagt Blödmann zu mir, ich verliere ein PC-Spiel gegen Felix) (s. Abb. 30).

 Besprechung der neuen Therapie-aufgabe

Zusätzlich zum *Ärger-Thermometer* können Sie hier den *Detektivbogen, K3.06* (für jüngere Kinder) oder das *Wut-Tagebuch 1, K3.07* (für ältere Kinder,

s. Abb. 31) einführen und die Eltern in die Stunde mit einbeziehen, um eine Unterstützung im natürlichen Umfeld zu gewährleisten. Das *Wut-Tagebuch* gibt einen guten Einblick in die emotionalen, kognitiven, behavioralen Symptome, ihre Wechselwirkungen und Auslöser. Das Kind soll sich vorstellen, es sei sein eigener Detektiv. Es soll sich selbst in den nächsten Wochen in Situationen beobachten, in denen es oft wütend wird. Hierbei soll es besonders auf seine Gedanken, Gefühle, sein Verhalten und auf die Konsequenzen achten.

Das Kind soll überprüfen, ob es ihm beispielsweise gelungen ist, gelassen zu bleiben oder sich fair zu verhalten. Die Selbstwahrnehmung soll geschult werden. Des Weiteren können Sie in dieser

Stunde das Arbeitsblatt *K3.08 Detektivbogen zur Selbstbelohnung* einführen. Ausgehend vom *Wut-Tagebuch (K3.07)* soll sich das Kind weiter vorstellen, es sei sein eigener Detektiv. Nachdem es sich selbst in Situationen beobachtet hat, in denen es oft wütend wird und überprüft hat, ob es es z. B. geschafft hat, gelassen zu bleiben oder sich fair zu verhalten, soll es lernen sich in diesem Fall selbst zu belohnen, bzw. auch dafür das es Situationen gesammelt hat. Hierzu kann es ebenfalls einen Detektivbogen ausfüllen. Gemeinsam mit dem Kind können Sie anhand einer Liste *(K3.09 Ich belohne mich selbst!)* überlegen, welche Möglichkeiten der Selbstbelohnung zur Verfügung stehen und besprechen welche Art der Belohnung es in den nächsten Wochen ausprobieren möchte. Auf dem *Selbstbelohnungs-Punkte-Konto für tolle Sticker K3.10* kann sich das Kind immer dann Sticker einkleben, wenn es ihm gelungen ist, z. B. bei Streit gelassen zu bleiben oder sich fair zu verhalten bzw. seinen Beobachtungsbogen geführt hat.

Abschluss der Sitzung

Zum Abschluss der Stunde sollte dann wieder das Arbeitsblatt *K1.05 „Mein Punkte-Plan"* in der Therapiestunde eingesetzt werden. Das Kind erhält für die Regeln, die es eingehalten hat, die vereinbarte Punktezahl und darf diese, wenn es will eintauschen z. B. gegen Spielzeit.

Auswertungsgespräch über die Therapieaufgabe in der nächsten Sitzung

Schauen Sie gemeinsam mit dem Kind den *Detektivbogen (K3.06,* für jüngere Kinder) bzw. das *Wut-Tagebuch 1 (K3.07,* für ältere Kinder) und den *Detektivbogen zur Selbstbelohnung (K3.08)* sowie das *Selbstbelohnungs-Punkte-Konto für tolle Sticker (K3.10)* durch. Fragen Sie das Kind, ob es ihm gelungen ist, sich selbst in Situationen zu beobachten, in denen es es ärgerlich war und ob es ihm auch gelungen ist, in einigen Situationen gelassen zu bleiben oder sich fair zu verhalten und sich danach selbst zu belohnen. Falls dies dem Kind noch schwergefallen ist, überlegen Sie noch einmal mit ihm, welche Möglichkeiten es gibt, die Therapieaufgabe umzusetzen oder ob es noch weitere Hilfen dafür braucht.

 ### Schwierige Therapiesituationen

Manchmal fällt es den Kindern schwer, die verschiedenen Ärgersituationen in eine Reihenfolge

zu bringen und danach anhand des Arbeitsblattes *Ärger-Thermometer (K3.05)* das Ausmaß des empfundenen Ärgers zu bestimmen. Jede Situation scheint zunächst gleich viel Ärger auszulösen. Nehmen Sie sich mit dem Kind daher immer zunächst zwei Situationen heraus und fragen Sie das Kind ob beide Situationen wirklich gleich viel Ärger bei ihm hervorrufen oder ob nicht cine Situation mehr Ärger verursacht. Meist kann sich das Kind dann leichter entscheiden. Dann nehmen Sie immer eine weitere Situation dazu, die das Kind im Vergleich einordnen soll, bis für alle Situationen das Ausmaß des empfundenen Ärgers bestimmt ist.

Baustein 3, fünfte Sitzung: Exploration zum Wut-Tagebuch und Selbstbelohnung (Kind)

Teilnehmer	• Therapeutin/Therapeut alleine mit Kind
Materialien	• K2.09 Ärger-Problem-Liste bzw. K2.10 Ziel-Liste • K3.06 Detektivbogen (für jüngere Kinder) oder K3.07 Wut-Tagebuch 1 (für ältere Kinder) • K3.08 Detektivbogen zur Selbstbelohnung • K3.10 Mein Selbstbelohnungs-Punktekonto für tolle Sticker • K3.11 Fragen zum Wut-Tagebuch und Anleitung zum Rollen- oder Puppenspiel • K1.05 Mein Punkte-Plan in der Therapiestunde
Therapie-aufgaben	• K3.06 Detektivbogen (für jüngere Kinder) oder K3.12 Wut-Tagebuch 2 (für ältere Kinder) • K3.08 Detektivbogen zur Selbstbelohnung • K3.10 Detektivbogen Selbstbelohnung

Beginn der Sitzung

Erinnern Sie das Kind zu Beginn der Sitzung an den *Punkte-Plan* und an die Regeln, nach denen es in der Sitzung Punkte gewinnen kann. Passen

Sie bei Bedarf die Regeln neu an. Lassen Sie das Kind die *Ärger-Problem-Liste (K2.09)* bzw. die *Ziel-Liste (K2.10)* bearbeiten.

Auswertungsgespräch zur letzten Therapieaufgabe

Besprechen Sie mit dem Kind die Therapieaufgabe aus der letzten Sitzung, in der es sich selbst in Situationen beobachten sollte, in denen es ärgerlich geworden ist und sich auch für gelassenes oder faires Verhalten bzw. für das Führen des Beobachtungsbogens belohnen sollte.

Bearbeitung neuer Arbeitsblätter

Mit dem neuen Arbeitsblatt *Fragen zum Wut-Tagebuch und Anleitung zum Rollen- oder Puppenspiel (K3.11)* setzen Sie direkt an der letzten Therapieaufgabe an. Das Kind kann sich mit seinem Verhalten, in den zuvor im Wut-Tagebuch beschriebenen Konfliktsituationen, auseinandersetzen. Anhand des Schemas können Sie typische Situationsmerkmale explorieren. In den anschließenden Rollen- oder Puppenspielen können Sie sozial angemessenes Verhalten mit dem Kind einüben oder vertiefen.

Besprechen Sie zunächst mit dem Kind die Situationen, die es in seinem Wut-Tagebuch aufgeschrieben hat, in denen es in der vergangenen Woche wütend geworden ist. Versuchen Sie die Situationen mit dem Kind zusammen noch einmal auf dem Arbeitsblatt *K3.11 Fragen zum Wut-Tagebuch und Anleitung zum Rollen- oder Puppenspiel* zu sammeln und kurz aufzuschreiben. Sie können das Kind z. B. fragen, ob dies typische Situationen sind, in denen es oft wütend wird und ob ihm noch andere Situationen einfallen, in denen es wütend wird. Besprechen Sie mit ihm, was passieren muss, damit es wütend wird und notieren Sie auch diese Situationen.

Versuchen Sie mit dem Kind herauszuarbeiten, was das besondere Merkmal an den einzelnen Situationen ist, zum Beispiel:
- Hast du dich ungerecht behandelt gefühlt?
- Hat es dir Spaß gemacht?
- Sollten andere Kinder dich toll finden? Wer besonders?
- Hast du so das bekommen, was du wolltest?

Schreiben Sie diese Merkmale zusammen mit dem Kind in die zweite Spalte der Tabelle auf dem Arbeitsblatt. Thematisieren Sie mit dem Kind, dass dies typische Situationen zu sein scheinen, in denen es leicht wütend wird oder in Streit gerät und daher in den nächsten Wochen hier besonders aufmerksam sein sollte. Überlegen Sie gemeinsam, ob das Kind in der Situation etwas anderes hätte machen können und tragen Sie dies in die dritte Spalte ein. Überlegen Sie gemeinsam weiter, was dann besser/anders gelaufen wäre. Dieses Verhalten können Sie zusammen mit dem Kind in Rollen- oder Puppenspielen nachspielen und einüben und mit einer Videokamera aufnehmen. In der ersten Sequenz sollten Sie gemeinsam die Szene so spielen, wie sie tatsächlich stattgefunden hat. In der zweiten Sequenz spielen Sie die Szene mit dem Kind so, wie Sie es gemeinsam überlegt haben. Danach können Sie mit dem Kind besprechen, was ihm im Rollen- oder Puppenspiel gut gelungen ist, was es in Zukunft so weiter machen möchte und was es in den nächsten Wochen in welcher Situation ausprobieren will.

 ### Besprechung der neuen Therapieaufgabe

Das Kind soll sich erneut vorstellen, es sei sein eigener Detektiv *(K3.06 Detektivbogen* – für jüngere Kinder oder *K3.12 Wut-Tagebuch 2* – für ältere Kinder). Es soll sich selbst in einer zuvor individuell definierten Situation in der nächsten Zeit beobachten, in der es ausgehend vom *Wut-Tagebuch 1 (K3.07)* oder *Detektivbogen (K3.06)* oft wütend geworden ist. Hierbei soll es wieder besonders auf seine Gedanken, seine Gefühle, sein Verhalten und auf die Konsequenzen achten. Es soll überprüfen, ob es ihm beispielsweise gelungen ist, gelassen zu bleiben oder sich fair zu verhalten. Die Selbstwahrnehmung soll weiter geschult werden.

Abschluss der Sitzung

Zum Abschluss der Stunde sollte dann wieder das Arbeitsblatt *K1.05 Mein Punkte-Plan* in der Therapiestunde eingesetzt werden. Das Kind erhält für die Regeln, die es eingehalten hat, die vereinbarte Punktezahl und darf diese, wenn es will eintauschen.

Auswertungsgespräch über die Therapieaufgabe in der nächsten Sitzung

Schauen Sie gemeinsam mit dem Kind den *Detektivbogen (K3.06,* für jüngere Kinder) bzw. das *Wut-Tagebuch 2 (K3.12,* für ältere Kinder) und den *Detektivbogen zur Selbstbelohnung (K3.08)* sowie das *Selbstbelohnungs-Punkte-Konto für tolle Sticker (K3.10)* durch. Fragen Sie das Kind, ob es ihm gelungen ist, sich selbst in den individuell definierten Situationen zu beobachten, in denen es ärgerlich war und ob es ihm auch gelungen ist, in solchen Situationen gelassen zu bleiben oder sich fair zu verhalten und sich danach selbst zu belohnen.

 Schwierige Therapiesituationen

Die Durchführung dieser Selbstmanagement-Aufgabe verlangt vom Kind ein hohes Maß an Selbststeuerung. Erwarten Sie deshalb zunächst nicht zuviel vom Kind. Häufig weisen die ersten Rückmeldungen auf Widerstandsphänomene und Misserfolge hin: Der Beobachtungsbogen wird verlegt oder vergessen, oder die Eintragungen erfolgen erst kurz vor der Therapiesitzung. Falls der Beobachtungsbogen nicht entsprechend der Vereinbarungen durchgeführt wurde, dann besprechen Sie in aller Ruhe mit dem Kind und ohne Vorwurfshaltung die Ursachen dafür:

- Ist das Ziel wirklich wichtig? (Gehen Sie noch einmal die Vor- und Nachteile des Problemverhaltens durch).
- Welche Hindernisse stellen sich bei der Durchführung in den Weg? (Welche Erinnerungshilfen kann es geben, können Bezugspersonen stärker einbezogen werden?).

Wenn möglich vereinbaren Sie engmaschigere Kontrollen und Rückmeldemöglichkeiten durch telefonische Kontakte zwischen den Sitzungen.

2.3 Modul II: Sozial-kognitive Interventionen

2.3.1 Baustein 4: Ärger-Gedanken und Ärgerkiller-Gedanken

Indikation:
• Wird möglichst immer durchgeführt, weil Ärger-Gedanken immer eine Rolle spielen. Wenn jedoch die kognitiven Voraussetzungen dafür beim Kind nicht (hinreichend) vorhanden sind, kann der Baustein nicht oder nur in einer vereinfachten Form durchgeführt werden.

Hauptziele des Bausteins:
• Die Elemente eines kognitiven Entstehungsmodells des Ärgers (unterschiedliche Gedanken rufen unterschiedliche Gefühle hervor) sollen erarbeitet werden (Kind) • Ärger und Wut erzeugende Kognitionen in Bezug auf individuelle soziale Situationen sollen exploriert und identifiziert werden (Kind) • Ärger und Wut erzeugende Kognitionen in Bezug auf individuelle soziale Situationen sollen durch gemeinsames Entwickeln von individuellen Bewältigungsgedanken (Ärgerkiller-Gedanken) modifiziert und vermindert werden (Kind) • Selbstbeobachtung und Übungen im natürlichen Umfeld in Bezug auf individuelle Bewältigungsgedanken sollen (mit Hilfe der Eltern/Lehrer) durchgeführt werden. • Die positive Verstärkung von individuellen Bewältigungsgedanken des Kindes soll mit den Bezugspersonen eingeübt werden.

Anzahl der Sitzungen:
• In der Regel sind 4 Sitzungen notwendig (3 überwiegend mit Kind, 1 überwiegend mit Eltern) • + Einbeziehung von Lehrern/Erziehern möglich

Therapieaufgabe für Eltern/andere Bezugspersonen:
• B4.02 Coaching: Helfen Sie Ihrem Kind, Ärgergedanken zu bekämpfen

Therapieaufgabe für Kind:
• K4.10 Detektivbogen zur Selbstbeobachtung und Selbstkontrolle • K4.12 Mein Detektivbogen zur Selbstbeobachtung und Selbstkontrolle (2)

Material Kinder	
Material/Teilnehmer:	**Inhalt und Ziele:**
• **K4.01 Geschichte: „Alle ärgern mich!"** Therapeutin/Therapeut alleine mit dem Kind.	In dieser Geschichte werden Ärger und Wut erzeugende Kognitionen in Bezug auf soziale Situationen vorgestellt und individuelle soziale Situationen exploriert.
• **K4.02 Geschichte: „Die Wutbrille"** Therapeutin/Therapeut alleine mit dem Kind.	In dieser zweiten Geschichte des Bausteines wird die „Wutbrille" als Erklärungshilfe für die Entstehung von Ärger und Wut erzeugenden Kognitionen in Bezug auf eine soziale Situation eingeführt.
• **K4.03 Bastelvorlage Wutbrille** Therapeutin/Therapeut alleine mit dem Kind.	Die „Wutbrille" kann als Hilfsmittel für die folgenden Rollenspielübungen mit dem Kind gebastelt werden.

Material Kinder	
Material/Teilnehmer:	**Inhalt und Ziele:**
• **K4.04 Was sind deine Wut-Situationen?** Therapeutin/Therapeut alleine mit dem Kind.	Ärger und Wut erzeugende Kognitionen in Bezug auf individuelle soziale Situationen werden in Rollenspielen mit Hilfe der „Wutbrille" exploriert und identifiziert.
• **K4.05 Geschichte: „Die Ärgerkiller-Gedanken"** Therapeutin/Therapeut alleine mit dem Kind.	In der dritten Geschichte des Bausteines werden die Elemente eines kognitiven Entstehungsmodells des Ärgers (unterschiedliche Gedanken rufen unterschiedliche Gefühle hervor) und Bewältigungsgedanken (Ärgerkiller-Gedanken) eingeführt.
• **K4.06 Was ist passiert?** Therapeutin/Therapeut alleine mit dem Kind.	Anhand eines Schemas werden die, in der Geschichte K4.05, beschriebenen Elemente eines kognitiven Entstehungsmodells des Ärgers (unterschiedliche Gedanken rufen unterschiedliche Gefühle hervor) vertiefend erarbeitet. Das Schema kann zur Illustration des kognitiven Entstehungsmodells des Ärgers, zur weiteren Exploration der individuellen Ärger-Gedanken und zur Modifikation in Richtung Ärgerkiller-Gedanken herangezogen werden.
• **K4.07 Geschichte: „Die Coolbrille"** Therapeutin/Therapeut alleine mit dem Kind.	In dieser vierten Geschichte des Bausteines wird die „Coolbrille" als Erklärungshilfe für Bewältigungsgedanken (Ärgerkiller-Gedanken) in sozialen Situationen eingeführt.
• **K4.08 Bastelvorlage Coolbrille** Therapeutin/Therapeut alleine mit dem Kind.	Die „Coolbrille" kann als Hilfsmittel für die folgenden Rollenspielübungen mit dem Kind gebastelt werden.
• **K4.09 Meine Ärgerkiller-Gedanken** Therapeutin/Therapeut alleine mit dem Kind.	Auf der Basis des Arbeitsblattes K4.04 werden Ärger und Wut erzeugende Kognitionen in Bezug auf individuelle soziale Situationen in Rollenspielen mit Hilfe der „Coolbrille" modifiziert in Richtung Ärgerkiller-Gedanken.
• **K4.10 Detektivbogen zur Selbstbeobachtung und Selbstkontrolle** Zunächst Therapeutin/Therapeut alleine mit dem Kind. Später Bezugspersonen in die Stunde mit einbeziehen, um eine Unterstützung im natürlichen Umfeld zu gewährleisten.	Das Kind soll sich erneut vorstellen, es sei sein eigener Detektiv. Es soll sich selbst in Situationen beobachten, in denen es in Streit mit anderen gerät. Hierbei soll es besonders auf seine Ärger-Gedanken, Gefühle, sein Verhalten und auf die Konsequenzen achten. Es soll überprüfen, ob es ihm gelungen ist, seine Ärgerkiller-Gedanken einzusetzen, um gelassen zu bleiben oder sich fair zu verhalten bzw. welche Bewältigungsgedanken ihm aus der zeitlichen Distanz im Nachhinein einfallen würden. Die Selbstwahrnehmung und der Einsatz von Bewältigungsgedanken sollen geschult werden.

Material Kinder	
Material/Teilnehmer:	**Inhalt und Ziele:**
• **K4.11 Den Ärger mit Ärgerkiller-Gedanken bekämpfen – Rollen- oder Puppenspiel** Therapeutin/Therapeut alleine mit dem Kind.	Mit Hilfe eines Explorationsschemas soll sich das Kind mit seinen Gedanken und seinem Verhalten, in den zuvor im Detektivbogen beschriebenen Konfliktsituationen auseinandersetzen. Anhand des Schemas können typische Situationsmerkmale exploriert werden. In den anschließenden Rollen- oder Puppenspielen können Bewältigungsgedanken und sozial angemessenes Verhalten eingeübt oder vertieft werden.
• **K4.12 Mein Detektivbogen zur Selbstbeobachtung und Selbstkontrolle (2)** Therapeutin/Therapeut alleine mit dem Kind. Später Bezugspersonen in die Stunde mit einbeziehen, um eine Unterstützung im natürlichen Umfeld zu gewährleisten.	Das Kind soll sich erneut vorstellen, es sei sein eigener Detektiv. Es soll sich selbst in einer zuvor individuell definierten Situation in der nächsten Zeit beobachten, in der es ausgehend vom Detektivbogen 1 oft in Streit mit anderen geraten ist. Hierbei soll es wieder besonders auf seine Gedanken, seine Gefühle, sein Verhalten und auf die Konsequenzen achten. Es soll erneut überprüfen, ob es ihm gelungen ist, seine Ärgerkiller-Gedanken einzusetzen, um gelassen zu bleiben oder sich fair zu verhalten bzw. welche Bewältigungsgedanken ihm aus der zeitlichen Distanz im Nachhinein einfallen würden. Die Selbstwahrnehmung und der Einsatz von Bewältigungsgedanken soll geschult werden.
Material Bezugspersonen	
Material/Teilnehmer:	**Inhalt und Ziele:**
• **B4.01 Elterninformation, Was kann Ihr Kind gegen Ärger-Gedanken tun?** Soweit wie möglich beide Elternteile ohne Kind. Modifiziert auch für Erziehern und Lehrern geeignet.	Mit der Elterninformation werden die Eltern über den Inhalt und die Ziele der kindzentrierten Interventionen des Therapieabschnitts in Kenntnis gesetzt, um eine bestmögliche Mitarbeit und Transparenz in der Therapie mit dem Kind zu gewährleisten.
• **B4.02 Coaching: Helfen Sie Ihrem Kind, Ärgergedanken zu bekämpfen** Soweit wie möglich beide Elternteile ohne Kind. Modifiziert auch mit Erziehern und Lehrern durchführbar.	Die Eltern sollen zum Coaching angeleitet werden. Sie sollen lernen, dem Kind die bestmöglichste Unterstützung (durch Lob und Hilfestellung) bei der Durchführung seiner Therapieaufgabe (Ausfüllen des Selbstbeobachtungsbogens K4.10/K4.12) und dem Einsatz von Bewältigungsgedanken zu geben.

Möglicher Ablauf der Sitzungen: In der Regel müssen für diesen Baustein vier Sitzungen veranschlagt werden, wenn neben dem Kind ausschließlich Eltern einbezogen werden. Bei zusätzlicher Einbeziehung von Erziehern/Lehrern erhöht sich die Sitzungszahl entsprechend.

Übersicht über den Ablauf des Bausteins
• Sitzung 1: Wutbrille (Kind) • Sitzung 2: Ärger-Gedanken und Ärger-killer-Gedanken (Eltern) • Sitzung 3: Coolbrille (Kind/Eltern) • Sitzung 4: Exploration zur Selbstbeobachtung von Gedanken (Kind/Eltern)

Baustein 4, erste Sitzung: Wutbrille (Kind)

Teilnehmer	• Therapeutin/Therapeut alleine mit Kind
Materialien	• K2.09 Ärger-Problem-Liste bzw. K2.10 Ziel-Liste • K3.07 Detektivbogen (für jüngere Kinder) oder • K3.13 Wut-Tagebuch 2 (für ältere Kinder) • K4.01 Geschichte: „Alle ärgern mich!" • K4.02 Geschichte: „Die Wutbrille" • K4.03 Bastelvorlage Wut-brille • K4.04 Was sind Deine Wut-Situationen? • K1.05 Mein Punkte-Plan in der Therapiestunde
Therapie-aufgaben	• K3.07 Detektivbogen (für jüngere Kinder) oder • K3.13 Wut-Tagebuch 2 (für ältere Kinder)

Beginn der Sitzung

Erinnern Sie das Kind zu Beginn der Sitzung an den *Punkte-Plan* und an die Regeln, nach denen es in der Sitzung Punkte gewinnen kann. Passen Sie bei Bedarf die Regeln neu an. Lassen Sie das Kind die *Ärger-Problem-Liste* (K2.09) bzw. die *Ziel-Liste* (K2.10) bearbeiten.

Auswertungsgespräch zur letzten Therapie-aufgabe

Besprechen Sie mit dem Kind die Therapieauf-gabe aus der letzten Kinder-Sitzung. Falls Sie die Therapie entsprechend dem beschriebenen Stan-dardablauf durchführen, dann bezieht sich das Auswertungsgespräch auf das Arbeitsblatt *K3.07 Detektivbogen* (für jüngere Kinder) oder *K3.13 Wut-Tagebuch 2* (für ältere Kinder). In diesem Ar-beitsblatt sollte es sich selbst in individuell defi-nierten Situationen beobachten, in denen es är-gerlich wurde und sich für gelassenes oder faires Verhalten belohnen.

Bearbeitung neuer Arbeitsblätter

Danach können Sie dem Kind die Geschichte „*Alle ärgern mich!*" *(K4.01)* und *Geschichte „Die Wut-brille" (K4.02)* vorlesen oder mit einer Handpuppe (vgl. THAV-Materialien) erzählen. Am Rand der ersten Seite finden Sie wieder mögliche Fragen zu den einzelnen Textabschnitten. In der Geschichte „*Alle ärgern mich!*" *(K4.01)* werden dem Kind Är-ger und Wut erzeugende Kognitionen in Bezug auf soziale Situationen vorgestellt und individuelle soziale Situationen können exploriert werden. In der zweiten *Geschichte „Die Wutbrille" (K4.02)* wird die *Wutbrille* als Erklärungshilfe für die Ent-stehung von Ärger und Wut erzeugende Kogni-tionen in Bezug auf soziale Situationen eingeführt. Die *Wutbrille* (K4.03; siehe Abb. 32) kann hierzu mit dem Kind als Hilfsmittel für die folgenden Rollenspielübungen z. B. aus roter Pappe gebastelt werden („Ich sehe rot") oder Sie finden sie auch bei den THAV-Materialien. Die Wutbrille ist sehr schmal gehalten um zu verdeutlichen wie sie das Blickfeld einengt.

Verschiedene soziale Situationen für die Rollen-spiele können Sie auf dem Arbeitsblatt *K4.04 Was sind deine Wut-Situationen?* mit dem Kind ge-meinsam sammeln, *z. B. Max tritt mir im Bus auf den Fuß*. Hier können Sie sich auch an Situatio-nen aus den bereits geführten Beobachtungsbö-gen orientieren und diese aufgreifen.

Danach können Ärger und Wut erzeugende Kog-nitionen in Bezug auf diese individuellen sozialen Situationen in Rollenspielen mit Hilfe der *Wut-brille* exploriert und identifiziert werden (siehe Abb. 33). Das Kind soll sich vorstellen, sehr ärger-

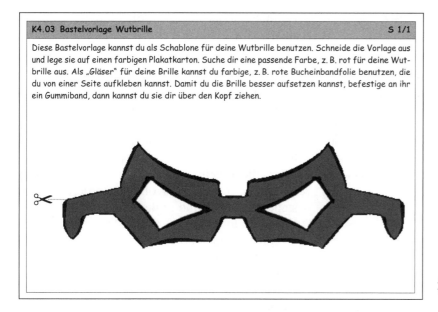

Abbildung 32: Bastelvorlage Wutbrille (K4.03)

Abbildung 33: Wutbrillenübung

lich zu sein und dass es beschlossen hat, für heute seine *Wutbrille* aufzusetzen und alle Situationen, die ihm eingefallen sind, durch seine *Wutbrille* zu betrachten. Seine Ärger und Wut erzeugenden Kognitionen kann das Kind auf das Arbeitsblatt *K4.04 (Meine Ärger-Gedanken)* eintragen.

 Besprechung der neuen Therapieaufgabe

Das Kind soll seinen Selbstbeobachtungsbogen *K3.07 (Detektivbogen)* (für jüngere Kinder) oder *K3.13 (Wut-Tagebuch 2)* (für ältere Kinder) in der nächsten Woche weiterführen.

Abschluss der Sitzung

Zum Abschluss der Stunde sollte dann wieder das Arbeitsblatt *K1.05 (Mein Punkte-Plan)* in der Therapiestunde eingesetzt werden. Das Kind erhält für die Regeln, die es eingehalten hat, die vereinbarte Punktezahl und darf diese, wenn es will eintauschen z. B. gegen Spielzeit.

*Auswertungsgespräch über die Therapie-
aufgabe in der nächsten Sitzung*

Schauen Sie gemeinsam mit dem Kind den *Detektivbogen* (*K3.06*, für jüngere Kinder) bzw. das
Wut-Tagebuch 2 (*K3.12*, für ältere Kinder) durch.
Fragen Sie das Kind, ob es ihm gelungen ist, sich
selbst in den individuell definierten Situationen zu
beobachten, in denen es es ärgerlich war und ob
es ihm auch gelungen ist, in manchen Situationen
gelassen zu bleiben oder sich fair zu verhalten.

 Schwierige Therapiesituationen

Manche Kinder basteln nicht gerne. Hier ist es
hilfreich eine bereits fertige Wutbrille griffbereit
zu haben und diese zu verwenden. Es kann vorkommen, dass es einem Kind zunächst peinlich
ist, die Brille aufzusetzen. Seien Sie in diesem
Fall ein Modell und setzen die Brille selbst auf
und führen die Übung durch.

Baustein 4, zweite Sitzung:
Ärger-Gedanken und Ärgerkiller-
Gedanken (Eltern)

Teilnehmer	• Eltern ohne Kind (B4.01 und B4.02 auch mit Erziehern/ Lehrern durchführbar)
Materialien	• B2.04 Verhaltensproblem-liste bzw. B2.05 Ziel-Liste • B4.01 Elterninformation – Was kann Ihr Kind gegen Ärger-Gedanken tun? • B4.02 Coaching: Helfen Sie Ihrem Kind, Ärgergedanken zu bekämpfen
Therapie-aufgaben	• B3.08 Coaching: Helfen Sie Ihrem Kind bei seinen Therapieaufgaben • B4.02 Coaching: Helfen Sie Ihrem Kind, Ärgergedanken zu bekämpfen

Beginn der Sitzung

Lassen Sie die Bezugspersonen zunächst die Verhaltensproblemliste (B2.04) bzw. die Ziel-Liste
(B2.05) bearbeiten und thematisieren Sie den Verlauf seit der letzten Bezugspersonensitzung.

*Auswertungsgespräch zur letzten Therapie-
aufgabe*

Besprechen Sie mit den Eltern die Therapieaufgabe aus der letzten Eltern-Sitzung. Falls Sie die
Therapie entsprechend dem beschriebenen Standardablauf durchführen, dann bezieht sich das
Auswertungsgespräch auf den *Beobachtungsbogen (aus B3.06)*. Besprechen Sie ausführlich anhand des *Beobachtungsbogens (aus B3.06)*, ob die
Eltern die Regeln umsetzen konnten, ob es ihnen
gelungen ist, wirkungsvolle Aufforderungen zu
stellen und das Kind in den ausgewählten Situationen zu loben, wenn es die Aufforderung befolgt hat. Erfragen Sie, wie gut sie die negativen
Konsequenzen durchführen konnten, wie sie sich
dabei gefühlt haben, ob es Probleme gab und wie
das Kind reagiert hat und ob sie es geschafft
haben, ihr Kind bei der Durchführung seiner Therapieaufgaben zu unterstützen, d. h. ihr Kind zu
„coachen" *(B3.08)*.

Bearbeitung neuer Arbeitsblätter

Besprechen Sie mit den Eltern die *Elterninformation – Was kann Ihr Kind gegen Ärgergedanken
tun? (B4.01)* und das *Informationsblatt zum Coaching: Helfen Sie Ihrem Kind, Ärgergedanken zu
bekämpfen. (B4.02)* und geben Sie ihnen beides
nach der Besprechung mit nach Hause. Mit der
Elterninformation B4.01 werden die Eltern über
den Inhalt und die Ziele der kindzentrierten Interventionen des Therapieabschnitts (Baustein 4,
Thema: Wut erzeugende Kognitionen) schriftlich
in Kenntnis gesetzt, um auch hier eine bestmögliche Mitarbeit und Transparenz in der Therapie
mit dem Kind zu ermöglichen. Erklären Sie den
Eltern, dass bei Kindern mit aggressivem Verhalten gehäuft Tendenzen zur Fehlwahrnehmung und
Fehlinterpretation in sozialen Situationen festgestellt werden. Die Kinder nehmen eine soziale
Situation gehäuft als bedrohlich wahr und sie
schreiben Interaktionspartnern häufiger feindselige Motive zu.

Erläutern Sie den Eltern das Ziel des Therapieabschnittes. Sagen Sie Ihnen, dass in diesem Abschnitt der Therapie mit ihrem Kind erarbeitet
wird, wie es Gedanken, die Ärger und Wut erzeugen, durch andere neutralere Gedanken ersetzen
kann und das Kind lernen soll, welche alternativen
Interpretationen einer sozialen Situation möglich
sind, in der es sonst z. B. dem anderen eine böse
Absicht unterstellt hat. Erzählen Sie den Eltern,

dass zunächst mit ihrem Kind Gedanken erarbeitet werden, die Ärger und Wut machen, sogenannte Ärger-Gedanken. Mit dem Kind wird erarbeitet, wie solche Gedanken, die Gefühle und das Verhalten beeinflussen können.

Besprechen Sie mit den Eltern beispielhafte Situation: Ihr Kind stolpert über die Beine eines Mitschülers. Sein *Gedanke* ist: „Er hat mir mit Absicht ein Bein gestellt!" Sein *Gefühl*: Es ist wütend. *Verhalten*: Es schubst, schlägt den Mitschüler. Erläutern Sie den Eltern das weitere Vorgehen, nämlich dass mit dem Kind für diese Gedanken Alternativen erarbeitet werden, die nicht aggressives Verhalten zur Folge haben. Dem Kind werden Beispiele für solche Gedanken präsentiert (Beispielhafte Situation: Ihr Kind stolpert über die Beinen eines Mitschülers. Sein *Gedanke* ist: „Das war bestimmt ein Versehen!" *Verhalten*: Es bleibt ruhig und spielt mit den anderen weiter.). Erklären Sie den Eltern, dass wir diese alternativen Interpretationen *Ärger-killer-Gedanken nennen*. Diese Gedanken soll das Kind lernen, zunächst in Rollenspielen und später in alltäglichen Situationen einzusetzen, wenn ein Ärgergedanke kommt. Dann soll es sich gedanklich „Stopp!" sagen und einen Ärgerkiller-Gedanken überlegen. Sagen Sie den Eltern, dass es hierzu als Therapieaufgabe zu Hause, in der Schule und in seiner Freizeit einen *Detektivbogen* ausfüllen soll, um sein Verhalten zu protokollieren und einzuüben.

 Besprechung der neuen Therapieaufgabe

Mit dem Informationsblatt zum Coaching *(B4.02 Coaching: Helfen Sie Ihrem Kind, Ärgergedanken zu bekämpfen)* werden die Eltern angeleitet, dem Kind die bestmöglichste Unterstützung (durch Lob und Hilfestellung) bei der Durchführung seiner künftigen Therapieaufgabe (Ausfüllen des *Selbstbeobachtungsbogens K4.10/K4.12*) und dem Einsatz von Bewältigungsgedanken zu geben. Sie sollten den Eltern vermitteln, dass es für das Kind viel Anstrengung und Arbeit bedeutet, die Therapieaufgabe zu erledigen. Deshalb braucht das Kind zu Hause jemanden, der ihm hilft seine Therapieaufgabe umzusetzen. Die Eltern sollten angeleitet werden, ihr Kind an die Ärgerkiller-Gedanken zu erinnern, bevor es z. B. in die Schule oder zum Spielen geht. Erklären Sie den Eltern, dass keine langen Predigten notwendig sind. Die Eltern sollten darauf achten, was das Kind bereit ist anzunehmen. Wenn die Eltern in einer für das Kind

schwierigen Situation dabei sind (z. B. auch bei einem Streit zwischen Eltern und Kind) und bemerken, dass das Kind beginnt wütend zu werden, sollten sie es zur Seite nehmen und ihm die *Signalkarte Achtung Ärgermacher-Gedanken (aus B4.02)* zeigen. Zudem sollen sie versuchen, in solchen Situationen ein Vorbild für das Kind zu sein und die Signalkarte auch für sich selbst benutzen und ihre eigenen Ärgermacher-Gedanken verbalisieren.

Die Eltern sollen zudem ihr Kind ermutigen, mit ihnen über seine Ärgersituationen zu sprechen und die Ärgerkiller-Gedanken einzusetzen. Leiten Sie die Eltern an, ihr Kind zu loben, wenn es solche Ärgerkiller-Gedanken eingesetzt hat, oder wenn ihm im Nachhinein ein Ärgerkiller-Gedanke einfällt und es den Eltern davon erzählt. Erklären Sie den Eltern, dass es manchmal nicht genügt, das Kind durch Lob zu motivieren, seine Gedanken zu kontrollieren, um seine Wut in den Griff zu bekommen. In diesem Fall können sie die *Echt-Cool-Kärtchen* verwenden, um die Bereitschaft des Kindes zu verbessern. Für jeden Ärgerkiller-Gedanken bekommt das Kind ein *Echt-Cool-Kärtchen (aus B4.02)*, die es sammeln und gegen zuvor definierte Belohnungen eintauschen darf.

Beachten Sie bei der Einbeziehung der Eltern in die Therapie die Beziehungsqualität zwischen Eltern und Kind. Je angespannter die Eltern-Kind-Beziehung ist, umso schwieriger ist für die Eltern, ihr Kind auf konstruktive Weise zu unterstützen. Coaching-Maßnahmen werden dann von dem Kind schnell abgelehnt und den Eltern kann es sehr schwerfallen, den richtigen Ton zu finden. Bis zu einem gewissen Grad können Sie das mit Hilfe von Rollenspielen in der Therapiesituation einüben oder auch kontrollieren.

Abschluss der Sitzung

Wenn es dem Kind zunächst noch sehr schwerfällt, solche alternativen Gedanken einzusetzen, leiten Sie die Eltern an, gemeinsam mit Ihrem Kind, zu überlegen welcher Gedanke in der jeweiligen Ärgersituation hilfreich gewesen wäre. Üben Sie dies am besten mit den Eltern (später, wenn mit dem Kind die Aufgabe in der nächsten Stunde besprochen wurde evtl. mit dem Kind zusammen) im Rollenspiel ein.

Die Eltern sollten ihr Kind außerdem loben, wenn es seinen Bogen ausfüllt. Wenn es dem Kind zunächst noch sehr schwerfällt, den Detektivbogen alleine auszufüllen, sollten die Eltern bereit sein sich mit ihm hinzusetzen und den Bogen gemeinsam auszufüllen.

Einsatzmöglichkeiten für Erzieher/Lehrer: Diese Arbeitsblätter (*B4.01* und *B4.02*) sind modifiziert auch mit Erziehern oder Lehrern durchführbar.

Auswertungsgespräch über die Therapieaufgabe in der nächsten Sitzung

Besprechen Sie mit den Eltern, wie das *Coaching: Helfen Sie Ihrem Kind, Ärgergedanken zu bekämpfen (B4.02)* in den letzten Wochen funktioniert hat, ob es Probleme gab, wie das Kind reagiert hat und ob es ihnen gelungen ist, ihr Kind bei der Durchführung seiner Therapieaufgaben zu unterstützen, d. h. ihr Kind zu „coachen".

 ### Schwierige Therapiesituationen

Vielen Eltern fällt es sehr schwer, mit ihrem Kind ohne Vorwurfshaltung über seine Konflikte zu sprechen. Es ist an dieser Stelle aber sehr wichtig, das Kind zu ermutigen und zu motivieren, über seine Gedanken und Konflikte zu reden. Thematisieren Sie mit den Eltern, dass sie ihr Kind nicht für seine Offenheit bestrafen dürfen. Es geht darum, ihm zu vermitteln, dass sein Verhalten sicherlich nicht in Ordnung war, aber dass es gut ist, darüber zu sprechen. Hilfreich ist es daher dies am besten mit den Eltern (später, wenn mit dem Kind die Aufgabe in der nächsten Stunde besprochen wurde, evtl. mit dem Kind zusammen) im Rollenspiel einzuüben. Falls es einem Elternteil auch dann nicht gelingt, ein solches Gespräch mit einer hinreichenden Gelassenheit zu führen, dann können Sie diese Gespräche in den nächsten Sitzungen weiterhin gemeinsam mit Eltern und Kind durchführen.

Baustein 4, dritte Sitzung: Coolbrille (Kind/Eltern)

Teilnehmer	• Zunächst Therapeutin/Therapeut alleine mit Kind.

Teilnehmer	• Später Eltern in die Stunde mit einbeziehen, um eine Unterstützung im natürlichen Umfeld zu gewährleisten.
Materialien	• K2.09 Ärger-Problem-Liste bzw. K2.10 Ziel-Liste • K4.05 Geschichte: „Die Ärgerkiller-Gedanken" • K4.06 Was ist passiert? • K4.07 Geschichte: „Die Coolbrille" • K4.08 Bastelvorlage Coolbrille • K4.09 Meine Ärgerkiller-Gedanken • K4.10 Detektivbogen zur Selbstbeobachtung und Selbstkontrolle • K1.05 Mein Punkte-Plan in der Therapiestunde
Therapie-aufgaben	• K4.10 Detektivbogen zur Selbstbeobachtung und Selbstkontrolle

Beginn der Sitzung

Erinnern Sie das Kind zu Beginn der Sitzung an den *Punkte-Plan* und an die Regeln, nach denen es in der Sitzung Punkte gewinnen kann. Passen Sie bei Bedarf die Regeln neu an. Lassen Sie das Kind die *Ärger-Problem-Liste (K2.09)* bzw. die *Ziel-Liste (K2.10)* bearbeiten.

Auswertungsgespräch zur letzten Therapieaufgabe

Besprechen Sie mit dem Kind die Therapieaufgabe aus der letzten Kinder-Sitzung. Falls Sie die Therapie entsprechend dem beschriebenen Standardablauf durchführen, dann bezieht sich das Auswertungsgespräch auf den *Detektivbogen (K3.06,* für jüngere Kinder) bzw. *das Wut-Tagebuch 2 (K3.12,* für ältere Kinder). Schauen Sie

gemeinsam mit dem Kind den *Detektivbogen*
(*K3.06*, für jüngere Kinder) bzw. das *Wut-Tage-buch 2* (*K3.12*, für ältere Kinder) durch. Fragen
Sie das Kind, ob es ihm gelungen ist, sich selbst
in den individuell definierten Situationen zu be-obachten, in denen es ärgerlich war und ob es ihm
auch gelungen ist, in einigen Situationen gelassen
zu bleiben oder sich fair zu verhalten.

Bearbeitung neuer Arbeitsblätter

Lesen Sie dem Kind die Geschichte *Die Ärger-killer-Gedanken (K4.05)* vor oder erzählen Sie
diese mit einer Handpuppe (THAV-Materialien).
Am Rand der zweiten Seite finden Sie wieder
mögliche Fragen zu den einzelnen Textabschnit-ten. In dieser dritten Geschichte des Bausteines
werden die Elemente eines kognitiven Entste-hungsmodells des Ärgers (unterschiedliche Ge-danken rufen unterschiedliche Gefühle hervor)
und Bewältigungsgedanken (Ärgerkiller-Gedan-ken) eingeführt.

Die beschriebenen Elemente können Sie anhand
des Schemas *K4.06 Was ist passiert?* (siehe Abb.
34) vertiefend erarbeiten. Das Schema kann zur
Illustration des kognitiven Entstehungsmodells

K4.06 Was ist passiert?		S 1/1
Was ist passiert?	+ Was denkst du?	= Was fühlst du?
· Ein Kind rempelt mich an.	Ärgermacher: · „Das hat es mit voller Absicht gemacht!" · „Angerempelt zu werden ist das Schlimmste auf der Welt."	· Wut, Ärger
· Ein Junge guckt mich an.	· „Der will mich provozieren!"	· Wut, Ärger
· Ein Kind rempelt mich an.	Ärgerkiller: · „Das hat es wahr-scheinlich aus Versehen getan!" · „Und selbst wenn es mich absichtlich anrempelt hat, ist das sooo schlimm? Was soll's!"	· Ruhe
· Ein Junge guckt mich an.	· „Vielleicht schaut er nur zufällig in meine Richtung!"	· Gelassenheit

· Es ist nicht die Situation, die dich wütend macht.
· Entscheidend für deinen Ärger ist das, was du dir in der Situation sagst.
· Es sind also die Gedanken, die dir dann durch den Kopf gehen, die bestimmen darüber, ob du wütend wirst oder ruhig bleibst.
· Und durch die „Ärger-Killergedanken" kannst du dich dann sogar selbst beruhigen, wenn du dich geärgert hast.

Abbildung 34: Was ist passiert? (K4.06)

Abbildung 35: Coolbrillenübung

des Ärgers, zur weiteren Exploration der individuellen Ärger-Gedanken und zur Modifikation in Richtung Ärgerkiller-Gedanken herangezogen werden.

Danach können sie dem Kind die *Geschichte Die Coolbrille (K4.07)* vorlesen oder wieder mit der Handpuppe (THAV-Materialien) erzählen. In dieser vierten Geschichte des Bausteines wird die *Coolbrille* als Erklärungshilfe für Bewältigungsgedanken (Ärgerkiller-Gedanken) in sozialen Situationen eingeführt. Die *Coolbrille* (*K4.08*, s. Abb. 35) kann hierzu mit dem Kind als Hilfsmittel für die folgenden Rollenspielübungen z. B. aus grüner Pappe gebastelt werden oder Sie finden sie auch bei den THAV-Materialien. Die *Coolbrille* ist größer und breiter als die *Wutbrille*, um zu verdeutlichen, dass sich das Blickfeld erweitert. Für diese Rollenspiele sollten Sie auf die verschiedenen sozialen Situationen auf dem Arbeitsblatt *K4.04 Was sind deine Wut-Situationen?* zurückgreifen. Auf der Basis des Arbeitsblattes *K4.04* können dann Ärger und Wut erzeugende Kognitionen in Bezug auf individuelle soziale Situationen in den Rollenspielen mit Hilfe der *Coolbrille* modifiziert werden in Richtung Ärgerkiller-Gedanken.

Danach können Ärgerkiller-Gedanken in Bezug auf diese individuellen sozialen Situationen in Rollenspielen mit Hilfe der *Coolbrille* exploriert werden. Das Kind soll sich vorstellen, ruhig und gelassen zu sein und dass es beschlossen hat, für heute seine *Coolbrille* aufzusetzen und alle Situationen, die ihm eingefallen sind, durch seine *Coolbrille* zu betrachten. Seine Ärgerkiller-Gedanken kann das Kind auf das Arbeitsblatt *K4.09* eintragen.

 Besprechung der neuen Therapieaufgabe

An dieser Stelle sollten Sie den *Detektivbogen zur Selbstbeobachtung und Selbstkontrolle (K4.10)* einführen und die Eltern in die Stunde mit einbeziehen, um eine Unterstützung im natürlichen Umfeld zu gewährleisten. Das Kind soll sich erneut vorstellen, es sei sein eigener Detektiv. Es soll sich selbst in der nächsten Zeit in Situationen beobachten, in denen es in Steit mit anderen gerät. Hierbei soll es besonders auf seine Ärger-Gedan-

ken, Gefühle, sein Verhalten und auf die Konsequenzen achten. Es soll überprüfen, ob es ihm beispielsweise gelungen ist, seine Ärgerkiller-Gedanken einzusetzen, um gelassen zu bleiben oder sich fair zu verhalten bzw. welche Bewältigungsgedanken ihm aus der zeitlichen Distanz im Nachhinein einfallen würden. Die Selbstwahrnehmung und der Einsatz von Bewältigungsgedankcn soll geschult werden.

Abschluss der Sitzung

Zum Abschluss der Stunde sollte dann wieder das Arbeitsblatt *K1.05 Mein Punkte-Plan* in der Therapiestunde eingesetzt werden. Das Kind erhält für die Regeln, die es eingehalten hat, die vereinbarte Punktezahl und darf diese, wenn es will eintauschen z. B. gegen Spielzeit.

Auswertungsgespräch über die Therapieaufgabe in der nächsten Sitzung

Schauen Sie gemeinsam mit dem Kind den *Detektivbogen zur Selbstbeobachtung und Selbstkontrolle (K4.10)* durch. Fragen Sie das Kind, ob es ihm gelungen ist, sich selbst in Situationen zu beobachten, in denen es in Steit mit anderen geraten ist und ob es ihm besonders gelungen ist, auf seine Ärger-Gedanken, Gefühle, sein Verhalten und auf die Konsequenzen zu achten. Besprechen Sie mit ihm, ob es ihm beispielsweise gelungen ist, seine Ärgerkiller-Gedanken einzusetzen, um gelassen zu bleiben oder sich fair zu verhalten bzw. welche Bewältigungsgedanken ihm aus der zeitlichen Distanz im Nachhinein eingefallen sind.

 Schwierige Therapiesituationen

Hier gilt das gleiche, wie bei der Wutbrille (siehe Baustein 4, Sitzung 1): Manche Kinder basteln nicht gerne. Hier ist es hilfreich, eine bereits fertige Coolbrille griffbereit zu haben und diese zu verwenden. Es kann vorkommen, dass es einem Kind zunächst peinlich ist, die Brille aufzusetzen. Seien Sie in diesem Fall ein Modell und setzen die Brille selbst auf und führen die Übung durch. Vielen Kindern fällt es zunächst häufig auch sehr schwer, alternative Gedanken zu finden. Helfen Sie dem Kind, in dem Sie ihm verschiedene Möglichkeiten vorgeben.

Baustein 4, vierte Sitzung: Exploration zur Selbstbeobachtung von Gedanken (Kind/Eltern)

Teilnehmer	• Therapeutin/Therapeut alleine mit Kind. • Später Eltern in die Stunde mit einbeziehen, um eine Unterstützung im natürlichen Umfeld zu gewährleisten.
Materialien	• K2.09 Ärger-Problem-Liste bzw. K2.10 Ziel-Liste • K4.10 Detektivbogen zur Selbstbeobachtung und Selbstkontrolle • K4.11 Den Ärger mit Ärgerkiller-Gedanken bekämpfen – Rollen- oder Puppenspiel • K4.12 Mein Detektivbogen zur Selbstbeobachtung und Selbstkontrolle (2) • K1.05 Mein Punkte-Plan in der Therapiestunde
Therapie-aufgaben	• K4.12 Mein Detektivbogen zur Selbstbeobachtung und Selbstkontrolle (2)

Beginn der Sitzung

Erinnern Sie das Kind zum Beginn der Sitzung an den *Punkte-Plan* und an die Regeln, nach denen es in der Sitzung Punkte gewinnen kann. Passen Sie bei Bedarf die Regeln neu an. Lassen Sie das Kind die *Ärger-Problem-Liste (K2.09)* bzw. die *Ziel-Liste (K2.10)* bearbeiten.

Auswertungsgespräch zur letzten Therapieaufgabe

Besprechen Sie mit dem Kind die Therapieaufgabe aus der letzten Kinder-Sitzung. Falls Sie die Therapie entsprechend dem beschriebenen Standardablauf durchführen, dann bezieht sich das Auswertungsgespräch auf das Arbeitsblatt *K4.10 Mein Detektivbogen zur Selbstbeobachtung und Selbstkontrolle*. Fragen Sie das Kind, ob es ihm gelungen ist, sich selbst in Situationen in der vergangenen Woche zu beobachten, in denen es in Steit mit anderen geraten ist und dabei besonders auf seine Ärger-Gedanken, Gefühle, sein Verhalten und auf die Konsequenzen zu achten. Konnte es überprüfen, ob es ihm beispielsweise gelungen ist, seine Ärgerkiller-Gedanken einzusetzen, um gelassen zu bleiben oder sich fair zu verhalten bzw. welche Bewältigungsgedanken ihm aus der zeitlichen Distanz im Nachhinein eingefallen sind.

Bearbeitung neuer Arbeitsblätter

Mit Hilfe des *Explorationsschemas K4.11 Den Ärger mit Ärgerkiller-Gedanken bekämpfen – Rollen- oder Puppenspiel* kann sich das Kind mit seinem Verhalten, in den zuvor im *Detektivbogen (K4.10)* beschriebenen sozialen Konfliktsituationen, auseinandersetzen. Anhand des Schemas können Sie typische Situationsmerkmale explorieren. In den anschließenden Rollen- oder Puppenspielen können Sie sozial angemessenes Verhalten mit dem Kind einüben oder vertiefen. Besprechen Sie zunächst mit dem Kind die Situationen, in denen es mit seinem Verhalten zufrieden war und nicht wütend geworden ist. Lassen Sie es davon erzählen (Wie hast du es geschafft nicht wütend zu werden?) Besprechen Sie im nächsten Schritt mit dem Kind die Situationen, die es in seinem Detektivbogen aufgeschrieben hat, in denen es in der vergangenen Woche in Steit mit anderen geraten ist. Versuchen Sie die Situationen mit dem Kind zusammen noch einmal auf dem Arbeitsblatt *K4.11 Fragen zum Detektivbogen und Anleitung zum Rollen- oder Puppenspiel* zu sammeln und kurz aufzuschreiben. Sie können das Kind beispielsweise fragen, was das Besondere an den Situationen war, in denen es wütend geworden ist? (Warum bist du wütend geworden?). Als Hilfe können Sie hierzu auch das Arbeitsblatt *K3.12* benutzen. Zum Beispiel:
• *Fühltest du dich ungerecht behandelt?*
• *Machte es dir Spaß?*
• *Sollten andere Kinder dich toll finden?*

- *Wer besonders?*
- *Hast du so bekommen was du wolltest?*

Schreiben Sie diese Situationsmerkmale zusammen mit dem Kind auf. Thematisieren Sie mit dem Kind, dass dies typische Situationen zu sein scheinen, in denen es leicht wütend wird oder in Streit gerät und daher in den nächsten Wochen hier besonders aufmerksam sein sollte. Überlegen Sie gemeinsam, ob das Kind in der Situation etwas anderes hätte machen können. Überlegen Sie gemeinsam weiter, was dann besser/anders gelaufen wäre.

Dieses Verhalten können Sie zusammen mit dem Kind in Rollen- oder Puppenspielen nachspielen/üben und mit einer Videokamera aufnehmen. In der ersten Sequenz sollten Sie gemeinsam die Szene so spielen, wie sie tatsächlich stattgefunden hat. In der zweiten Sequenz spielen Sie die Szene mit dem Kind so, wie Sie es gemeinsam überlegt haben. Danach können Sie mit dem Kind besprechen, was ihm im Rollen- oder Puppenspiel gut gelungen ist, was es in Zukunft so weiter machen möchte und was es in den nächsten Wochen in welcher Situation ausprobieren will.

 Besprechung der neuen Therapieaufgabe

Das Kind soll sich erneut vorstellen, es sei sein eigener Detektiv *K4.12 Mein Detektivbogen zur Selbstbeobachtung und Selbstkontrolle (2)*. Es soll sich selbst in einer zuvor individuell definierten Situation in der nächsten Zeit beobachten, in der es ausgehend vom *Detektivbogen zur Selbstbeobachtung und Selbstkontrolle (K4.10)* oft wütend geworden ist. Hierbei soll es besonders auf seine Ärger-Gedanken, seine Gefühle, sein Verhalten und auf die Konsequenzen achten. Es soll überprüfen, ob es ihm beispielsweise gelungen ist, seine Ärgerkiller-Gedanken einzusetzen, um gelassen zu bleiben oder sich fair zu verhalten bzw. welche Bewältigungsgedanken ihm aus der zeitlichen Distanz im Nachhinein einfallen würden. Die Selbstwahrnehmung und der Einsatz von Bewältigungsgedanken soll geschult werden. Beziehen Sie an dieser Stelle wieder die Eltern in die Stunde mit ein, um eine Unterstützung im natürlichen Umfeld zu gewährleisten.

Abschluss der Sitzung

Zum Abschluss der Stunde sollte dann wieder das Arbeitsblatt *K1.05 Mein Punkte-Plan* in der Therapiestunde eingesetzt werden. Das Kind erhält für die Regeln, die es eingehalten hat, die vereinbarte Punktezahl und darf diese, wenn es will eintauschen z. B. gegen Spielzeit.

Auswertungsgespräch über die Therapieaufgabe in der nächsten Sitzung

Besprechen Sie mit dem Kind seinen Beobachtungsbogen *K4.12 Mein Detektivbogen zur Selbstbeobachtung (2)*. Überprüfen Sie gemeinsam mit ihm wie in der Sitzung bereits eingeübt, ob es ihm gelungen ist, sich selbst in der zuvor individuell definierten Situation in der vergangenen Woche zu beobachten, in der es oft wütend geworden ist. Besprechen Sie auch hier mit ihm, ob es hierbei besonders auf seine Ärgergedanken, Gefühle, sein Verhalten und auf die Konsequenzen geachtet hat. Überprüfen Sie mit ihm, ob es ihm auch bei den Therapieaufgaben beispielsweise gelungen ist, seine Ärgerkiller-Gedanken einzusetzen, um gelassen zu bleiben oder sich fair zu verhalten bzw. welche Bewältigungsgedanken ihm aus der zeitlichen Distanz im Nachhinein eingefallen sind oder welche ihm jetzt einfallen.

 Schwierige Therapiesituationen

Die Durchführung dieser Selbstmanagement-Aufgabe verlangt vom Kind auch hier wieder ein hohes Maß an Selbststeuerung. Erwarten Sie deshalb zunächst nicht zuviel vom Kind. Vergessen Sie nicht, das Kind zu loben, wenn es seinen Selbstbeobachtungsbogen ausgefüllt hat, auch wenn es noch keine alternativen Gedanken eingesetzt hat. Häufig wird der Beobachtungsbogen aber auch verlegt oder vergessen, oder die Eintragungen erfolgen erst kurz vor der Therapiesitzung. Falls der Beobachtungsbogen nicht entsprechend der Vereinbarungen durchgeführt wurde, dann besprechen Sie in aller Ruhe mit dem Kind und ohne Vorwurfshaltung die Ursachen dafür.

Welche Hindernisse stellen sich bei der Durchführung in den Weg? (Welche Erinnerungshilfen kann es geben, können Bezugspersonen noch stärker einbezogen werden?). Wenn möglich vereinbaren Sie engmaschigere Kontrollen und Rück-meldemöglichkeiten durch telefonische Kontakte zwischen den Sitzungen. Manchen Kindern fällt es während der Exploration sehr schwer, typische Situationsmerkmale zu benennen. Geben Sie dem Kind dann einige Alternativen vor und besprechen Sie diese mit ihm.

Meist eignet sich das Spiel mit Puppen bei der Exploration der Kindes mehr als ein Rollenspiel, da die Kinder dann weniger gehemmt sind sich auch aggressiv im Spiel mit einem Erwachsenen verhalten können.

2.3.2 Baustein 5: Denkfallen und was ist stark?

Indikation:
• Wird immer durchgeführt, wenn die kognitiven Voraussetzungen dafür beim Kind vorhanden sind.

Hauptziele des Bausteins:
• Situationsübergreifende, globale soziale Kognitionen (Überzeugungen) und situationsspezifische soziale Kognitionen sowohl des Kindes als auch der Eltern sollen exploriert, identifiziert und modifiziert werden. • Das unangemessene Selbstkonzept bezüglich eigener Stärken (z. B. ich muss immer der Stärkste sein) und vermeintliche Schwächen (z. B. Verlieren ist immer ein Zeichen von Schwäche) soll mit dem Kind thematisiert, relativiert und reattribuiert werden. • Prinzipien der Fairness und Verhältnismäßigkeit der Mittel (angemessene Formen der Konfliktlösung) sollen thematisiert und verankert werden (Kind/Eltern). • Selbstbeobachtung und Übungen im natürlichen Umfeld in Bezug auf globale Überzeugungen und spezifische Kognitionen sowie auf Fairness sollen mit dem Kind (mit Hilfe der Eltern/Lehrer) durchgeführt werden. • Die positive Verstärkung von alternativen Gedanken und fairen Verhaltensweisen des Kindes soll mit den Bezugspersonen eingeübt werden.

Anzahl der Sitzungen:
• In der Regel sind 4 Sitzungen notwendig (3 überwiegend mit Kind, 1 überwiegend mit Eltern) • + Einbeziehung von Lehrern/Erziehern möglich

Therapieaufgabe für Eltern/andere Bezugspersonen:
• B5.03 Coaching: Helfen Sie Ihrem Kind, kluge Gedanken einzusetzen.

Therapieaufgabe für Kind:
• K5.08 Mein Detektivbogen „Was ist o. k. für mich?" • K5.10 Mein Detektivbogen „Was ist o. k. für mich?" (2)

Material Kinder	
Material/Teilnehmer:	**Inhalt und Ziele:**
• **K5.01 Geschichte: „Superhelden"** Therapeutin/Therapeut alleine mit dem Kind.	In dieser Geschichte geht es um das Konzept bzgl. der Stärken und Schwächen von Vorbildern.
• **K5.02 Stärken und Schwächen von Superhelden** Therapeutin/Therapeut alleine mit dem Kind.	Das Konzept bzgl. der Stärken von Vorbildern des Kindes kann mit ihm hier thematisiert und vermeintliche Schwächen relativiert und reattribuiert werden.
• **K5.03 Geschichte: Till Taff und die Denkfallen oder die Geschichte vom Schattengeist** Therapeutin/Therapeut alleine mit dem Kind.	In dieser zweiten Geschichte des Bausteines geht es um situationsübergreifende, globale Kognitionen in Bezug auf soziale Situationen. Sogenannte Denkfallen werden vorgestellt. Hierzu kann mit dem Kind auch die „Schattenübung" durchgeführt werden.
• **K5.04 Achtung Denkfallen-Alarm** Zunächst Therapeutin/Therapeut alleine mit dem Kind.	Situationsübergreifende, globale soziale Kognitionen (Überzeugungen) und situationsspezifische soziale Kognitionen des Kindes sollen exploriert und identifiziert werden.

Material Kinder	
Material/Teilnehmer:	**Inhalt und Ziele:**
• **K5.05 Geschichte: „Was ist stark?"** Therapeutin/Therapeut alleine mit dem Kind.	Beispielhaft an der Kognition *Ich muss immer der Stärkste sein*, werden unangemessene Kognitionen hinterfragt und modifiziert.
• **K5.06 Was ist o. k. für dich?** Therapeutin/Therapeut alleine mit dem Kind.	Prinzipien der Fairness und der Verhältnismäßigkeit der Mittel sollen identifiziert und beachtet werden. Dieses Arbeitsblatt ist besonders geeignet, wenn in der moralischen Entwicklung des Kindes, insbesondere in der Fähigkeit zur Verantwortungsübernahme und zur Entwicklung von Schuldgefühlen Defizite vorliegen und es nur auf die eigenen Vor- und Nachteile einer Handlung fokussiert ist und die Konsequenzen der Handlung für andere nicht beachtet. Zugrunde liegen hier häufig dysfunktionale Überzeugungen.
• **K5.07 Fair Play?** Therapeutin/Therapeut alleine mit dem Kind.	Prinzipien der Fairness sollen mit dem Kind trainiert werden.
• **K5.08 Detektivbogen – Was ist o. k. für mich?** Zunächst Therapeutin/Therapeut alleine mit dem Kind. Später Bezugspersonen in die Stunde miteinbeziehen, um eine Unterstützung im natürlichen Umfeld zu gewährleisten.	Das Kind soll erneut als sein eigener Detektiv aktiv werden. Es soll sich selbst in Situationen beobachten, in denen es richtig denken, sich fair verhalten, cool bleiben oder sich vertragen will. Hierbei soll es besonders auf seine Gedanken, Gefühle, sein Verhalten und auf die Konsequenzen achten. Es soll überprüfen, ob es es ihm gelingt, seine Ärgerkiller-Gedanken einzusetzen, um gelassen zu bleiben oder sich fair zu verhalten bzw. welche Bewältigungsgedanken ihm aus der zeitlichen Distanz im Nachhinein einfallen würden. Die Selbstwahrnehmung und der Einsatz von Bewältigungsgedanken soll geschult werden.
• **K5.09 Den Ärger mit klugen Gedanken und fairem Verhalten bekämpfen – Rollen- oder Puppenspiel** Zunächst Therapeutin/Therapeut alleine mit dem Kind.	Mit Hilfe des Explorationsschemas soll sich das Kind mit seinen Gedanken und seinem Verhalten, in den zuvor im Detektivbogen beschriebenen Situationen auseinandersetzen. Anhand des Schemas können typische Situationsmerkmale exploriert werden. In den anschließenden Rollen- oder Puppenspielen können Bewältigungsgedanken und sozial angemessenes Verhalten eingeübt oder vertieft werden.

Material Kinder	
Material/Teilnehmer:	**Inhalt und Ziele:**
• **K5.10 Mein Detektivbogen „Was ist o. k. für mich?" (2)** Therapeutin/Therapeut alleine mit dem Kind. Später Bezugspersonen in die Stunde miteinbeziehen, um eine Unterstützung im natürlichen Umfeld zu gewährleisten.	Das Kind soll sich erneut vorstellen, es sei sein eigener Detektiv. Es soll sich selbst in einer zuvor individuell definierten Situation in der nächsten Zeit beobachten, in der es ausgehend vom Detektivbogen 1 oft in Streit mit anderen geraten ist. Hierbei soll es wieder besonders auf seine Gedanken, seine Gefühle, sein Verhalten und auf die Konsequenzen achten. Es soll erneut überprüfen, ob es ihm gelingt, seine Ärgerkiller-Gedanken einzusetzen, um gelassen zu bleiben oder sich fair zu verhalten bzw. welche Bewältigungsgedanken ihm aus der zeitlichen Distanz im Nachhinein einfallen würden. Die Selbstwahrnehmung und der Einsatz von Bewältigungsgedanken soll geschult werden.
Material Bezugspersonen	
Material/Teilnehmer:	**Inhalt und Ziele:**
• **B5.01 Elterninformation – Achtung, Denkfallen!** Soweit wie möglich beide Elternteile ohne Kind. Modifiziert auch für Erziehern und Lehrern geeignet.	Mit der Elterninformation werden die Eltern über den Inhalt und die Ziele der kindzentrierten Interventionen des Therapieabschnitts in Kenntnis gesetzt, um eine bestmögliche Mitarbeit und Transparenz in der Therapie mit dem Kind zu ermöglichen.
• **B5.02 Wie stehe ich selbst zu Gewalt?** Soweit wie möglich beide Elternteile ohne Kind.	Die Eltern sollen sich mit dem Thema: „Wie stehe ich selbst zu Gewalt?" auseinandersetzen, um zu verstehen, welche Wirkung ihre eigenen Überzeugungen und ihr eigenes Verhalten auf das Verhalten des Kindes hat, um ihm im weiteren Schritt die bestmöglichste Unterstützung bei der Durchführung seiner Therapieaufgabe zu geben.
• **B5.03 Coaching: Helfen Sie Ihrem Kind, kluge Gedanken einzusetzen** Soweit wie möglich beide Elternteile ohne Kind. Modifiziert auch mit Erziehern und Lehrern durchführbar.	Die Eltern sollen zum Coaching angeleitet werden. Sie sollen lernen, dem Kind die bestmöglichste Unterstützung (durch Lob und Hilfestellung) bei der Durchführung seiner Therapieaufgabe (Ausfüllen des Selbstbeobachtungsbogens K5.07/ K5.10) und dem Einsatz von Bewältigungsgedanken zu geben.

Möglicher Ablauf der Sitzungen: In der Regel müssen für diesen Baustein vier Sitzungen veranschlagt werden, wenn neben dem Kind ausschließlich Eltern einbezogen werden. Bei zusätzlicher Einbeziehung von Erziehern/Lehrern erhöht sich die Sitzungszahl entsprechend.

Übersicht über den Ablauf des Bausteins
• Sitzung 1: Superhelden (Kind) • Sitzung 2: Denkfallen und Gewalt (Eltern) • Sitzung 3: Was ist stark? (Kind/Eltern) • Sitzung 4: Exploration zu fairem Verhalten (Kind/Eltern)

Baustein 5, erste Sitzung: Superhelden (Kind)

Teilnehmer	• Therapeutin/Therapeut alleine mit Kind
Materialien	• K2.09 Ärger-Problem-Liste bzw. K2.10 Ziel-Liste • K4.12 Mein Detektivbogen zur Selbstbeobachtung und Selbstkontrolle (2) • K5.01 Geschichte: „Superhelden" • K5.02 Stärken und Schwächen von Superhelden • K1.05 Mein Punkte-Plan in der Therapiestunde
Therapie-aufgaben	• K4.12 Mein Detektivbogen zur Selbstbeobachtung und Selbstkontrolle (2)

Beginn der Sitzung

Erinnern Sie das Kind zu Beginn der Sitzung an den *Punkte-Plan* und an die Regeln, nach denen es in der Sitzung Punkte gewinnen kann. Passen Sie bei Bedarf die Regeln neu an. Lassen Sie das Kind die *Ärger-Problem-Liste (K2.09)* bzw. die *Ziel-Liste (K2.10)* bearbeiten.

Auswertungsgespräch zur letzten Therapie-aufgabe

Besprechen Sie mit dem Kind die Therapieaufgabe aus der letzten Kinder-Sitzung. Falls Sie die Therapie entsprechend dem beschriebenen Standardablauf durchführen, dann bezieht sich das Auswertungsgespräch auf seinen Beobachtungs-bogen *K4.12 Mein Detektivbogen zur Selbstbeob-achtung und Selbstkontrolle (2)*. Überprüfen Sie gemeinsam, ob es ihm gelungen ist, sich selbst in der zuvor individuell definierten Situation in der vergangenen Woche zu beobachten, in der es oft wütend geworden ist. Besprechen Sie mit ihm, ob es hierbei besonders auf seine Ärgergedanken, seine Gefühle, sein Verhalten und auf die Konse-quenzen geachtet hat. Überprüfen Sie mit ihm, ob es ihm beispielsweise gelungen ist seine Ärgerkil-ler-Gedanken einzusetzen, um gelassen zu bleiben oder sich fair zu verhalten bzw. welche Bewälti-gungsgedanken ihm aus der zeitlichen Distanz im Nachhinein eingefallen sind oder welche ihm jetzt einfallen.

Bearbeitung neuer Arbeitsblätter

Sie können dem Kind die Geschichte *K5.01 „Su-perhelden"* vorlesen oder mit einer Handpuppe (vgl. THAV-Materialien) erzählen. Am Seiten-rand finden Sie wieder mögliche Fragen zu den einzelnen Textabschnitten. In dieser Geschichte geht es um das Konzept bzgl. der Stärken und Schwächen von Vorbildern. Im Anschluss können Sie anhand des Arbeitsblattes *K5.02 Stärken und Schwächen von Superhelden* das Konzept bzgl. der Stärken von Vorbildern des Kindes mit ihm weiter thematisieren, relativieren und reattribuie-ren. Zur Korrektur des Konzeptes kann eine Liste auf dem Arbeitsblatt K5.02 angefertigt werden, auf der für verschiedene Bereiche die Stärken und Schwächen aufgelistet werden können. Die Liste dient als Grundlage für z. B. folgende Fragen, die in Form eines sokratischen Dialoges mit dem Kind bearbeitet werden können:
- Gibt es neben den „Stärken" nicht auch eine ganze Reihe von „Schwächen"?
- Sind „Stärken" immer „Stärken"?

Besprechung der neuen Therapie-aufgabe

Als Therapieaufgabe sollte das Kind den Beobach-tungsbogen *K4.12 Mein Detektivbogen zur Selbst-beobachtung und Selbstkontrolle (2)* erneut mit nach Hause bekommen.

Abschluss der Sitzung

Zum Abschluss der Stunde sollte dann wieder das Arbeitsblatt *K1.05 Mein Punkte-Plan* in der The-rapiestunde eingesetzt werden. Das Kind erhält für die Regeln, die es eingehalten hat, die verein-barte Punktezahl und darf diese, wenn es will ein-tauschen.

Auswertungsgespräch über die Therapie-aufgabe in der nächsten Sitzung

Besprechen Sie erneut mit dem Kind seinen Be-obachtungsbogen *K4.12 Mein Detektivbogen zur Selbstbeobachtung (2)*. Überprüfen Sie gemein-sam, ob es ihm gelungen ist, sich selbst in der zuvor individuell definierten Situation in der ver-gangenen Woche zu beobachten, in der es oft wü-tend geworden ist. Besprechen Sie mit ihm, ob es hierbei besonders auf seine Ärgergedanken, seine Gefühle, sein Verhalten und auf die Konsequenzen geachtet hat. Überprüfen Sie mit ihm, ob es ihm beispielsweise gelungen ist, seine Ärgerkiller-

Gedanken einzusetzen, um gelassen zu bleiben oder sich fair zu verhalten, bzw. welche Bewältigungsgedanken ihm aus der zeitlichen Distanz im Nachhinein eingefallen sind oder welche ihm jetzt einfallen.

 Schwierige Therapiesituationen

Die Stärken von Vorbildern des Kindes mit ihm zu thematisieren und vermeintliche Schwächen zu relativieren und zu reattribuieren, kann sich häufig als schwierig herausstellen, da bestimmte Vorstellungen bereits oft sehr verfestigt sind. Nehmen Sie sich Zeit, die einzelnen Punkte ausführlich mit ihm zu besprechen. Zeigen Sie Interesse an seinen Vorbildern und Verständnis für seine Einstellungen. Verlangen Sie nicht, dass das Kind am Ende der Sitzung alle seine bisherigen Vorbilder aufgegeben hat. Es geht vielmehr darum, einen Denkprozess in Gang zu bringen, an dem Sie mit ihm weiterarbeiten können.

Baustein 5, zweite Sitzung: Denkfallen und Gewalt (Eltern)

Teilnehmer	• Eltern ohne Kind (B5.01 und B5.03 auch mit Erziehern/Lehrern durchführbar)
Materialien	• B2.04 Verhaltensproblemliste bzw. B2.05 Ziel-Liste • B5.01 Elterninformation – Achtung, Denkfallen! • B5.02 Wie stehe ich selbst zu Gewalt? • B5.03 Coaching: Helfen Sie Ihrem Kind, kluge Gedanken einzusetzen.
Therapie-aufgaben	• B4.02 Coaching: Helfen Sie Ihrem Kind, Ärgergedanken zu bekämpfen • B5.03 Coaching: Helfen Sie Ihrem Kind, kluge Gedanken einzusetzen.

Beginn der Sitzung

Lassen Sie die Bezugspersonen zunächst die *Verhaltensproblemliste (B2.04)* bzw. die *Ziel-Liste (B2.05)* bearbeiten und thematisieren Sie den Verlauf seit der letzten Bezugspersonensitzung.

Auswertungsgespräch zur letzten Therapieaufgabe

Besprechen Sie mit den Eltern die Therapieaufgabe aus der letzten Eltern-Sitzung. Falls Sie die Therapie entsprechend dem beschriebenen Standardablauf durchführen, dann bezieht sich das Auswertungsgespräch auf das *Coaching: Helfen Sie Ihrem Kind, Ärgergedanken zu bekämpfen (B4.02)*. Fragen Sie die Eltern, wie das Coaching in der letzten Woche funktioniert hat.

Bearbeitung neuer Arbeitsblätter

Thematisieren Sie danach mit den Eltern, dass bei Kindern mit aggressivem Verhalten in der moralischen Entwicklung, insbesondere in der Fähigkeit zur Verantwortungsübernahme und zur Entwicklung von Schuldgefühlen Defizite vorliegen können. Erklären Sie ihnen, dass Kinder mit aggressiven Verhalten oft auf die eigenen Vor- und Nachteile einer Handlung fokussiert sind und die Konsequenzen der Handlung für andere nicht beachten. Es kann ihnen auch schwerfallen, Prinzipien der Fairness und der Verhältnismäßigkeit der Mittel zu erkennen und zu beachten. Sie haben häufig dysfunktionale Überzeugungen. Erläutern Sie den Eltern, welche Überzeugungen das sein können und dass nicht nur Kinder solche grundlegenden dysfunktionalen Überzeugungen haben, sondern jeder Mensch wenig hilfreiche und unzutreffende Überzeugungen und Erwartungen hat, die ein problematisches Verhalten auslösen können. Nennen Sie den Eltern einige Beispiele hierfür. Als Hilfe können Sie hierzu das Arbeitsblatt *B5.02 Wie stehe ich selbst zu Gewalt?* heranziehen, in dem häufig auftretende dysfunktionale Überzeugungen aufgelistet sind, beispielsweise:

• Heutzutage muss man der Stärkste und Beste sein, um sich durchzusetzen und um es zu etwas zu bringen.
• Jungen müssen sich prügeln, das gehört dazu, sonst sind sie Schwächlinge.
• Die anderen sollen sich erst mal ändern, dann wären viele unserer Probleme gelöst.
• Viele Menschen sind mir und/oder meinem Kind gegenüber negativ eingestellt.
• Eine Tracht Prügel hat noch keinem geschadet.
• Der Stärkere setzt sich durch, dazu sind alle Mittel recht.
• Man darf sich mit allen einem zur Verfügung stehenden Mitteln wehren.
• Ich selbst bin als Kind geschlagen worden und mir hat es nicht geschadet.

Überlegen Sie mit den Eltern, ob sie vielleicht die eine oder andere eigene Überzeugung oder die ihres Partners wieder erkennen und ob ihnen auch noch weitere Überzeugungen einfallen. Thematisieren Sie mit den Eltern folgende Aspekte:

- Auf welchen Erfahrungen haben Sie diese Überzeugungen entwickelt?
- Wie zutreffend sind sie wirklich?
- Was sind die Vor- und Nachteile?
- Welche Wirkung haben Sie auf das Denken und Verhalten Ihres Kindes?

Versuchen Sie hierbei möglichst neutral mit den Eltern über ihre Gedanken und Einstellungen zu sprechen und Sie nicht zu stark zu kritisieren. Durch einen sokratischen Dialog lassen sich meist deutlichere Einstellungsänderungen bewirken. Wichtig ist, dass die Eltern ihre Überzeugungen aussprechen, damit sie thematisiert und überprüft werden können. Veränderungen auf dieser Ebene sind sehr schwierig und häufig eher langwierig. Das heißt, Sie müssen immer wieder Platz in der Therapie finden, um diese zu besprechen.

Erläutern Sie den Eltern, dass das Ziel des Therapieabschnittes mit dem Kind ist, solche grundlegenden Überzeugungen mit ihm zu erarbeiten, die zu Frustration, Ärger und Konflikten führen. Als Hilfe können Sie hierzu das Arbeitsblatt *B5.01 Elterninformation – Achtung, Denkfallen!* heranziehen.

Erklären Sie den Eltern, dass hierzu mit dem Kind Beispiele für grundlegende Überzeugungen erarbeitet werden, die wir als Denkfallen bezeichnen. Dazu gehören sogenannte „Ich-darf-nicht-Denkfallen" (z. B. „Ich darf mir nichts gefallen lassen."), „Ich-muss-immer-Denkfallen" (z. B. „Ich muss immer der Stärkste sein."), „Die-anderen-sollen-Denkfallen" (z. B. „Die anderen sollen sich erst mal ändern."), „Die-anderen-sind-immer-alle-gegen-mich-Denkfallen" (z. B. „Die anderen wollen mich alle ärgern.") und „Gewalt-ist-cool-Denkfallen" (z. B. „Andere ärgern ist total cool und mutig.").

Besprechen Sie mit den Eltern, dass an dieser Stelle mit ihrem Kind die Nachteile solcher Denkfallen besprochen werden und Alternativen für kluge Gedanken überlegt werden. Thematisieren Sie mit den Eltern, dass zudem mit ihrem Kind besprochen wird, was wirkliche Stärke ist und wie faires Verhalten aussieht. Informieren Sie die Eltern, dass ihr Kind in der nächsten Stunde die Therapieaufgabe bekommt, zu Hause, in der Schule und in seiner Freizeit einen Detektivbogen auszufüllen, um sein Denken und Verhalten zu protokollieren, zu überprüfen und zu modifizieren.

 Besprechung der neuen Therapieaufgabe

Die Eltern sollen ihr Kind an die Möglichkeiten erinnern, klug zu denken, sich fair zu verhalten, cool zu bleiben und sich zu vertragen, bevor es z. B. in die Schule oder zum Spielen geht. Erklären Sie den Eltern, dass keine langen Predigten notwendig sind, sondern evtl. ein kurzes vereinbartes Signal. Die Eltern sollten darauf achten, was das Kind bereit ist anzunehmen. Sagen Sie den Eltern, Sie sollen ihr Kind ermutigen, mit ihnen über seine erlebten Situationen zu sprechen und „kluge Gedanken und kluges Verhalten" einzusetzen. Sie können dies anhand des Arbeitsblattes *B5.03 (Coaching: Helfen Sie Ihrem Kind, kluge Gedanken einzusetzen.)* besprechen.

Die Eltern sollen lernen ihr Kind zu loben, wenn es „kluge Gedanken und kluges Verhalten" eingesetzt hat, oder wenn ihm im Nachhinein ein Ärgerkiller-Gedanke einfällt und es ihnen davon erzählt. Wenn es dem Kind zunächst noch sehr schwerfällt, solche alternativen Gedanken oder Verhaltensweisen einzusetzen, sollten die Eltern mit ihm gemeinsam überlegen, welcher Gedanke in der jeweiligen Ärgersituation hilfreich gewesen wäre und wie es sich anders hätte verhalten können.

Abschluss der Sitzung

Üben Sie dies am besten mit den Eltern (später, wenn mit dem Kind die Aufgabe in der nächsten Stunde besprochen wurde evtl. mit dem Kind zusammen) im Rollenspiel ein. Nach der Besprechung sollten Sie den Eltern die *Elterninformation (B5.01)* und die *Anleitung zum Coaching: Helfen Sie Ihrem Kind, kluge Gedanken einzusetzen (B5.03)* mit nach Hause geben.

Einsatzmöglichkeiten für Erzieher/Lehrer: Diese Arbeitsblätter *(B5.01 bis B5.03)* sind modifiziert auch mit Erziehern oder Lehrern durchführbar.

*Auswertungsgespräch über die Therapie-
aufgabe in der nächsten Sitzung*

Besprechen Sie zunächst mit den Eltern, wie das *Coaching* in den letzten Wochen funktioniert hat.
- Konnten die Eltern ihr Kind an die Möglich-keiten, klug zu denken, sich fair zu verhalten, cool zu bleiben und sich zu vertragen erinnern, bevor es z. B. in die Schule oder zum Spielen gegangen ist?
- Ist es den Eltern gelungen, ihr Kind zu loben, wenn es „kluge Gedanken und kluges Verhal-ten" eingesetzt bzw. gezeigt hat, oder wenn ihm im Nachhinein ein Ärgerkiller-Gedanke einge-fallen ist und es ihnen davon erzählt hat?
- Wenn es dem Kind schwergefallen ist, solche alternativen Gedanken oder Verhaltensweisen einzusetzen, haben die Eltern dann mit ihm ge-meinsam überlegt, welcher Gedanke in der je-weiligen Ärgersituation hilfreich gewesen wäre und wie es sich anders hätte verhalten können?

 Schwierige Therapiesituationen

Das Thema: *Wie stehe ich selbst zu Gewalt?* kann sich in einigen Familien als sehr schwierig heraus-stellen, da bestimmte Vorstellungen oft sehr ver-festigt sind. Nehmen Sie sich Zeit, die einzelnen Punkte ausführlich mit den Eltern zu besprechen. Zeigen Sie Interesse und Verständnis für ihre Ein-stellungen. Untersuchen Sie diese Überzeugungen gemeinsam mit den Eltern auf Vor- und Nachteile und hinsichtlich ihrer Wirkung auf das Denken und Verhalten des Kindes. Versuchen Sie hierbei, möglichst neutral mit den Eltern über ihre Gedan-ken und Einstellungen zu sprechen und Sie nicht zu stark zu kritisieren. Wichtig ist, dass die Eltern ihre Überzeugungen aussprechen, damit sie the-matisiert und überprüft werden können. Verände-rungen auf dieser Ebene sind häufig eher langwie-rig. Sie müssen daher immer wieder Platz in der Therapie finden, um diese zu besprechen.

Verlangen Sie nicht von den Eltern innerhalb einer Sitzung alle ihre bisherigen Überzeugungen auf-zugeben. Es geht vielmehr darum, einen Denkpro-zess in Gang zu bringen, an dem Sie mit den El-tern weiterarbeiten können.

Zudem fällt es vielen Eltern trotz Übung oft immer noch sehr schwer, mit ihrem Kind ohne Vorwurfs-haltung über seine Konflikte zu sprechen. Es ist an dieser Stelle aber weiterhin sehr wichtig, das Kind zu ermutigen und zu motivieren, über seine Gedanken und Konflikte zu reden. Thematisieren Sie mit den Eltern nochmals, dass sie ihr Kind nicht für seine Offenheit bestrafen dürfen. Es geht darum, ihm zu vermitteln, dass sein Verhalten si-cherlich nicht in Ordnung war, aber dass es gut ist, darüber zu sprechen. Hilfreich ist es daher, dies am besten mit den Eltern (später, wenn mit dem Kind die Aufgabe in der nächsten Stunde bespro-chen wurde evtl. mit dem Kind zusammen) im Rol-lenspiel einzuüben. Weitere Hinweise dazu finden Sie in Baustein 4, Sitzung 2.

Baustein 5, dritte Sitzung: Was ist stark? (Kind/Eltern)

Teilnehmer	• Zunächst Therapeutin/The-rapeut alleine mit Kind. • Später Eltern in die Stunde miteinbeziehen, um eine Unterstützung im natürlichen Umfeld zu gewährleisten.
Materialien	• K2.09 Ärger-Problem-Liste bzw. K2.10 Ziel-Liste • K5.03 Geschichte: „Till Taff und die Denkfallen oder die Geschichte vom Schatten-geist" • K5.04 Achtung Denkfallen-Alarm • K5.05 Geschichte: „Was ist stark?" • K5.06 Was ist o. k. für dich? • K5.07 Fair Play? • K5.08 Detektivbogen – Was ist o. k. für mich? • K1.05 Mein Punkte-Plan in der Therapiestunde
Therapie-aufgaben	• K5.08 Detektivbogen – Was ist o. k. für mich?

Beginn der Sitzung

Erinnern Sie das Kind zu Beginn der Sitzung an den *Punkte-Plan* und an die Regeln, nach denen es in der Sitzung Punkte gewinnen kann. Passen Sie bei Bedarf die Regeln neu an. Lassen Sie das Kind die *Ärger-Problem-Liste (K2.09)* bzw. die *Ziel-Liste (K2.10)* bearbeiten.

Auswertungsgespräch zur letzten Therapieaufgabe

Besprechen Sie mit dem Kind die Therapieaufgabe aus der letzten Kinder-Sitzung. Falls Sie die Therapie entsprechend dem beschriebenen Standardablauf durchführen, dann bezieht sich das Auswertungsgespräch auf seinen Beobachtungsbogen *K4.12 Mein Detektivbogen zur Selbstbeobachtung und Selbstkontrolle (2).* Überprüfen Sie gemeinsam, ob es ihm gelungen ist, sich selbst in der zuvor individuell definierten Situation in der vergangenen Woche zu beobachten, in der es oft wütend geworden ist. Besprechen Sie mit ihm, ob es hierbei besonders auf seine Ärgergedanken, seine Gefühle, sein Verhalten und auf die Konsequenzen geachtet hat. Überprüfen Sie mit ihm, ob es ihm beispielsweise gelungen ist, seine Ärger-killer-Gedanken einzusetzen, um gelassen zu bleiben oder sich fair zu verhalten bzw., welche Bewältigungsgedanken ihm aus der zeitlichen Distanz im Nachhinein eingefallen sind oder welche ihm jetzt einfallen.

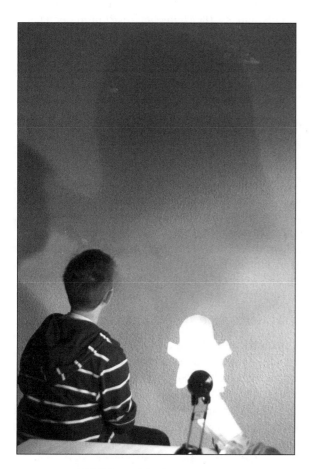

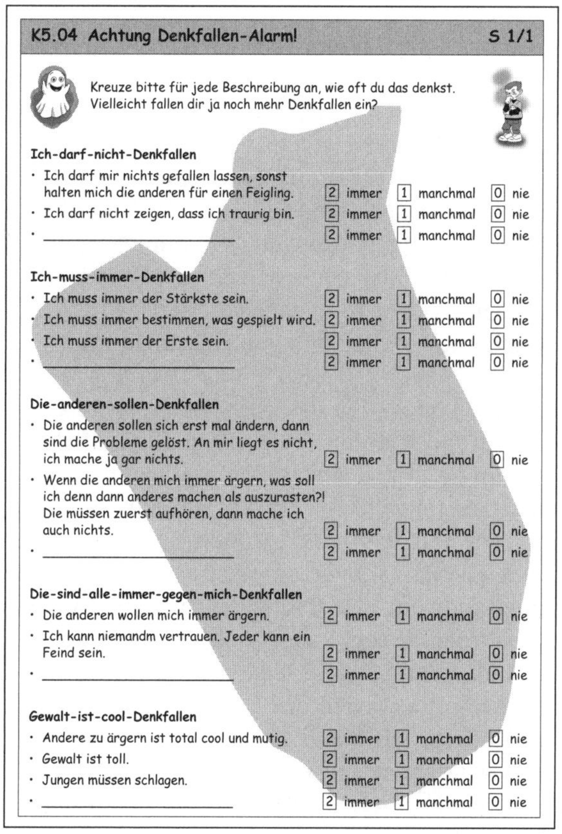

Abbildung 36: Schattenübung

Bearbeitung neuer Arbeitsblätter

Zunächst können Sie dem Kind die Geschichte *„Till Taff und die Denkfallen oder die Geschichte vom Schattengeist“ (K5.03)* vorlesen oder mit der Handpuppe (vgl. THAV-Materialien) erzählen. Am Seitenrand finden Sie wieder mögliche Fragen zu den einzelnen Textabschnitten. In dieser zweiten Geschichte des Bausteines geht es um situationsübergreifende, globale Kognitionen in Bezug auf soziale Situationen. Sogenannte *Denkfallen* werden vorgestellt. Hierzu kann mit dem Kind auch die Schattenübung, die in der Geschichte beschrieben wird (s. Handpuppe Spuki bei den THAV-Materialien) (siehe Abb. 36) durchgeführt werden.

Mit Hilfe des Arbeitsblattes *K5.04 Achtung, Denkfallen-Alarm* (siehe Abb. 37) können Sie anschließend die individuellen situationsübergreifenden, globalen Kognitionen des Kindes in Bezug auf soziale Situationen explorieren und identifizieren. Als Beispiele können Sie hier mit dem Kind die *Ich-darf-nicht-Denkfallen, Ich-muss-immer-Denkfallen, Die-anderen-sollen-Denkfallen, Die-sind-alle-immer-gegen-mich-Denkfallen und die Gewalt-ist-cool-Denkfalle* thematisieren.

K5.04 Achtung Denkfallen-Alarm! S 1/1

Kreuze bitte für jede Beschreibung an, wie oft du das denkst. Vielleicht fallen dir ja noch mehr Denkfallen ein?

Ich-darf-nicht-Denkfallen			
• Ich darf mir nichts gefallen lassen, sonst halten mich die anderen für einen Feigling.	2 immer	1 manchmal	0 nie
• Ich darf nicht zeigen, dass ich traurig bin.	2 immer	1 manchmal	0 nie
• ______________	2 immer	1 manchmal	0 nie
Ich-muss-immer-Denkfallen			
• Ich muss immer der Stärkste sein.	2 immer	1 manchmal	0 nie
• Ich muss immer bestimmen, was gespielt wird.	2 immer	1 manchmal	0 nie
• Ich muss immer der Erste sein.	2 immer	1 manchmal	0 nie
• ______________	2 immer	1 manchmal	0 nie
Die-anderen-sollen-Denkfallen			
• Die anderen sollen sich erst mal ändern, dann sind die Probleme gelöst. An mir liegt es nicht, ich mache ja gar nichts.	2 immer	1 manchmal	0 nie
• Wenn die anderen mich immer ärgern, was soll ich denn dann anderes machen als auszurasten?! Die müssen zuerst aufhören, dann mache ich auch nichts.	2 immer	1 manchmal	0 nie
• ______________	2 immer	1 manchmal	0 nie
Die-sind-alle-immer-gegen-mich-Denkfallen			
• Die anderen wollen mich immer ärgern.	2 immer	1 manchmal	0 nie
• Ich kann niemandm vertrauen. Jeder kann ein Feind sein.	2 immer	1 manchmal	0 nie
• ______________	2 immer	1 manchmal	0 nie
Gewalt-ist-cool-Denkfallen			
• Andere zu ärgern ist total cool und mutig.	2 immer	1 manchmal	0 nie
• Gewalt ist toll.	2 immer	1 manchmal	0 nie
• Jungen müssen schlagen.	2 immer	1 manchmal	0 nie
• ______________	2 immer	1 manchmal	0 nie

Abbildung 37: Achtung Denkfallen-Alarm (K5.04)

Das Kind sollte danach jede Beschreibung einschätzen, wie oft es so denkt. Anschließend können Sie gemeinsam mit dem Kind überlegen, ob ihm noch weitere Denkfallen einfallen. Des Weiteren können Sie dem Kind die Geschichte „*Was ist stark?*" *(K5.05)* vorlesen. Am Seitenrand finden Sie wieder mögliche Fragen zu den einzelnen Textabschnitten. In dieser dritten Geschichte des Bausteines geht es nochmals um situationsübergreifende, globale Kognitionen in Bezug auf soziale Situationen und um eine Korrektur solcher Kognitionen. Zusätzlich können Sie mit dem Kind die Schattenübung mit einer Handpuppe aus der Geschichte durchführen.

Bei Kindern mit aggressivem Verhalten stellen wir häufig fest, dass in der moralischen Entwicklung, insbesondere in der Fähigkeit zur Verantwortungsübernahme und zur Entwicklung von Schuldgefühlen Defizite vorliegen können und dass Kinder mit aggressivem Verhalten oft auf die eigenen Vor- und Nachteile einer Handlung fokussiert sind und die Konsequenzen der Handlung für andere nicht beachten. Es kann ihnen auch schwerfallen, Prinzipien der Fairness und der Verhältnismäßigkeit der Mittel in Auseinandersetzungen zu erkennen und zu beachten. Zugrunde liegen hier häufig dysfunktionale Überzeugungen. Zur weiteren Vertiefung sollten Sie hier noch einmal das Arbeitsblatt *K5.04 Achtung, Denkfallen-Alarm* hinzunehmen und die einzelnen Denkfallen des Kindes durch *kluge Gedanken* ersetzen und auf das Arbeitsblatt *K5.06 Was ist o. k. für dich* unter den verschiedenen Überschriften (Was sind meine Denkfallen? Was wären kluge Gedanken? Wo bin ich unfair? Was wäre fair? Wo rege ich mich auf? Wo will ich cool bleiben? Mit wem habe ich Streit? Mit wem will ich mich vertragen?) gemeinsam eintragen.

Hiernach können Sie das *Fair-Player-Trainingscamp (K5.07)* einführen. Spielen Sie mit dem Kind ein Spiel und überprüfen Sie im Anschluss gemeinsam anhand der Fragen auf dem Arbeitsblatt, wie fair das Kind gespielt hat und ob es glaubt ein Fair-Player gewesen zu sein. Diese Übung sollte in den folgenden Stunden fortgesetzt werden. Dazu eigenen sich vor allem Spiele mit stark kompetitivem Charakter (z. B. Kicker, Tipp-Kick), bei denen das Kind möglicherweise deutlich frustriert werden kann oder sich bei Gewinn sehr stark zeigen kann und dabei möglicherweise Schadenfreude oder Gefühle von Omnipotenz entwickeln kann.

 Besprechung der neuen Therapieaufgabe

An dieser Stelle können Sie dem Kind einen neuen *Detektivbogen K5.08 Was ist o. k. für mich?* vorstellen und anschließend mit nach Hause geben. Beziehen Sie an dieser Stelle wieder die Eltern in die Stunde mit ein, um eine Unterstützung im natürlichen Umfeld zu gewährleisten. Das Kind soll erneut als sein eigener Detektiv aktiv werden. Es soll sich selbst in Situationen beobachten, in denen es klug denken, sich fair verhalten, cool bleiben oder sich vertragen will. Hierbei soll es besonders auf seine Gedanken, seine Gefühle, sein Verhalten und auf die Konsequenzen achten. Es soll überprüfen, ob es ihm gelungen ist, seine Ärgerkiller-Gedanken einzusetzen, um gelassen zu bleiben oder sich fair zu verhalten bzw., welche Bewältigungsgedanken ihm aus der zeitlichen Distanz im Nachhinein einfallen würden. Die Selbstwahrnehmung und der Einsatz von Bewältigungsgedanken soll geschult werden.

Abschluss der Sitzung

Zum Abschluss der Stunde sollte dann wieder das Arbeitsblatt *K1.05 Mein Punkte-Plan* in der Therapiestunde eingesetzt werden. Das Kind erhält für die Regeln, die es eingehalten hat, die vereinbarte Punktezahl und darf diese, wenn es will eintauschen.

Auswertungsgespräch über die Therapieaufgabe in der nächsten Sitzung

Besprechen Sie mit dem Kind den *Detektivbogen K5.08 Was ist o. k. für mich?*. Konnte das Kind auf seine Gedanken, seine Gefühle, sein Verhalten und auf die Konsequenzen achten. Ist es ihm gelungen, seine Ärgerkiller-Gedanken einzusetzen, um gelassen zu bleiben oder sich fair zu verhalten, bzw., welche Bewältigungsgedanken sind ihm aus der zeitlichen Distanz im Nachhinein eingefallen.

 Schwierige Therapiesituationen

Je nach Problematik und intellektuellen Fähigkeiten des Kindes, kann sich diese Therapiestunde schwierig gestalten. Nehmen Sie sich Zeit, die verschiedenen dysfunktionalen Überzeugungen mit ihm ohne Vorwurfshaltung zu besprechen und zu reflektieren. Erwarten Sie auch hier keine Wunder. Die Identifikation und Überprüfung eigener Denkfallen stellen eine große Herausforderung dar.

Meist ist es leichter, bei Anderen Denkfallen zu erkennen. Deswegen ist die Till-Taff-Geschichte in diesem Baustein besonders hilfreich, weil zunächst bei Till-Taff und dem Schattengeist diese Denkfallen identifiziert werden. Verlangen Sie nicht, dass das Kind am Ende der Sitzung alle seine bisherigen Überzeugungen aufgegeben hat. Es geht auch hier wieder vielmehr darum einen Denkprozess in Gang zu bringen, an dem Sie mit dem Kind weiterarbeiten können. Greifen Sie daher in solchen Fällen, die hier vermittelten Konzepte in den folgenden Sitzungen immer wieder auf. Ebenfalls kann das *Fair-Player-Trainingscamp* für das Kind viel Anstrengung und zunächst Frustration bedeuten. Loben Sie es für seine Bemühungen.

Baustein 5, vierte Sitzung: Exploration zu fairem Verhalten (Kind/Eltern)

Teilnehmer	• Therapeutin/Therapeut alleine mit Kind. • Später Eltern in die Stunde miteinbeziehen, um eine Unterstützung im natürlichen Umfeld zu gewährleisten.
Materialien	• K2.09 Ärger-Problem-Liste bzw. K2.10 Ziel-Liste • K5.08 Mein Detektivbogen „Was ist o. k. für mich?" • K5.09 Den Ärger mit klugen Gedanken und fairem Verhalten bekämpfen – Rollen- oder Puppenspiel • K5.10 Mein Detektivbogen „Was ist o. k. für mich?" (2) • K1.05 Mein Punkte-Plan in der Therapiestunde
Therapie-aufgaben	• K5.10 Mein Detektivbogen „Was ist o. k. für mich?" (2)

Beginn der Sitzung

Erinnern Sie das Kind zu Beginn der Sitzung an den *Punkte-Plan* und an die Regeln, nach denen es in der Sitzung Punkte gewinnen kann. Passen Sie bei Bedarf die Regeln neu an. Lassen Sie das Kind die *Ärger-Problem-Liste (K2.09)* bzw. die *Ziel-Liste (K2.10)* bearbeiten.

Auswertungsgespräch zur letzten Therapieaufgabe

Besprechen Sie mit dem Kind die Therapieaufgabe aus der letzten Kinder-Sitzung. Falls Sie die Therapie entsprechend dem beschriebenen Standardablauf durchführen, dann bezieht sich das Auswertungsgespräch auf den *Detektivbogen-Was ist o. k. für mich?* (K5.08).

Bearbeitung neuer Arbeitsblätter

Mit dem neuen Arbeitsblatt *K5.09 (Den Ärger mit klugen Gedanken und fairem Verhalten bekämpfen – Rollen- oder Puppenspiel)* setzen Sie direkt an der letzten Therapieaufgabe an. Mit Hilfe des Explorationsschemas soll sich das Kind mit seinen Gedanken und seinem Verhalten, in den zuvor im Detektivbogen beschriebenen Situationen, auseinandersetzen. Anhand des Schemas können typische Situationsmerkmale exploriert werden. In den anschließenden Rollen- oder Puppenspielen können Bewältigungsgedanken und sozial angemessenes Verhalten eingeübt oder vertieft werden.

Versuchen Sie die Situationen mit dem Kind zusammen noch einmal auf dem Arbeitsblatt *K5.09 (Den Ärger mit klugen Gedanken und fairem Verhalten bekämpfen – Rollen- oder Puppenspiel)* zu sammeln und kurz aufzuschreiben. Sie können das Kind z. B. fragen, was das Besondere an den Situationen war, in denen es wütend geworden ist? (Warum bist du wütend geworden?). Als Hilfe können Sie hierzu auch das Arbeitsblatt *K3.12* benutzen. Zum Beispiel:
• *Fühltest du dich ungerecht behandelt?*
• *Machte es dir Spaß?*
• *Sollten andere Kinder dich toll finden?*
• *Wer besonders?*
• *Hast du so bekommen was du wolltest?*

Schreiben Sie diese Merkmale zusammen mit dem Kind auf. Thematisieren Sie mit ihm, dass dies typische Situationen zu sein scheinen, in denen es leicht wütend wird oder in Streit gerät und daher in den nächsten Wochen hier besonders aufmerksam sein sollte. Überlegen Sie gemeinsam, ob das Kind in der Situation etwas anderes hätte machen können. Überlegen Sie gemeinsam weiter, was dann besser/anders gelaufen wäre. Dieses Verhalten können Sie zusammen mit dem Kind in Rollen- oder Puppenspielen nachspielen oder einüben und mit einer Videokamera aufnehmen. In der ersten Sequenz sollten Sie gemeinsam die Szene so spielen, wie sie tatsächlich stattgefunden hat. In der zweiten Sequenz spielen Sie die Szene mit dem Kind so, wie Sie es gemeinsam überlegt haben. Danach können Sie mit dem Kind besprechen, was ihm im Rollen- oder Puppenspiel gut gelungen ist (Was war fair, wo bin ich cool geblieben …), was es in Zukunft so weiter machen möchte und was es in den nächsten Wochen in welcher Situation ausprobieren will.

 ### Besprechung der neuen Therapieaufgabe

Das Kind soll sich erneut vorstellen, es sei sein eigener Detektiv *(K5.10 Mein Detektivbogen „Was ist o. k. für mich?" (2))*. Es soll sich selbst in einer zuvor individuell definierten Situation in der nächsten Zeit beobachten, ob es ihm gelingt, klug zu denken, sich fair zu verhalten, cool zu bleiben oder sich zu vertragen. Beziehen Sie an dieser Stelle wieder die Eltern in die Stunde mit ein, um eine Unterstützung im natürlichen Umfeld zu gewährleisten.

Abschluss der Sitzung

Zum Abschluss der Stunde sollte dann wieder das Arbeitsblatt *K1.05 Mein Punkte-Plan* in der Therapiestunde eingesetzt werden. Das Kind erhält für die Regeln, die es eingehalten hat, die vereinbarte Punktezahl und darf diese, wenn es will eintauschen.

Auswertungsgespräch über die Therapieaufgabe in der nächsten Sitzung

Besprechen Sie mit dem Kind den *Detektivbogen (K5.10)* – konnte das Kind auf seine Gedanken, seine Gefühle, sein Verhalten und auf die Konsequenzen achten. Ist es ihm gelungen, klug zu denken, sich fair zu verhalten, cool zu bleiben oder sich zu vertragen?

 ### Schwierige Therapiesituationen

Die Durchführung dieser Selbstmanagementaufgabe verlangt vom Kind wieder ein hohes Maß an Selbststeuerung. Vergessen Sie nicht, das Kind zu loben, wenn es seinen Selbstbeobachtungsbogen ausgefüllt hat und erwarten Sie nicht zu viel vom Kind. Falls der Beobachtungsbogen nicht entsprechend der Vereinbarungen durchgeführt wurde, dann besprechen Sie in aller Ruhe mit dem Kind die Ursachen dafür. Welche Erinnerungshilfen kann es geben? Können Bezugspersonen stärker einbezogen werden? Wenn möglich vereinbaren Sie engmaschigere Kontrollen und Rückmeldemöglichkeiten durch telefonische Kontakte zwischen den Sitzungen.

2.3.3 Baustein 6: Mitfühlen

Indikation:
• Bei Störungen der Empathiefähigkeit, d. h. der verminderten Fähigkeit, sich in andere hineinzuversetzen und mit ihnen mitzufühlen (emotionale Rollenübernahme). Dieser Baustein setzt auch ein gewisses kognitives Entwicklungsniveau voraus. Wenn diese Voraussetzungen dafür beim Kind nicht hinreichend vorhanden sind, kann der Baustein nur in einer vereinfachten Form durchgeführt werden.

Hauptziele des Bausteins:
• Das Erkennen von verschiedenen Emotionen soll eingeübt werden (Kind). • Die Empathie im Sinne der kognitiven Fähigkeit, sich in die Situation eines anderen, in seine Gedanken, seine Gefühle und seine Motive einzudenken (Rollen- oder Perspektivenübernahme), soll trainiert werden (Kind). • Eigene Gefühle zu verbalisieren soll eingeübt werden (Kind). • Selbstbeobachtung und Übungen im natürlichen Umfeld in Bezug auf Emotionserkennung und Empathie soll mit dem Kind (mit Hilfe der Eltern/Lehrer) durchgeführt werden. • Die positive Verstärkung des Verhaltens des Kindes auf eigene und auf die Gefühle von anderen Menschen zu achten, soll mit den Bezugspersonen eingeübt werden.

Anzahl der Sitzungen:
• In der Regel sind 3 Sitzungen notwendig (2 überwiegend mit Kind, 1 überwiegend mit Eltern) • + Einbeziehung von Lehrern/Erziehern möglich

Therapieaufgabe für Eltern/andere Bezugspersonen:
• B6.02 Coaching: Helfen Sie Ihrem Kind, Gefühle zu erkennen.

Therapieaufgabe für Kind:
• Therapieaufgabe aus K6.02 Gefühle erkennen • K6.04 Beobachtungsbogen – Auf Gefühle achten

Material Kinder	
Material/Teilnehmer:	**Inhalt und Ziele:**
• **K6.01 Geschichte: „Till Taff lernt mitfühlen"** Therapeutin alleine mit dem Kind.	In dieser Geschichte wird ein typische Problemsituation von Kindern, die Empathiedefizite haben, im Sinne der kognitiven Fähigkeit, sich in die Situation eines anderen einzudenken, aus der Perspektive von Till geschildert. Das Kind soll sich mit Till und dessen Problemen identifizieren bzw. auseinandersetzen. Zusätzlich werden individuelle soziale Situationen des Kindes exploriert.
• **K6.02 Gefühle erkennen** Therapeutin alleine mit dem Kind.	Das Erkennen von verschiedenen Emotionen soll eingeübt werden. Hierbei soll das Kind verschiedenen Gesichtsausdrücken Gefühle und Kognitionen zuordnen. Zusätzlich werden hierzu Rollenspiele und Videoübungen durchgeführt und komplexe Interaktionssituationen besprochen. Die Empathie im Sinne der kognitiven Fähigkeit, sich in die Situation eines anderen einzudenken soll trainiert werden.

Material Kinder	
Material/Teilnehmer:	**Inhalt und Ziele:**
• **K6.03 Meine Gefühle und die anderer** Therapeutin/Therapeut alleine mit dem Kind.	Das Erkennen von verschiedenen Emotionen und eigene Gefühle zu verbalisieren soll mit dem Kind eingeübt werden. Zusätzlich werden hierzu Rollenspiele und Videoübungen durchgeführt.
• **K6.04 Beobachtungsbogen – Auf Gefühle achten** Therapeutin/Therapeut alleine mit dem Kind. Später Bezugspersonen in die Stunde miteinbeziehen, um eine Unterstützung im natürlichen Umfeld zu gewährleisten.	Das Kind soll einen Beobachtungsbogen führen. Es soll sich selbst und andere Menschen in ausgewählten sozialen Situationen beobachten. Hierbei soll es besonders auf seine eigenen und auf die Gefühle anderer Menschen achten. Damit soll die Selbstbeobachtung in Bezug auf Emotionserkennung und Empathie trainiert werden.
• **K6.05 Fragen zum Beobachtungsbogen und Anleitung zum Rollen- oder Puppenspiel** Zunächst Therapeutin/Therapeut alleine mit dem Kind.	Mit Hilfe der Fragen soll sich das Kind mit Gefühlen, in den zuvor im Beobachtungsbogen beschriebenen sozialen Konfliktsituationen, auseinandersetzen. In den anschließenden Rollen- oder Puppenspielen können die Rollen- oder Perspektivenübernahme und sozial angemessenes Verhalten eingeübt oder vertieft werden.
Material Bezugspersonen	
Material/Teilnehmer:	**Inhalt und Ziele:**
• **B6.01 Elterninformation – Gefühle erkennen und Mitfühlen** Soweit wie möglich beide Elternteile ohne Kind. Modifiziert auch für Erzieher und Lehrer geeignet.	Mit der Elterninformation werden die Eltern über den Inhalt und die Ziele der kindzentrierten Interventionen des Therapieabschnitts in Kenntnis gesetzt, um eine bestmögliche Mitarbeit und Transparenz in der Therapie mit dem Kind zu ermöglichen.
• **B6.02 Coaching: Helfen Sie Ihrem Kind, Gefühle zu erkennen** Soweit wie möglich beide Elternteile ohne Kind. Modifiziert auch mit Erziehern und Lehrern durchführbar.	Die Eltern sollen zum Coaching angeleitet werden. Sie sollen lernen durch Lob und Hilfestellung dem Kind die bestmöglichste Unterstützung bei der Durchführung seiner Therapieaufgabe (Ausfüllen des Beobachtungsbogens K6.04) zu geben. Die positive Verstärkung des Verhaltens des Kindes, auf eigene und auf die Gefühle von anderen Menschen zu achten, soll mit den Bezugspersonen eingeübt werden.

Möglicher Ablauf der Sitzungen: In der Regel müssen für diesen Baustein drei Sitzungen veranschlagt werden, wenn neben dem Kind ausschließlich Eltern einbezogen werden. Bei zusätzlicher Einbeziehung von Erziehern/Lehrern erhöht sich die Sitzungszahl entsprechend.

Übersicht über den Ablauf des Bausteins
• Sitzung 1: Gefühle erkennen (Kind/Eltern) • Sitzung 2: Emotionserkennung (Eltern) • Sitzung 3: Auf Gefühle achten (Kind/Eltern)

Baustein 6, erste Sitzung: Gefühle erkennen (Kind)

Teilnehmer	• Zunächst Therapeutin/Therapeut alleine mit Kind. • Später Eltern in die Stunde miteinbeziehen, um eine Unterstützung im natürlichen Umfeld zu gewährleisten.
Materialien	• K2.09 Ärger-Problem-Liste bzw. K2.10 Ziel-Liste • K5.10 Mein Detektivbogen „Was ist o. k. für mich?“ (2) • K6.01 Geschichte: „Till Taff lernt mitfühlen“ • K6.02 Gefühle erkennen • K1.05 Mein Punkte-Plan in der Therapiestunde
Therapieaufgaben	• K5.10 Mein Detektivbogen „Was ist o. k. für mich?“ (2) • Aus K6.02 Gefühle erkennen: Bilder z. B. von Schauspielern aus der Zeitung ausschneiden, in ein Heft kleben und darunter das Gefühl schreiben

Beginn der Sitzung

Erinnern Sie das Kind zu Beginn der Sitzung an den *Punkte-Plan* und an die Regeln, nach denen es in der Sitzung Punkte gewinnen kann. Passen Sie bei Bedarf die Regeln neu an. Lassen Sie das Kind die *Ärger-Problem-Liste (K2.09)* bzw. die *Ziel-Liste (K2.10)* bearbeiten.

Auswertungsgespräch zur letzten Therapieaufgabe

Besprechen Sie mit dem Kind die Therapieaufgabe aus der letzten Kinder-Sitzung. Falls Sie die Therapie entsprechend dem beschriebenen Standardablauf durchführen, dann bezieht sich das Auswertungsgespräch auf den *Detektivbogen K5.10*. Konnte das Kind auf seine Gedanken, Gefühle, sein Verhalten und auf die Konsequenzen achten. Ist es ihm gelungen, klug zu denken, sich fair zu verhalten, cool zu bleiben, sich zu vertragen?

Bearbeitung neuer Arbeitsblätter

Im nächsten Therapieabschnitt können Sie Übungen zur Emotionserkennung, emotionalen Perspektivenübernahme und Empathie durchführen. Sie können dem Kind die Geschichte *„Till Taff lernt mitfühlen“ (K6.01)* vorlesen oder mit Handpuppen (s. Handpuppe Till bei den THAV-Materialien) erzählen. Am Seitenrand finden Sie wieder mögliche Fragen zu den einzelnen Textabschnitten. In dieser Geschichte wird ein typische Problemsituation von Kindern, die Empathiedefizite haben, im Sinne der kognitiven Fähigkeit, sich in die Situation eines anderen ein zudenken, aus der Perspektive von Till geschildert. Das Kind soll sich mit Till und dessen Problemen identifizieren bzw. auseinandersetzen. Zusätzlich können Sie individuelle soziale Situationen des Kindes explorieren.

Des Weiteren können Sie das Erkennen von verschiedenen Emotionen anhand des Arbeitsblattes *K6.02 Gefühle erkennen* (siehe Abb. 38) einüben.

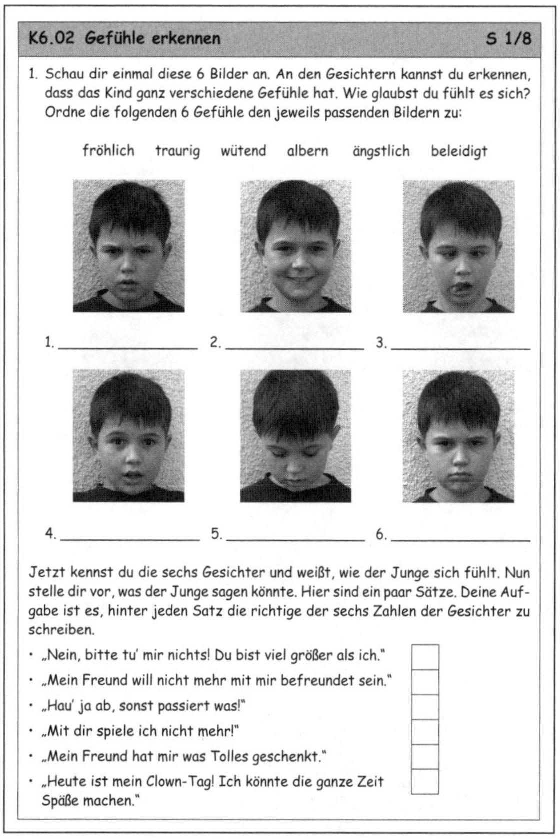
K6.02 Gefühle erkennen S 1/8

1. Schau dir einmal diese 6 Bilder an. An den Gesichtern kannst du erkennen, dass das Kind ganz verschiedene Gefühle hat. Wie glaubst du fühlt es sich? Ordne die folgenden 6 Gefühle den jeweils passenden Bildern zu:

fröhlich traurig wütend albern ängstlich beleidigt

1. ______ 2. ______ 3. ______

4. ______ 5. ______ 6. ______

Jetzt kennst du die sechs Gesichter und weißt, wie der Junge sich fühlt. Nun stelle dir vor, was der Junge sagen könnte. Hier sind ein paar Sätze. Deine Aufgabe ist es, hinter jeden Satz die richtige der sechs Zahlen der Gesichter zu schreiben.

- „Nein, bitte tu' mir nichts! Du bist viel größer als ich.“ ☐
- „Mein Freund will nicht mehr mit mir befreundet sein.“ ☐
- „Hau' ja ab, sonst passiert was!“ ☐
- „Mit dir spiele ich nicht mehr!“ ☐
- „Mein Freund hat mir was Tolles geschenkt.“ ☐
- „Heute ist mein Clown-Tag! Ich könnte die ganze Zeit Späße machen.“ ☐

Abbildung 38: Gefühle erkennen (K6.02)

Hierbei soll das Kind Gefühle und Kognitionen verschiedenen Gesichtsausdrücken (Kärtchen, vgl. Materialienbox) zuordnen. Zusätzlich können hierzu Rollenspiele und Videoübungen (s. Abb. 39) durchgeführt und komplexe Interaktionssituationen besprochen werden. Die Empathie im Sinne der kognitiven Fähigkeit, sich in die Situation eines anderen, in seine Gefühle, seine Gedanken, seine Motive, sein Handeln einzudenken kann so trainiert werden.

Durch konkrete Übungen, wie das Nachmachen eines Gefühlsausdrucks und das Nachspielen der verschiedenen beschriebenen Situationen mit Perspektivenwechsel kann der Zugang zur eigenen Rollenübernahmefähigkeit verbessert werden. Überlegen Sie zusammen bei den verschiedenen beschriebenen Situationen wie sich jeder Beteiligte fühlt, tauschen Sie zwischendurch die Rollen und geben sie sich gegenseitig aus der jeweiligen Perspektive Rückmeldung. Überlegen Sie mit dem Kind, wie es dem Gegenüber wohl ergangen ist, was hat er gedacht und gefühlt?

Abbildung 39: Übung Gefühle erkennen

 Besprechung der neuen Therapieaufgabe

Beziehen Sie an dieser Stelle wieder die Eltern in die Stunde mit ein, um eine Unterstützung im natürlichen Umfeld zu gewährleisten. Als Therapieaufgabe kann das Kind Bilder beispielsweise von Schauspielern aus der Zeitung ausschneiden, sie in ein Heft klcbcn und darunter das Gefühl schreiben, das es meint zu erkennen. In der nächsten Stunde können Sie mit ihm darüber diskutieren. Das Kind soll sich zudem weiterhin vorstellen, es sei sein eigener Detektiv *(K5.10 Mein Detektivbogen „Was ist o. k. für mich?"(2))*. Es soll sich selbst in einer zuvor individuell definierten Situation in der nächsten Zeit beobachten und überprüfen, ob es ihm gelingt, klug zu denken, sich fair zu verhalten, cool zu bleiben oder sich zu vertragen.

Abschluss der Sitzung

Zum Abschluss der Stunde sollte dann wieder das *Arbeitsblatt K1.05 Mein Punkte-Plan* in der Therapiestunde eingesetzt werden. Das Kind erhält für die Regeln, die es eingehalten hat, die vereinbarte Punktezahl und darf diese, wenn es will eintauschen.

Auswertungsgespräch über die Therapieaufgabe in der nächsten Sitzung

Diskutieren Sie mit dem Kind über die Bilder, die es ausgeschnitten hat. Woran hat es das Gefühl erkannt? Hierzu können Sie die Gefühlsausdrücke gemeinsam mit dem Kind nachmachen. Sie können zudem die Therapieaufgabe(n) früherer Sitzungen fortführen. Falls Sie die Therapie entsprechend dem beschriebenen Standardablauf durchführen, besprechen Sie mit dem Kind erneut den *Detektivbogen (K5.10)*. Konnte das Kind auf seine Gedanken, Gefühle, sein Verhalten und auf die Konsequenzen achten. Ist es ihm gelungen, klug zu denken, sich fair zu verhalten, cool zu bleiben oder sich zu vertragen?

 Schwierige Therapiesituationen

Kindern mit aggressiven Verhalten fällt es oftmals sehr schwer, sich in die Gedanken und Gefühle eines anderen hineinzuversetzen. Je nach Problematik des Kindes kann sich diese Therapiestunde daher schwierig gestalten. Nehmen Sie sich Zeit für die einzelnen Übungen. Zeigen Sie Verständnis für seine Empathie-Problematik.

Manche Kinder können die Aufgaben zunächst überfordern. Vermeiden Sie eine zu starke Frustration. Durch die konkreten Übungen, wie das Nachmachen eines Gefühlsausdrucks, kann der Zugang zur eigenen Rollenübernahmefähigkeit verbessert werden. Erklären Sie dem Kind, dass Sie und seine Bezugspersonen es dabei unterstützen werden, die Gefühle anderer zu erkennen und es damit nicht alleine ist. Versuchen Sie das Kind zu motivieren und sagen Sie ihm, dass Sie es ihm zutrauen, dies zu erlernen.

Baustein 6, zweite Sitzung: Emotionserkennung (Eltern)

Teilnehmer	• Eltern ohne Kind (B6.01 und B6.02 auch mit Erziehern/Lehrern durchführbar)
Materialien	• B2.04 Verhaltensproblemliste bzw. B2.05 Ziel-Liste • B6.01 Elterninformation – Gefühle erkennen und mitfühlen • B6.02 Coaching: Helfen Sie Ihrem Kind, Gefühle zu erkennen
Therapieaufgaben	• B5.03 Coaching: Helfen Sie Ihrem Kind, kluge Gedanken einzusetzen • B6.02 Coaching: Helfen Sie Ihrem Kind, Gefühle zu erkennen

Beginn der Sitzung

Lassen Sie die Bezugspersonen zunächst die *Verhaltensproblemliste (B2.04)* bzw. die *Ziel-Liste (B2.05)* bearbeiten und thematisieren Sie den Verlauf seit der letzten Bezugspersonensitzung.

Auswertungsgespräch zur letzten Therapieaufgabe

Besprechen Sie mit den Eltern die Therapieaufgabe aus der letzten Eltern-Sitzung. Falls Sie die Therapie entsprechend dem beschriebenen Standardablauf durchführen, dann bezieht sich das Auswertungsgespräch auf das *Coaching: Helfen Sie Ihrem Kind, Ärgergedanken zu bekämpfen* und *Helfen Sie Ihrem Kind Kluge Gedanken ein-*

zusetzen (B4.02 und B5.03). Fragen Sie die Eltern, wie ihnen das Coaching in den letzten Wochen gelungen ist.

Bearbeitung neuer Arbeitsblätter

Besprechen Sie mit den Eltern die *Elterninformation – Gefühle erkennen und mitfühlen (B6.01)* und das *Informationsblatt zum Coaching: Helfen Sie Ihrem Kind, Gefühle zu erkennen (B6.02)*. Nach der Besprechung sollten Sie beide Blätter den Eltern mit nach Hause geben. Mit der *Elterninformation – Gefühle erkennen und mitfühlen (B6.01)* werden die Eltern über den Inhalt und die Ziele der kindzentrierten Interventionen des Therapieabschnitts schriftlich in Kenntnis gesetzt, um eine bestmögliche Mitarbeit und Transparenz in der Therapie mit dem Kind zu ermöglichen.

Mit dem *Informationsblatt zum Coaching: Helfen Sie Ihrem Kind, Gefühle zu erkennen. (B6.02)* werden die Eltern angeleitet, dem Kind die bestmöglichste Unterstützung (durch Lob und Hilfestellung) bei der Durchführung seiner künftigen Therapieaufgabe (Ausfüllen des *Beobachtungsbogens K6.04*) zu geben. Die positive Verstärkung des Verhaltens des Kindes auf eigene und auf die Gefühle von anderen Menschen zu achten soll mit den Bezugspersonen eingeübt werden.

Besprechen Sie mit den Eltern, dass es Kindern mit aggressiven Verhalten oftmals schwerfällt, sich in die Gedanken und Gefühle eines anderen hineinzuversetzen und dass viele dieser Kinder auch große Schwierigkeiten haben, über die eigenen Gefühle zu sprechen *(B6.01 Elterninformation – Gefühle erkennen und mitfühlen)*.

Erläutern Sie den Eltern, dass in diesem Abschnitt der Therapie mit dem Kind erarbeitet werden soll, Gefühle anderer Menschen daran zu erkennen, wie sie etwas mit ihrer Mimik, ihrer Gestik, ihrer Körperhaltung und ihrer Stimme sagen und an dem, was sie sagen. Erzählen Sie ihnen, dass hierzu zunächst mit dem Kind u. a. kleine Geschichten besprochen werden, in denen es darum geht, zu erkennen, wie sich ein anderer in einer bestimmten Situation fühlt und dass weiterführend mit dem Kind Rollenspiele durchgeführt werden. Hierbei soll es lernen, die Sprache der Augen, des Gesichtes, des Körpers und der Stimme wahrzunehmen und zu erkennen, wie sein Verhalten die Gefühle anderer beeinflusst. Informieren Sie die Eltern, dass ihr Kind in der nächsten Stunde die Therapieaufgabe bekommt, zu Hause, in der Schule und in seiner Freizeit einen Beobachtungsbogen auszufüllen, um eigene Gefühle und die anderer Menschen besser erkennen zu lernen.

 Besprechung der neuen Therapieaufgabe

Die Eltern sollen ihr Kind an die Möglichkeiten auf seine eigenen Gefühle und die der anderen zu achten erinnern, bevor es z. B. in die Schule oder zum Spielen geht. Erklären Sie den Eltern, dass keine langen Predigten notwendig sind, sondern evtl. ein kurzes vereinbartes Signal. Die Eltern sollten darauf achten, was das Kind bereit ist anzunehmen. Sagen Sie den Eltern, Sie sollen ihr Kind ermutigen, mit ihnen über seine erlebten Situationen zu sprechen. Sie können dies anhand des Arbeitsblattes *B6.02 (Coaching: Helfen Sie Ihrem Kind, Gefühle zu erkennen)* besprechen. Die Eltern sollen lernen, ihr Kind zu loben, wenn es sein eigenes Gefühl oder das des anderen erkennt und benennt, oder wenn es sich im Nachhinein darüber Gedanken macht und es ihnen davon erzählt. Wenn es dem Kind zunächst noch sehr schwerfällt, Gefühle anderer zu erkennen, sollten die Eltern mit ihm gemeinsam überlegen, welches Gefühl der andere gehabt haben könnte und woran man es hätte erkennen können. Wenn es dem Kind zunächst noch sehr schwerfällt, den Beobachtungsbogen alleine auszufüllen, sollten die Eltern bereit sein, sich mit dem Kind hinzusetzen und den Bogen gemeinsam auszufüllen. Die Eltern sollten sich auch die Situationen erzählen lassen, bei denen Sie nicht dabei waren und diese für ihr Kind protokollieren.

Abschluss der Sitzung

Üben Sie dies am besten mit den Eltern (später, wenn mit dem Kind die Aufgabe in der nächsten Stunde besprochen wurde evtl. mit dem Kind zusammen) im Rollenspiel ein

Einsatzmöglichkeiten für Erzieher/Lehrer: Diese Arbeitsblätter (B6.01 und B6.02) sind modifiziert auch mit Erziehern oder Lehrern durchführbar.

Auswertungsgespräch über die Therapieaufgabe in der nächsten Sitzung

Besprechen Sie mit den Eltern das Arbeitsblattes *B6.02 (Coaching: Helfen Sie Ihrem Kind, Gefühle zu erkennen.):*

- Konnten die Eltern ihr Kind loben, wenn es sein eigenes Gefühl oder das des anderen erkannt hat oder wenn es sich im Nachhinein darüber Gedanken gemacht und ihnen davon erzählt hat oder nachgefragt hat?
- Wenn es dem Kind zunächst noch sehr schwergefallen ist, Gefühle anderer zu erkennen, haben die Eltern mit ihm gemeinsam überlegt, welches Gefühl der andere gehabt haben könnte und woran man es hätte erkennen können?
- Wenn es dem Kind zunächst noch sehr schwergefallen ist, den Beobachtungsbogen alleine auszufüllen, konnten die Eltern den Bogen gemeinsam mit ihm ausfüllen?

 Schwierige Therapiesituationen

Viele Eltern können kaum verstehen, dass es ihrem Kind so schwerfällt, sich in die Gedanken und Gefühle eines anderen hineinzuversetzen und dass es Schwierigkeiten hat, über die eigenen Gefühle zu sprechen. Versuchen Sie hier Verständnis für die Problematik des Kindes aufzubauen, dass es dies nicht absichtlich tut, sondern zurzeit nicht anders kann. Anderen Eltern wiederum fällt es selbst schwer, die Emotionen anderer zu erkennen. Hier ist es sinnvoll, verstärkt weitere Bezugspersonen, wie Lehrer oder Erzieher mit einzubeziehen.

Baustein 6, dritte Sitzung: Auf Gefühle achten (Kind/Eltern)

Teilnehmer	• Zunächst Therapeutin/Therapeut alleine mit Kind. • Später Eltern in die Stunde miteinbeziehen, um eine Unterstützung im natürlichen Umfeld zu gewährleisten.
Materialien	• K2.09 Ärger-Problem-Liste bzw. K2.10 Ziel-Liste • K6.03 Meine Gefühle und die anderer • K6.04 Auf Gefühle achten • K1.05 Mein Punkte-Plan in der Therapiestunde
Therapieaufgaben	• K6.04 Auf Gefühle achten

Beginn der Sitzung

Erinnern Sie das Kind zu Beginn der Sitzung an den *Punkte-Plan* und an die Regeln, nach denen es in der Sitzung Punkte gewinnen kann. Passen Sie bei Bedarf die Regeln neu an. Lassen Sie das Kind die *Ärger-Problem-Liste (K2.09)* bzw. die *Ziel-Liste (K2.10)* bearbeiten.

Auswertungsgespräch zur letzten Therapie-aufgabe

Besprechen Sie mit dem Kind die Therapieaufgabe aus der letzten Kinder-Sitzung. Falls Sie die Therapie entsprechend dem beschriebenen Standardablauf durchführen, dann bezieht sich das Auswertungsgespräch erneut auf den *Detektivbogen K5.10*. Konnte das Kind auf seine Gedanken, seine Gefühle, sein Verhalten und auf die Konsequenzen achten. Ist es ihm gelungen, klug zu denken, sich fair zu verhalten, cool zu bleiben und sich zu vertragen? Diskutieren Sie mit dem Kind über die Bilder, die es ausgeschnitten hat. Woran hat es das Gefühl erkannt?

Bearbeitung neuer Arbeitsblätter

Auch in diesem Therapieabschnitt können Sie Übungen zur Emotionserkennung, emotionalen Perspektivenübernahme und Empathie durchführen. Sie können das Erkennen von verschiedenen Emotionen anhand des *Arbeitsblattes K6.03 (Meine Gefühle und die anderer)* weiter einüben. Eigene Gefühle zu verbalisieren kann mit dem Kind eingeübt werden, da es den Kindern häufig schwerfällt über eigene Gefühle zu sprechen (s. Abb. 40).

Abbildung 40: Übung über Gefühle sprechen

Thematisieren Sie mit dem Kind, dass es seine Gefühle zeigen darf und dass alle Gefühle erlaubt sind, aber nicht alle Verhaltensweisen. Erklären Sie ihm, dass es niemandem schaden oder wehtun darf. Danach können Sie gemeinsam mit dem Kind überlegen, wie es ihm in bestimmten Situationen geht und woran andere Menschen sein Gefühl erkennen können, wenn es z. B. glücklich, wütend, traurig, ängstlich, stolz ist. Des Weiteren können Sie Rollenspiele und Videoübungen durchführen und weitere komplexe Interaktionssituationen besprechen. Die Empathie im Sinne der kognitiven Fähigkeit, sich in die Situation eines anderen ein zudenken kann so weiter trainiert werden.

Besprechung der neuen Therapie-aufgabe

Als Therapieaufgabe können Sie dem Kind den *Beobachtungsbogen K6.04 Auf Gefühle achten* mit nach Hause geben. Es soll in der nächsten Woche in zuvor definierten sozialen Situationen, auf seine Gefühle achten und sie notieren. Zusätzlich soll es hierbei auch auf die Gefühle von anderen Menschen achten, in dem es sie beobachtet oder fragt („Wie geht es dir?"). Es soll danach aufschreiben, was es erfahren hat oder vermutet. Die Selbstbeobachtung in Bezug auf Emotionserkennung und Empathie kann so mit dem Kind trainiert werden. Beziehen Sie hierzu die Eltern in die Stunde mit ein, um eine Unterstützung im natürlichen Umfeld zu gewährleisten.

Einsatz des Zauberwaldspiels (K12.01) zum Bereich Informationsverarbeitung

In der Standardform wird das Spiel mit allen Karten aus allen drei Bereichen (Informationsverarbeitung, Impulskontrolle, Problemlösung und Fertigkeiten) gespielt (Spielplan und Karten, vgl. THAV-Materialien). Das Spiel kann aber auch an dieser Stelle nur zum *Bereich Informationsverarbeitung* gespielt werden, sodass es gezielt in diesem Therapie-Modul eingesetzt werden kann. Egal auf welches Feld mit „Till" ein Spieler kommt, wird nur aus dem Bereich Informationsverarbeitung eine Karte gezogen.

Abschluss der Sitzung

Zum Abschluss der Stunde sollte dann wieder das *Arbeitsblatt K1.05 Mein Punkte-Plan* in der Therapiestunde eingesetzt werden. Das Kind erhält für die Regeln, die es eingehalten hat, die vereinbarte Punktezahl und darf diese, wenn es will eintauschen.

Auswertungsgespräch über die Therapieaufgabe in der nächsten Sitzung

Besprechen Sie mit dem Kind den *Beobachtungsbogen K6.04 Auf Gefühle achten* anhand des Arbeitsblattes *K6.05 Fragen zum Beobachtungsbogen und Anleitung zum Rollen- oder Puppenspiel.* Spielen Sie die gesammelten Situationen im Rollen- oder Puppenspiel gemeinsam mit dem Kind nach und nehmen Sie sie auf Video auf. Überlegen Sie gemeinsam, wie sich jeder Beteiligte fühlt und warum. Tauschen Sie hierfür zwischendurch die Rollen. Überprüfen Sie, ob das Verhalten freundlich, nett, fair … war? Hat es dem anderen geschadet, ihn verletzt oder ihm gefallen, sodass er gerne mehr Kontakt hätte, Lust hat mit dem anderen etwas zu spielen …?

Überprüfen Sie gemeinsam mit dem Kind nun noch einmal das Gefühl, das es auf seinem *Beobachtungsbogen K6.04 Auf Gefühle achten* aufgeschrieben hat. Falls der *Beobachtungsbogen* nicht entsprechend der Vereinbarungen durchgeführt wurde, dann besprechen Sie in aller Ruhe mit dem Kind und ohne Vorwurfshaltung die Ursachen dafür. Welche Hindernisse stellen sich bei der Durchführung in den Weg? (Welche Erinnerungshilfen kann es geben, können Bezugspersonen noch stärker einbezogen werden?) Wenn möglich vereinbaren Sie engmaschigere Kontrollen und Rückmeldemöglichkeiten durch telefonische Kontakte zwischen den Sitzungen.

 ### Schwierige Therapiesituationen

Wie bereits beschrieben, fällt es Kindern mit aggressivem Verhalten oftmals sehr schwer, sich in die Gedanken und Gefühle eines anderen hineinzuversetzen oder auch eigene Gefühle zu verbalisieren. Nehmen Sie sich daher Zeit für die einzelnen Übungen, um so die Empathie im Sinne der kognitiven Fähigkeit, sich in die Situation eines anderen ein zudenken beziehungsweise über eigene Gefühle zu sprechen, weiter zu trainieren. Zeigen Sie dem Kind Verständnis für seine Problematik. Auch hier gilt wieder, dass manche Aufgaben die Kinder zunächst überfordern können. Die meisten Kinder können bestimmte Gefühle leichter identifizieren als andere Gefühle (z. B. Wut leichter als Trauer, Freude leichter als Wut). Thematisieren Sie daher zunächst jene Gefühle, die dem Kind leichter fallen. Achten Sie auch hier wieder darauf, eine zu starke Frustration zu vermeiden. Erklären Sie dem Kind nochmals, dass Sie und seine Bezugspersonen es dabei unterstützen werden, dies zu trainieren und es damit nicht alleine ist. Versuchen Sie, das Kind nochmals zu motivieren und sagen Sie ihm, dass Sie es ihm zutrauen, dies zu lernen.

2.4 Modul III: Ärgerkontrolltraining

2.4.1 Baustein 7: Impulskontrolle

Indikation:
• Bei Störungen der Impulskontrolle, die sich in heftigen Ärger- oder Wutreaktionen oder der Unfähigkeit „klar zu denken" äußern können.

Hauptziele des Bausteins:
• Das frühzeitige Erkennen von Wut und Ärger auslösenden sozialen Situationen soll trainiert werden (Kind).

• Die Impulskontrolle soll durch kognitive Interventionen und durch Interventionen zur Spannungsregulation (Entspannung oder Spannungsabfuhr) entwickelt oder weiter gestärkt werden. Damit werden alternative Möglichkeiten der Selbstregulation („Dampf abzulassen") erarbeitet und eingeübt.

• Selbstbeobachtung und Übungen im natürlichen Umfeld in Bezug auf die Impulskontrolle sollen mit dem Kind (mit Hilfe der Eltern/Lehrer) durchgeführt werden.

• Die positive Verstärkung des Verhaltens des Kindes in Bezug auf seine Impulskontrolle (Erkennen von schwierigen sozialen Situationen, Einsatz alternativer Möglichkeiten der Selbstregulation) z. T. mittels Punkte-Plänen soll mit den Bezugspersonen eingeübt werden.

• Das Setzen von negativen Konsequenzen z. T. mittels Verstärkerentzugssystemen und dem Durchführen einer Auszeit soll mit den Bezugspersonen eingeübt werden.

• Der elterliche Umgang mit eigener Wut und die Wirkung auf das kindliche Verhalten soll mit den Eltern reflektiert werden.

Anzahl der Sitzungen:

• In der Regel sind 5 Sitzungen notwendig (3 überwiegend mit Kind, 2 überwiegend mit Eltern)

• + Einbeziehung von Lehrern/Erziehern möglich

Therapieaufgabe für Eltern/andere Bezugspersonen:

• B7.03 Coaching: Helfen Sie Ihrem Kind, seine Wut in den Griff zu bekommen.

• B7.04 Der Punkte-Plan

• B7.05 Wettkampf um lachende Zaubergeister

• B7.06 Die Auszeit

Therapieaufgabe für Kind:

• K7.06 Signalkarten zur Selbstinstruktion

• K7.09 Beobachtungsbogen – Klappt mein Frühwarnsystem? Arbeitet meine Ärgerpolizei? Erkenne ich das Biest?

Material Kinder	
Material/Teilnehmer:	**Inhalt und Ziele:**
• **K7.01 Geschichte: „Till und das Biest"** Therapeutin/Therapeut alleine mit dem Kind.	Das Biest namens Wut wurde bereits in der Geschichte K3.01 eingeführt und wird an dieser Stelle erneut aufgegriffen. Ziel ist es, die Veränderungsmotivation des Kindes zu verstärken. Das Kind soll sich die Wut als Biest vorstellen, das ihm Befehle einflüstert, wie es sich verhalten soll. Es soll mit Hilfe der Geschichte realisieren, dass das Biest sein Leben fest im Griff hat und dass es ein Problem darstellt, seine Wut nicht kontrollieren zu können.
• **K7.02 Das kleine Biest namens Wut** Therapeutin/Therapeut alleine mit dem Kind.	Das Kind soll sich das Biest namens Wut, das auf seiner Schulter sitzt, vorstellen und diesen Gedanken festhalten und einen Moment dabei verweilen. Es soll überlegen, welche Gedanken die Vorstellung vom Biest, das ihm im Nacken sitzt, auslöst, wie es sich dabei fühlt und was es am liebsten machen würde. In den anschließenden Übungen können die Kinder das Biest malen und in Puppenspielen versuchen, das Biest mit Hilfe eines coolen Engels zu zähmen. Ziel ist es, die Veränderungsmotivation des Kindes bzgl. seiner Impulskontrolle zu verstärken.
• **K7.03 Das Frühwarnsystem** Therapeutin/Therapeut alleine mit dem Kind.	Das Frühwarnsystem wird eingeführt. Das Kind soll lernen, frühzeitig Wut auslösende soziale Situationen, seine Ärgergedanken sowie Körpersignale zu erkennen, um seine „Ärger-Polizei" zu rufen. Die Selbstwahrnehmung soll geschult werden.
• **K7.04 Meine Reportage über Wut-Buster** Zunächst Therapeutin/Therapeut alleine mit dem Kind. Später weitere Bezugspersonen in die Stunde miteinbeziehen.	Bei dieser Übung sollen die Kinder andere Menschen (positive Modelle) explorieren, um zu erfahren, dass auch andere Menschen das Gefühl Wut kennen und dass es sich um ein Gefühl handelt, das eine Daseinsberechtigung hat, aber dass nicht alle Verhaltensweisen erlaubt sind. Es soll lernen wie andere Menschen mit Wut umgehen und welche Handlungsalternativen der Selbstregulation es gibt.
• **K7.05 Dampf ablassen!** Therapeutin/Therapeut alleine mit dem Kind. Später Bezugspersonen in die Stunde miteinbeziehen, um eine Unterstützung im natürlichen Umfeld zu gewährleisten.	Alternative Möglichkeiten der Selbstregulation durch Entspannung oder durch kanalisiere Spannungsabfuhr („Dampf abzulassen") werden mit dem Kind erarbeitet und eingeübt sowie Erinnerungshilfen installiert.

Material Kinder	
Material/Teilnehmer:	**Inhalt und Ziele:**
• **K7.06 Signalkarten zur Selbstinstruktion** Therapeutin/Therapeut alleine mit dem Kind. Später Bezugspersonen in die Stunde miteinbeziehen, um eine Unterstützung im natürlichen Umfeld zu gewährleisten.	Bei den Signalkarten handelt es sich um ein Selbstinstruktionstraining, das dem Kind helfen soll, seine Impulsivität zu vermindern. Es soll zu einem planvollen und reflexiven Verhalten in sozialen Situationen angeleitet werden. Die Eltern sollten nach einiger Zeit in die Behandlung integriert und dazu angeleitet werden, das Selbstinstruktionstraining in alltäglichen Situationen fortzusetzen. Damit sollen dessen Effekte verstärkt und die Generalisierung unterstützt werden.
• **K7.07 Marterpfahlspiel** Therapeutin/Therapeut alleine mit dem Kind.	Das Kind soll sich bei dieser wutauslösenden Übung beobachten, in der es körperlichen und verbalen Attacken anderer ausgesetzt ist. Hierbei soll es besonders auf seine Ärgergedanken und seine Körpersignale achten, Ärgerkiller-Gedanken und andere alternative Möglichkeiten „Dampf abzulassen" einsetzen. Die Selbstwahrnehmung und der Einsatz von Bewältigungstechniken zur Selbstregulation sollen trainiert werden.
• **K7.08 Ich habe total viel Energie!** Zunächst Therapeutin/Therapeut alleine mit dem Kind. Später Bezugspersonen in die Stunde miteinbeziehen, um eine Unterstützung im natürlichen Umfeld zu gewährleisten.	Das generelle Energiepotenzial des Kindes soll kanalisiert und im Alltag sollen Möglichkeiten des Ausaggerierens z.B. über körperliche Aktivitäten wie sportliche Betätigungen geschaffen werden.
• **K7.09 Beobachtungsbogen – Klappt mein Frühwarnsystem? Arbeitet meine Ärgerpolizei? Erkenne ich das Biest?** Therapeutin/Therapeut alleine mit dem Kind. Später Bezugspersonen in die Stunde miteinbeziehen, um eine Unterstützung im natürlichen Umfeld zu gewährleisten.	Das Kind soll sich selbst, in realen Ärger auslösenden sozialen Situationen beobachten. Hierbei soll es besonders darauf achten, ob sein „Frühwarnsystem" funktioniert hat und ob es seine Ärgergedanken und Körpersignale rechtzeitig erkannt hat. Es soll überprüfen, ob es seiner „Ärger-Polizei" gelungen ist, Ärgerkiller-Gedanken oder andere alternative Möglichkeiten „Dampf abzulassen" einzusetzen, um gelassen zu bleiben. Die Selbstwahrnehmung und der Einsatz von Bewältigungstechniken sollen geschult werden.
• **K7.10 Das Biest mit der Ärgerpolizei bekämpfen – Rollen- oder Puppenspiel** Therapeutin/Therapeut alleine mit dem Kind.	Mit Hilfe des Explorationsschemas soll sich das Kind mit seinen Bewältigungstechniken und seinem Verhalten, in den zuvor im Beobachtungsbogen beschriebenen schwierigen sozialen Situationen auseinandersetzen. Anhand des Schemas können typische Situationsmerkmale exploriert werden. In den anschließenden Rollen- oder Puppenspielen können Bewältigungstechniken und sozial angemessenes Verhalten eingeübt oder vertieft werden.

Material Bezugspersonen	
Material/Teilnehmer:	**Inhalt und Ziele:**
• **B7.01 Elterninformation – Impulskontrolle** Soweit wie möglich beide Elternteile ohne Kind. Modifiziert auch mit Erziehern und Lehrern durchführbar.	Mit der Elterninformation werden die Eltern über den Inhalt und die Ziele der kindzentrierten Interventionen des Therapieabschnitts in Kenntnis gesetzt, um eine bestmögliche Mitarbeit und Transparenz in der Therapie mit dem Kind zu ermöglichen.
• **B7.02 Wie bekomme ich meine eigene Wut in den Griff?** Soweit wie möglich beide Elternteile ohne Kind.	Die Eltern sollen sich damit auseinandersetzen, wie sie selbst mit Wut umgehen. Sie sollen damit auch verstehen, welche Wirkung ihr eigenes Verhalten auf das Verhalten des Kindes hat, um ihm im weiteren Schritt die bestmögliche Unterstützung bei der Durchführung seiner Therapieaufgaben zu geben.
• **B7.03 Coaching: Helfen Sie Ihrem Kind, seine Wut in den Griff zu bekommen.** Soweit wie möglich beide Elternteile ohne Kind. Modifiziert auch mit Erziehern und Lehrern durchführbar.	Die Eltern sollen zum Coaching angeleitet werden. Sie sollen lernen dem Kind die bestmögliche Unterstützung bei der Anwendung von Ärgerkontrolle zu geben und sie erhalten einen Überblick über erzieherische Interventionen zum Umgang mit Ärgersituationen, in die sie selbst involviert sind.
• **B7.04 Der Punkte-Plan** Zunächst soweit wie möglich beide Elternteile ohne Kind. Später Kind hinzuziehen. Modifiziert auch mit Erziehern und Lehrern durchführbar.	Der Punkte-Plan ist ein Token-Vergabesystem, mit dessen Hilfe aggressives Verhalten und Wutreaktionen in definierten Situationen vermindert werden können. Das Kind erhält immer dann einen Punkt, wenn es ihm gelingt, sich an spezifische Verhaltensregeln zu halten und seine Wut zu kontrollieren. Die Punkte werden später in Verstärker eingetauscht, wodurch das Kind zur Verhaltensänderung motiviert wird. Die Eltern werden durch den Punkte-Plan zu einem konsistenten Verhalten veranlasst und ihre Aufmerksamkeit wird auf das angemessene Verhalten des Kindes gerichtet.
• **B7.05 Wettkampf um lachende Zaubergeister** Zunächst soweit wie möglich beide Elternteile ohne Kind. Später Kind hinzuziehen. Modifiziert auch mit Erziehern und Lehrern durchführbar.	Der Wettkampf um lachende Zaubergeister stellt ein Token-Entzugssystem dar, mit dem in spezifischen Situationen das Auftreten von unerwünschtem aggressivem Verhalten verringert werden soll, indem ein Token unmittelbar entzogen wird, wenn ein definiertes Problemverhalten auftritt.
• **B7.06 Die Auszeit** Soweit wie möglich beide Elternteile ohne Kind. Modifiziert auch mit Erziehern und Lehrern durchführbar.	Bei der Auszeit wird das Kind für eine kurze Zeit isoliert, wenn ein definiertes Problemverhalten (z. B. eine Wutreaktion) auftritt. Damit soll den Eltern eine effektive Bestrafungsmethode an die Hand gegeben werden, mit der sie die Einhaltung von notwendigen Verhaltensregeln durchsetzen können.

Möglicher Ablauf der Sitzungen: In der Regel müssen für diesen Baustein fünf Sitzungen veranschlagt werden, wenn neben dem Kind ausschließlich Eltern einbezogen werden. Bei zusätzlicher Einbeziehung von Erziehern/Lehrern erhöht sich die Sitzungszahl entsprechend.

Übersicht über den Ablauf des Bausteins
• Sitzung 1: Das Biest und Frühwarnsystem (Kind) • Sitzung 2: Wut und Impulskontrolle (Eltern) • Sitzung 3: Wut-Buster (Kind/Eltern) • Sitzung 4: Marterpfahlspiel (Kind/Eltern) • Sitzung 5: Verstärkersysteme (Eltern/Kind)

Baustein 7, erste Sitzung: Das Biest und Frühwarnsystem (Kind)

Teilnehmer	• Therapeutin/Therapeut alleine mit Kind
Materialien	• K2.09 Ärger-Problem-Liste bzw. K2.10 Ziel-Liste • K6.03 Meine Gefühle und die anderer • K6.05 Fragen zum Beobachtungsbogen und Anleitung zum Rollen- oder Puppenspiel • K7.01 Geschichte: „Till und das Biest" • K7.02 Das kleine Biest namens Wut • K7.03 Das Frühwarnsystem • K1.05 Mein Punkte-Plan in der Therapiestunde
Therapieaufgaben	• K6.04 Beobachtungsbogen – Auf Gefühle achten

Beginn der Sitzung

Erinnern Sie das Kind zu Beginn der Sitzung an den *Punkte-Plan* und an die Regeln, nach denen es in der Sitzung Punkte gewinnen kann. Passen Sie bei Bedarf die Regeln neu an. Lassen Sie das Kind die *Ärger-Problem-Liste (K2.09)* bzw. die *Ziel-Liste (K2.10)* bearbeiten.

Auswertungsgespräch zur letzten Therapieaufgabe

Besprechen Sie mit dem Kind die Therapieaufgabe aus der letzten Kinder-Sitzung. Falls Sie die Therapie entsprechend dem beschriebenen Standardablauf durchführen, dann bezieht sich das Auswertungsgespräch auf die Therapieaufgabe *Beobachtungsbogen K6.04 Auf Gefühle achten.* Konnte das Kind seinen *Beobachtungsbogen* führen und sich selbst und andere Menschen in ausgewählten sozialen Situationen beobachten? Mit dem neuen Arbeitsblatt *K6.05 Fragen zum Beobachtungsbogen und Anleitung zum Rollen- oder Puppenspiel* setzen Sie direkt an der letzten Therapieaufgabe an. Spielen Sie diese oder ähnliche Situationen im Rollen- oder Puppenspiel gemeinsam mit dem Kind nach und nehmen Sie sie auf Video auf. Überlegen Sie gemeinsam, wie sich jeder Beteiligte fühlt und warum. Tauschen Sie hierfür zwischendurch die Rollen. Überprüfen Sie, ob das Verhalten freundlich, nett, fair ... war? Hat es dem anderen geschadet, ihn verletzt oder ihm gefallen, sodass er gerne mehr Kontakt hätte, Lust hat mit dem anderen etwas zu spielen ...?

Überprüfen Sie gemeinsam mit dem Kind nun noch einmal das Gefühl, das es auf seinem *Beobachtungsbogen K6.04 Auf Gefühle achten* aufgeschrieben hat.

Bearbeitung neuer Arbeitsblätter

Danach können Sie dem Kind die Geschichte „*Till und das Biest" (K7.01)* vorlesen. Am Seitenrand finden Sie wieder mögliche Fragen zu den einzelnen Textabschnitten. In der Geschichte „*Till und das Biest"* wird das Biest namens Wut erneut aufgegriffen, das bereits in der Geschichte *K3.01* eingeführt wurde. Ziel ist es, die Veränderungsmotivation des Kindes zu stärken. Das Kind soll sich die Wut als ein Biest vorstellen, das ihm Befehle einflüstert, wie es sich verhalten soll. Es soll mit Hilfe der Geschichte realisieren, dass das Biest sein Leben fest im Griff hat und dass es ein Problem darstellt, seine Wut nicht kontrollieren zu können. Es hat sich gezeigt, dass die dort beschriebene nachfolgende Imaginationsübung für das Kind besonders eindrücklich ist, wenn Sie dazu als Hilfsmittel Handpuppen (vgl. THAV-Materialien) verwenden. Stellen Sie sich hinter das Kind und sprechen Sie die Befehle des Biests mit einer Biest-Handpuppe auf der Schulter des Kindes (siehe Abb. 41).

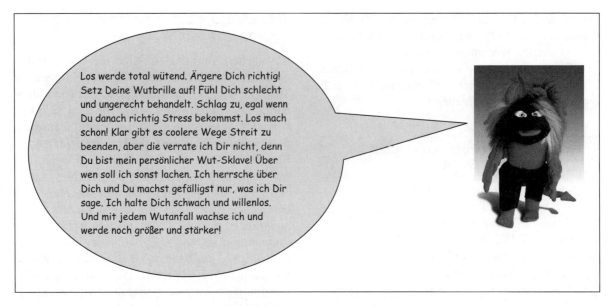

Abbildung 41: Handpuppe Biest

Abbildung 42: Handpuppe cooler Engel

Danach machen Sie das Gleiche mit dem coolen Engel (siehe Abb. 42 und 43).

Als Vertiefung zur Geschichte können Sie nun das Arbeitsblatt *K7.02 Das kleine Biest namens Wut* einsetzen. Das Kind soll sich das Biest namens Wut, das auf seiner Schulter sitzt, vorstellen und diesen Gedanken festhalten und einen Moment dabei verweilen. Es soll überlegen, welche Gedanken die Vorstellung vom Biest, das ihm im Nacken sitzt, auslöst, wie es sich dabei fühlt und was es am liebsten machen würde. Sie können mit dem Kind besprechen, was der coole Engel über das Biest denkt und was das Kind über das Biest denkt, das ihm im Nacken sitzt.

Abbildung 43: Handpuppenübung

Abbildung 44: Phantombilder

Weitere Fragen und Themen können sein mit dem Kind zu überlegen, wie das Biest seine Freundschaften oder die Beziehung zu seinen Eltern beeinflusst, wie es sich dabei fühlt und was der coole Engel wohl am liebsten tun und was es selbst am liebsten machen würde. Danach können Sie mit dem Kind einen Steckbrief erstellen und ein Phantombild malen (siehe Abb. 44).

In den anschließenden Übungen des Arbeitsblattes *K7.02* (siehe Abb. 45) können die Kinder in Puppenspielen versuchen, das Biest mit Hilfe eines coolen Engels und der Ärgerpolizei zu zähmen. Im Puppenspiel kann es zum Beispiel darum gehen, dass die Ärger-Polizei das Biest gefangen hat (siehe Abb. 46 und 47). Sie können mit einer Handpuppe (vgl. THAV-Materialien) das kleine Biest Wut spielen.

Es wird vor Gericht gestellt und bekommt seine gerechte Verhandlung. Das Kind darf den Staatsanwalt und den coolen Engel als Zeugen mit den Handpuppen spielen. Das Kind soll das Biest anklagen, dass es ihm so viele Probleme bereitet und ihm klarmachen, in welche Schwierigkeiten es durch das Biest schon hineingezogen worden ist. Das Biest soll gezähmt werden, indem das Kind ihm seine Ärger-Gedanken entzieht, damit es schrumpft und das Kind wieder der Boss über seine Gefühle werden und bestimmen kann, was das Biest darf und was nicht!

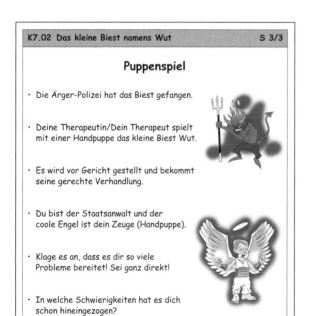

Abbildung 45: Das kleine Biest Wut – Puppenspiel
(K7.02)

Abbildung 46: Verhaftung

Abbildung 47: Handpuppe Polizist der Firma Kersa (www.kersa.de)

Ziel ist es weiterhin, die Veränderungsmotivation des Kindes bzgl. seiner Impulskontrolle zu verstärken.

An dieser Stelle sollten Sie das *Frühwarnsystem (K7.03)* einführen. Das Kind kann so lernen, frühzeitig individuell schwierige, häufig konflikthafte soziale Situationen, seine Ärgergedanken und Körpersignale zu erkennen, um seine „Ärger-Polizei" zu rufen. Die Selbstwahrnehmung soll hier geschult werden.

Besprechen Sie mit dem Kind, woran es frühzeitig seinen Ärger (das Biest) erkennen kann, sodass es seine Ärger-Polizei rechtzeitig rufen kann. Überlegen Sie gemeinsam mit dem Kind, ob es bestimmte Situationen gibt, in denen es leicht in Streit mit anderen gerät und es besonders aufmerksam sein sollte. Erklären Sie dem Kind, dass sein Ärger sich auch in seinem Körper abspielt (z. B. Muskelanspannung, Herzklopfen …) und es auch hier heißt, besonders wachsam zu sein. Thematisieren Sie noch einmal mit ihm seine Ärger-Gedanken, die ihm durch den Kopf gehen können und seine Denkfallen (Dinge, von denen es allgemein überzeugt ist) auf die es achten sollte.

 Besprechung der neuen Therapieaufgabe

Als Therapieaufgabe können Sie dem Kind dann noch einmal den *Beobachtungsbogen K6.04 Auf Gefühle achten* mit nach Hause geben.

Abschluss der Sitzung

Zum Abschluss der Stunde sollte dann wieder das Arbeitsblatt *K1.05 Mein Punkte-Plan* in der Therapiestunde eingesetzt werden. Das Kind erhält für die Regeln, die es eingehalten hat, die vereinbarte Punktezahl und darf diese, wenn es will eintauschen.

Auswertungsgespräch über die Therapieaufgabe in der nächsten Sitzung

Für diese Sitzung gibt es keine spezifische Therapieaufgabe. Sie können die Therapieaufgabe(n) früherer Sitzungen fortführen. Falls Sie die Therapie entsprechend dem beschriebenen Standardablauf durchführen, besprechen Sie mit dem Kind den *Beobachtungsbogen K6.04 Auf Gefühle achten*.

 Schwierige Therapiesituationen

Den meisten Kindern macht diese Übung Spaß. Es gibt aber auch Kinder, denen die Handpuppen auf der Schulter unangenehm sind oder eher Angst machen. Bei diesen Kindern sollten Sie die Handpuppen frontal verwenden und zunächst nicht oder erst nach Absprache auf die Schulter des Kindes setzen. Manche Kinder malen nicht gerne. Hier reicht es aus, den Steckbrief nur schriftlich auszufüllen. Älteren Kindern kann das Puppenspiel zu kindlich vorkommen. Verwenden Sie hier dann nur die anderen Teile des Arbeitsblattes und lassen das Puppenspiel weg.

Baustein 7, zweite Sitzung: Wut und Impulskontrolle (Eltern)

Teilnehmer	• Eltern ohne Kind (B7.01 und B7.03 auch mit Erziehern/Lehrern durchführbar)
Materialien	• B2.04 Verhaltensproblemliste bzw. B2.05 Ziel-Liste • B7.01 Elterninformation – Impulskontrolle • B7.02 Wie bekomme ich meine Wut in den Griff? • B7.03 Coaching: Helfen Sie Ihrem Kind, seine Wut in den Griff zu bekommen.

Therapie- aufgaben	• B6.02 Coaching: Helfen Sie Ihrem Kind, Gefühle zu erkennen. • B7.03 Coaching: Helfen Sie Ihrem Kind, seine Wut in den Griff zu bekommen.

Beginn der Sitzung

Lassen Sie die Bezugspersonen zunächst die *Verhaltensproblemliste (B2.04)* bzw. die *Ziel-Liste (B2.05)* bearbeiten und thematisieren Sie den Verlauf seit der letzten Bezugspersonensitzung.

Auswertungsgespräch zur letzten Therapieaufgabe

Besprechen Sie mit den Eltern die Therapieaufgabe aus der letzten Eltern-Sitzung. Falls Sie die Therapie entsprechend dem beschriebenen Standardablauf durchführen, dann bezieht sich das Auswertungsgespräch auf das Arbeitsblatt *B6.02 Coaching: Helfen Sie Ihrem Kind, Gefühle zu erkennen.*

Bearbeitung neuer Arbeitsblätter

Besprechen Sie mit den Eltern die *Elterninformation* und das *Informationsblatt zum Coaching B7.01/B7.03*, welche die Eltern später mit nach Hause nehmen können. Mit der *Elterninformation B7.01* werden die Eltern über den Inhalt und die Ziele der kindzentrierten Interventionen des Therapieabschnitts (Baustein 7, Thema: Impulskontrolle) schriftlich in Kenntnis gesetzt, um eine bestmögliche Mitarbeit und Transparenz in der Therapie mit dem Kind zu ermöglichen.

Mit dem Informationsblatt zum *Coaching (Helfen Sie Ihrem Kind, seine Wut in den Griff zu bekommen, B7.03)* werden die Eltern angeleitet, dem Kind die bestmöglichste Unterstützung bei der Durchführung seiner künftigen Therapieaufgabe, dem Ausfüllen des *Beobachtungsbogen – Klappt mein Frühwarnsystem? Arbeitet meine Ärgerpolizei? Erkenne ich das Biest? (K7.09)*, zu geben. Besprechen Sie mit den Eltern anhand des Arbeitsblattes *B7.03*, dass bei Kindern mit aggressiven Verhalten oftmals die Fähigkeit zur Affekt- und Impulskontrolle, zum Bedürfnisaufschub und zur Frustrationstoleranz vermindert ist und dass diese verminderte Affekt- und Impulskontrollfähigkeit die unmittelbare Ursache für aggres-

sives Verhalten sein kann. Erläutern Sie den Eltern, dass in diesem Abschnitt der Therapie mit dem Kind erarbeitet werden soll, wie es seine Wut in den Griff bekommt und wie es lernen kann, seine Impulse besser zu kontrollieren. Berichten Sie den Eltern, dass zu Beginn dem Kind eine Geschichte vom Biest namens Wut erzählt und danach mit ihm erarbeitet wird, woran es frühzeitig seinen Ärger erkennen kann. Besprechen Sie mit den Eltern den weiteren Ablauf: Ihr Kind soll lernen, bestimmte Situationen zu identifizieren, in denen es schnell wütend wird, und eigene Körpersignale, Ärgergedanken und Überzeugungen in diesen Situationen erkennen. Weiterführend werden mit dem Kind alternative Möglichkeiten besprochen „Dampf abzulassen", wenn es wütend wird und danach wird beispielsweise eine Entspannungsübung vorgestellt und mit dem Kind eingeübt bzw. alternativ mit ihm hierzu noch weitere Möglichkeiten der Ärgerabfuhr gesammelt. Das Kind soll damit lernen, diese erlaubten Möglichkeiten „Dampf abzulassen" umzusetzen.

Informieren Sie die Eltern, dass ihr Kind in der nächsten Stunde die Therapieaufgabe bekommt, zu Hause, in der Schule und in seiner Freizeit einen *Beobachtungsbogen* auszufüllen, um frühzeitig seinen Ärger zu erkennen und Methoden der Impulskontrolle einzuüben *(Klappt mein Frühwarnsystem? Arbeitet meine Ärger-Polizei gut? Erkenne ich das Biest?).*

 Besprechung der neuen Therapieaufgabe

Die Eltern sollen ihr Kind – bevor es z. B. in die Schule oder zum Spielen geht – an die Möglichkeiten erinnern, sein Frühwarnsystem und seine Ärger-Polizei einzusetzen, d. h. „Dampf abzulassen" oder Ärgerkiller-Gedanken zu entwickeln, um einen Wutanfall zu vermeiden. Erklären Sie den Eltern, dass keine langen Predigten notwendig sind. Die Eltern sollten darauf achten, was das Kind bereit ist anzunehmen. Sind die Eltern in einer für das Kind schwierigen Situation dabei und bemerken, dass das Kind beginnt, die Kontrolle zu verlieren, sollten Sie es zur Seite nehmen und ihm die *Signalkarte „Achtung Biest"* (aus B7.03) zeigen (s. Abb. 48).

Ermuntern Sie die Eltern, ihr Kind zu loben, wenn sein Frühwarnsystem funktioniert und seine Ärger-Polizei gut gearbeitet hat, d. h., wenn es erlaubte Methoden „Dampf abzulassen" oder Ärgerkiller-

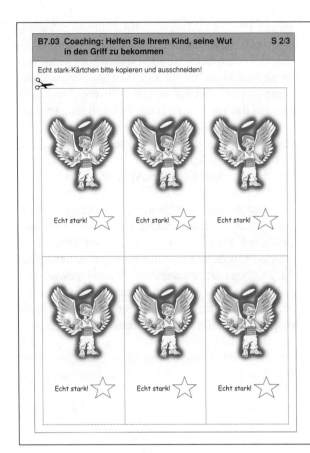

Abbildung 48: „Echt stark-Kärtchen" und Signalkarte „Achtung Biest" (Ausschnitt aus B7.03)

Gedanken eingesetzt hat und keinen Wutanfall in einer üblicherweise schwierigen Situation bekommen hat. Erläutern Sie den Eltern, dass es manchmal aber auch nicht genügt, das Kind durch Lob zu motivieren, seine Impulse zu kontrollieren, um seine Wut in den Griff zu bekommen und schlagen Sie in diesem Fall wirkungsvollere Methoden vor (z. B. einen Punkte-Plan, wahlweise die *Echt stark-Kärtchen* (s. Abb. 48) oder die Auszeit), um die Bereitschaft des Kindes zu angemessenem Verhalten zu verbessern. Diese Methoden werden, wenn sie notwendig werden sollten, in der nächsten Stunde mit den Eltern gemeinsam erarbeitet.

Besprechen Sie des Weiteren mit den Eltern, dass sie angemessen auf die Verhaltensprobleme des Kindes mit natürlichen negativen Konsequenzen reagieren und diese sofort und konsequent durchführen (z. B. Wiedergutmachung, Ausschluss aus der Situation, Verstärkerentzug und Entzug von Privilegien, Einengung des Handlungsspielraums; s. *B3.06*), wenn ihr Kind einen Wutanfall bekommt und seine Impulse nicht kontrollieren kann. Beachten Sie bei der Einbeziehung der Eltern in die

Therapie die Beziehungsqualität zwischen Eltern und Kind. Je angespannter die Eltern-Kind-Beziehung ist, umso schwieriger ist für die Eltern, ihr Kind auf konstruktive Weise zu unterstützen. Coaching-Maßnahmen werden dann von dem Kind schnell abgelehnt und den Eltern kann es sehr schwerfallen, den richtigen Ton zu finden. Bis zu einem gewissen Grad können Sie das mit Hilfe von Rollenspielen in der Therapiesituation einüben oder auch kontrollieren.

Einsatzmöglichkeiten für Erzieher/Lehrer: Die Arbeitsblätter *(B7.01 und B7.03)* sind modifiziert auch mit Erziehern oder Lehrern durchführbar.

Abschluss der Sitzung

Thematisieren Sie im nächsten Schritt mit den Eltern mit Hilfe des Arbeitsblattes *B7.02 (Wie bekomme ich meine Wut in den Griff?)*, dass nicht nur Kinder manchmal Schwierigkeiten haben, ihre Wut in den Griff zu bekommen, sondern dass es vielen Eltern von Kindern mit solchen Verhaltensproblemen schwerfällt, beispielsweise auf die vielen Regelverstöße ihrer Kinder angemessen und nicht zu aufgebracht zu reagieren – die Reaktion der Eltern auf solche Regelverstöße hängt nämlich häufig davon ab, wie sehr sich die Eltern darüber geärgert haben. Erzählen Sie ihnen, dass Eltern manchmal auf das Verhaltensproblem zu streng oder selbst aggressiv reagieren und ihnen dabei schon auch einmal „die Hand ausrutscht" oder sie laut zu schreien beginnen. Besprechen Sie mit den Eltern, dass es Eltern auch generell schwerfallen kann, bei einen Streit mit dem Partner oder anderen Erwachsenen (z. B. dem Nachbarn, Kollegen, Bekannten …) ruhig zu bleiben. Wieder anderen Menschen macht Wut (sei es die eigene oder die der anderen) Angst oder Schuldgefühle. Fragen Sie die Eltern, wie sie mit dem Gefühl Wut umgehen und was sie tun, wenn sie wütend sind. Explorieren Sie die Eltern, ob sie auch an ihrem eigenen Verhalten etwas ändern wollen und welche Wirkung sie glauben, dass ihr eigener Umgang mit Wut auf das Verhalten ihres Kindes hat. Überlegen Sie mit den Eltern wie sie ein gutes Vorbild sein und ihrem Kind damit die bestmöglichste Unterstützung bei der Durchführung seiner Therapieaufgabe geben können.

Auswertungsgespräch über die Therapieaufgabe in der nächsten Sitzung

Besprechen Sie mit den Eltern das *Arbeitsblatt B7.03 (Coaching: Helfen Sie Ihrem Kind, seine Wut in den Griff zu bekommen.)*. Konnten die Eltern ihr Kind unterstützen, sein Frühwarnsystem und seine Ärger-Polizei einzusetzen? Oder sind wirkungsvollere Methoden (z. B. ein Punkte-Plan, wahlweise die *Echt stark-Kärtchen* oder die Auszeit) notwendig, um die Bereitschaft des Kindes zu angemessenem Verhalten zu verbessern?

 Schwierige Therapiesituationen

Das Thema: *Wie bekomme ich meine Wut in den Griff?* kann sich in einigen Familien als sehr schwierig heraus stellen, da bestimmte Verhaltensweisen oft sehr verfestigt sind. Manche Eltern berichten, dass es ihnen sehr schwerfällt, ihre eigene Wut in den Griff zu bekommen. Andere Eltern können Schwierigkeiten haben, zu ihrer eigenen Wut zu stehen oder es kann ihnen schwerfallen, tatsächlich ihre Wut zu äußern. In solchen Fällen können Sie zusätzliche Sitzungen für die Eltern einplanen und bei sehr starker Problematik die Eltern beraten, eine eigene Therapie einzuleiten. Nehmen Sie sich also genügend Zeit, die einzelnen Punkte ausführlich mit den Eltern zu besprechen. Zeigen Sie Interesse und Verständnis für ihre Einstellungen und ihr Verhalten. Untersuchen Sie diese Einstellungen und Verhaltensweisen gemeinsam mit den Eltern auf Vor- und Nachteile und auf die Wirkung auf das Denken und Verhalten des Kindes. Versuchen Sie hierbei, möglichst neutral mit den Eltern über ihre Gedanken, Einstellungen und Verhaltensweisen zu sprechen und Sie nicht zu stark zu kritisieren.

Wichtig ist, dass die Eltern ihre Überzeugungen aussprechen, damit sie thematisiert, überprüft und verändert werden können. Veränderungen auf dieser Ebene sind häufig eher langwierig. Sie müssen daher immer wieder Platz in der Therapie finden, um sie zu besprechen. Erwarten Sie nicht, dass die Eltern am Ende der Sitzung alle ihre bisherigen Überzeugungen und Verhaltensweisen aufgegeben und verändert haben. Es geht vielmehr darum, einen Denkprozess in Gang zu bringen, an dem Sie mit den Eltern in den nächsten Stunden weiterarbeiten können.

Baustein 7, dritte Sitzung: Wut-Buster (Kind/Eltern)

Teilnehmer	• Zunächst Therapeutin/Therapeut alleine mit Kind. • Später Eltern in die Stunde mit einbeziehen, um eine Unterstützung im natürlichen Umfeld zu gewährleisten.
Materialien	• K2.09 Ärger-Problem-Liste bzw. K2.10 Ziel-Liste • K7.04 Meine Reportage über Wut-Buster • K7.05 Dampf ablassen! • K7.06 Signalkarten zur Selbstinstruktion • K1.05 Mein Punkte-Plan in der Therapiestunde
Therapieaufgaben	• K7.05 Dampf ablassen! • K7.06 Signalkarten zur Selbstinstruktion

Beginn der Sitzung

Erinnern Sie das Kind zu Beginn der Sitzung an den *Punkte-Plan* und an die Regeln, nach denen es in der Sitzung Punkte gewinnen kann. Passen Sie bei Bedarf die Regeln neu an. Lassen Sie das Kind die *Ärger-Problem-Liste (K2.09)* bzw. die *Ziel-Liste (K2.10)* bearbeiten.

Auswertungsgespräch zur letzten Therapie-aufgabe

Besprechen Sie mit dem Kind die Therapieaufgabe aus der letzten Kinder-Sitzung. Falls Sie die Therapie entsprechend dem beschriebenen Standardablauf durchführen, dann bezieht sich das Auswertungsgespräch auf die Therapieaufgabe *K6.04 Beobachtungsbogen „Auf Gefühle achten"*, das anhand des Arbeitsblattes *K6.05 Fragen zum Beobachtungsbogen und Anleitung zum Rollen- oder Puppenspiel* durchgeführt werden kann.

Bearbeitung neuer Arbeitsblätter

Danach können Sie mit dem Kind die Übung *K7.04 Meine Reportage über Wut-Buster* durchführen (siehe Abb. 49 und 50). Bei dieser Übung soll das Kind andere Menschen (positive Modelle) explorieren, um zu erfahren, dass auch andere Menschen

das Gefühl Wut kennen und dass es sich um ein wichtiges und notwendiges Gefühl handelt, dass dabei aber nicht alle Verhaltensweisen erlaubt sind. Es soll lernen, wie andere Menschen mit Wut umgehen und welche Handlungsalternativen der Selbstregulation es gibt. Das Kind soll sich vorstellen, es wäre ein Reporter und beobachte und interviewe heute Wut-Buster. Erklären Sie dem Kind, dass Wut-Buster starke Menschen sind, die ihre Wut im Griff haben und Streit ruhig und gelassen lösen können. Als Hilfsmittel für die Reportage kann das Kind z. B. eine Videokamera, einen Kassettenrecorder oder Papier und Stift verwenden.

Überlegen Sie gemeinsam mit dem Kind, wen es bei Ihnen in der Einrichtung interviewen möchte (z. B. Therapeut, Sekretärin, Praktikantin etc.) und auf wen die Beschreibung passt, wer also ein guter Wut-Buster ist.

Besprechen Sie zuvor den Interview-Leitfaden mit dem Kind. Überlegen Sie gemeinsam, welche Fragen es seinem Interviewpartner stellen möchte. Einige Anregungen finden Sie im zweiten Teil auf dem Arbeitsblatt:

• Wenn du Streit mit anderen hast, was machst du dann?
• Wie schaffst du es, oft ruhig zu bleiben und nicht sofort zu schreien oder zu schlagen?
• Wenn du dich ungerecht behandelt fühlst oder bei etwas verlierst, was tust oder denkst du?
• Wenn dir jemand etwas wegnimmt, wie reagierst du?
• Wenn du wütend bist, wie bekommst du deine Wut in den Griff?
• Findest du Menschen, die andere schlagen sind cool?

```
K7.04 Meine Reportage über Wut-Buster            S 1/4

        Wut-Buster sind starke Menschen. Sie schaffen es,
   ihre Wut im Griff zu haben und Streit oft ruhig und gelassen
                          zu lösen.

        Ich bin ein Reporter und beobachte und interviewe
                      heute Wut-Buster!
```

        Meine Hilfsmittel können sein:
   Videokamera, Kassettenrecorder oder Papier und Stift.

Wen werde ich interviewen, auf den die Beschreibung passt?

1. _____
2. _____
3. _____

Abbildung 49: Meine Reportage über Wut (K7.04)

Abbildung 50: Reporterübung

- Findest du Menschen, die beispielsweise einen Streit friedlich beenden können oder faire Verlierer sein können sind stark?
- Wie findest du Gewalt?
- Ist mit dir auch mal die Wut durchgegangen?
- Wie bist du damit umgegangen?

Im dritten Teil des Arbeitsblattes kann das Kind die Ergebnisse seiner Reportage zusammenfassen. Es kann darüber einen Zeitungsartikel schreiben oder sich selbst am Ende des Filmes/Radiobeitrages aufnehmen und darüber berichten. Erklären Sie dem Kind, dass seine Reportage noch einen Schluss bekommen muss. Überlegen Sie hierzu noch einmal zusammen, was einen coolen Wut-Buster auszeichnet, wie er Streit löst, was er macht, wenn er wütend ist, was er von Gewalt hält, usw. Danach kann das Kind seinen eigenen Wut-Buster-Ausweis bekommen (K7.04).

Im nachfolgenden Arbeitsblatt *K7.05* können mit dem Kind weitere alternative Möglichkeiten der Selbstregulation also „Dampf abzulassen" (wie z. B. Bauchatmung, Knautschball drücken) erarbeitet werden, um gelassen zu bleiben oder sich fair zu verhalten. Diese können dann eingeübt und Erinnerungshilfen installiert werden, damit das Kind im Alltag auch daran denkt, diese einzusetzen. Überlegen Sie gemeinsam mit dem Kind, was es gegen seinen Ärger tun kann. Erklären Sie ihm, dass es sich in „Ärgersituationen" sofort innerlich sagen kann: „Stopp, ich will meinen Ärger bekämpfen! Ich muss Dampf ablassen, damit ich cooler reagieren kann!" Ein Powerband, das es am Handgelenk tragen kann oder der Wut-Buster-Ausweis, kann das Kind erinnern.

Besprechen Sie mit dem Kind auch, dass sich in der „Ärgersituation" auch der Körper zu Wort meldet. Ärger spielt sich nicht nur in seinen Gedanken ab („Ärger-Gedanken"), sondern auch in seinem Körper: es kommt beispielsweise zu Muskelanspannungen, Herzklopfen. Erklären Sie dem Kind, dass diese körperlichen Vorgänge seinen Ärger verstärken, aber dass es dagegen ein gutes Mittel gibt. Besprechen Sie mit ihm, dass es eine Entspannungstechnik lernen kann, mit der es gelassener und cooler in „Ärgersituationen" werden und „Dampf ablassen" kann. Thematisieren Sie mit ihm, dass es automatisch viel weniger Ärger verspüren wird, wenn es körperlich entspannt ist. Die Entspannungstechnik kann es bereits vorher üben, damit es sie in der Ärgersituation gut anwenden kann.

Üben Sie mit dem Kind die Bauchatmung ein. Dabei soll es eine Hand auf seinen Bauch legen, unterhalb des Bauchnabels. Es soll sich vorstellen, es hätte einen Luftballon in seinem Bauch. Beim Einatmen soll es versuchen, mit der eingeatmeten Luft den Ballon in seinem Bauch aufzublasen. Es soll sich weiter vorstellen, wie der Ballon mit der eingeatmeten Luft ganz groß wird. Beim Ausatmen soll es sich vorstellen, dass die Luft wieder aus dem Ballon heraus strömt, und der Ballon zusammen schrumpft. Sagen Sie ihm: „Blase den Ballon beim Einatmen wieder auf … und lass' ihn wieder zusammenschrumpfen. Dein Brustkorb bleibt beim Atmen ganz flach und bewegt sich nicht mit."

Als Unterstützung und zur Förderung der Motivation die Entspannung einzuüben, können Sie auch die Spielekonsole Wii (Wii fit, Yogaübung Bauchatmung) einsetzen. Hierbei stellt sich das Kind auf das Balanceboard, legt seine Hände auf den Bauch und versucht nach den Vorgaben des Spieles zu atmen. Über den Fernsehbildschirm erhält es hierbei immer eine sofortige Rückmeldung und erhält für seine Leistung Punkte, für die es bestimmte Spiele vom Programm frei geschaltet bekommt.

 Besprechung der neuen Therapieaufgabe

Im zweiten Teil des Arbeitsblattes können Sie gemeinsam überlegen, was das Kind sonst noch tun könnte, um Dampf abzulassen und cooler zu werden. Einige Beispiele hierzu finden Sie bereits auf dem Arbeitsblatt (z. B. auf ein Kissen schlagen, eine Runde laufen, etwas fest in Hand drücken – z. B. Knautschball, Faust in der Hosentasche machen). Überlegen Sie mit dem Kind, was ihm sonst noch einfällt. Sammeln Sie diese Ideen zum Dampf ablassen auf dem Arbeitsblatt. Danach können Sie mit dem Kind überlegen, was es gerne ausprobieren würde, in welcher Situation es die Methode anwenden könnte (zu Hause, Schule, Freizeit), was es zuvor abklären müsste (z. B. mit Lehrerin absprechen) und wie es sich daran erinnern könnte (Powerband am Handgelenk, Aufkleber auf Mäppchen, bunter Schnürsenkel im Schuh). Das Kind soll dies in den nächsten Wochen üben. Beziehen Sie hierzu die Eltern in die Stunde mit ein, um eine Unterstützung der Therapieaufgabe im natürlichen Umfeld zu gewährleisten.

Sie können in dieser Stunde auch mit dem Kind die *Signalkarten zur Selbstinstruktion (K7.06,* s. Abb. 51) besprechen. Bei den Signalkarten handelt es sich um ein Selbstinstruktionstraining, das dem Kind helfen soll, seine Impulsivität zu vermindern und ein planvolles und reflexives Verhalten in sozialen Situationen zu entwickeln. Die Eltern sollten auch hier nach einiger Zeit in die Behandlung integriert und dazu angeleitet werden, das Selbstinstruktionstraining im Alltag fortzusetzen. Damit sollen dessen Effekte verstärkt und die Generalisierung unterstützt werden. Erklären Sie dem Kind, dass Sie Signalkarten haben, die ihm helfen sollen, schwierige Situationen zu lösen und dadurch Streit zu vermeiden. Besprechen Sie mit dem Kind die einzelnen Karten und deren Bedeutung.

Die Signalkarten (siehe Abb. 51) lauten:
*   *Ich bleibe ruhig!*
    Das Kind soll erste Handlungsimpulse stoppen.
*   *Ich denke zuerst nach und handele dann!*
    Das Kind soll sich Lösungsmöglichkeiten ausdenken, diese gegeneinander abwägen und sich dann für eine Lösung entscheiden.

*   *Ich rede mit dem anderen in Ruhe darüber!*
*   *Ich überprüfe, ob ich mich richtig verhalten habe!*
    Das Kind soll prüfen, ob es ihm gelungen ist die Situation friedlich, sozial angemessen zu lösen.
*   *Prima!*
    Das Kind belohnt sich selbst dafür, dass es ihm gelungen ist, die Situation sozial angemessen zu bewältigen oder
*   *Das nächste Mal mache ich es besser!*
    Das Kind überlegt, wie es die Situation besser hätte lösen können.

Üben Sie die Technik der Selbstinstruktion anhand mehrerer Rollen- oder Puppenspiele ein.

Abschluss der Sitzung

Zum Abschluss der Stunde sollte dann wieder das *Arbeitsblatt K1.05 Mein Punkte-Plan* in der Therapiestunde eingesetzt werden. Das Kind erhält für die Regeln, die es eingehalten hat, die vereinbarte Punktezahl und darf diese, wenn es will eintauschen.

Auswertungsgespräch über die Therapieaufgabe in der nächsten Sitzung

Besprechen Sie mit dem Kind das Arbeitsblatt *K7.05.* Konnte das Kind einige der besprochenen alternativen Möglichkeiten der Selbstregulation, d. h. „Dampf abzulassen" (wie z. B. Bauchatmung, Knautschball drücken), um gelassen zu bleiben oder sich fair zu verhalten in der vergangenen Woche einsetzen. Hat es dabei die Erinnerungshilfen genutzt und die *Signalkarten zur Selbstinstruktion (K7.06)* im Alltag eingesetzt. Lassen Sie sich Situationen erzählen, in denen dies dem Kind gelungen oder auch nicht gelungen ist und überlegen Sie gemeinsam, was noch verändert oder vertieft werden muss.

⚠ Schwierige Therapiesituationen

Überlegen Sie sich, bevor Sie die Reportage-Übung mit dem Kind durchführen, wen das Kind bei Ihnen in der Einrichtung interviewen könnte (z. B. andere Therapeuten, Sekretärin, Praktikantin etc.). Wenn niemand Geeignetes zur Verfügung steht, können Sie die Übung mit dem Kind auch alleine durchführen. Es macht wenig Sinn, wenn das Kind Menschen interviewt, die selbst Probleme mit ihrem aggressiven Verhalten haben und dies noch nicht reflektieren können (z. B. an-

Abbildung 51: Signalkarten zur Selbstinstruktion (K7.06)

dere aggressive Kinder, Eltern mit starkem Aggressionspotenzial) oder wenn es durch ständige Ablehnung seiner Bitte frustriert wird.

Manche Kinder haben die Tendenz, die zusätzliche Anstrengung zu vermeiden, die mit dem Erlernen der Techniken der Selbstregulation (z. B. Bauchatmung) und Selbstinstruktion (z. B. Signalkärtchen) verbunden ist. In diesem Fall sollten Sie ausführlich von Verstärkertechniken Gebrauch machen (siehe fünfte Sitzung dieses Bausteines). Manchen Kindern fällt es aber auch nach längerer Übungszeit schwer, gleichzeitig eine konflikthafte Situation zu bewältigen und Metakognitionen einzusetzen.

Baustein 7, vierte Sitzung: Marterpfahlspiel (Kind/Eltern)

Teilnehmer	• Zunächst Therapeutin/Therapeut alleine mit Kind. • Später Eltern in die Stunde mit einbeziehen, um eine Unterstützung im natürlichen Umfeld zu gewährleisten.
Materialien	• K2.09 Ärger-Problem-Liste bzw. K2.10 Ziel-Liste • K7.05 Dampf ablassen! • K7.06 Signalkarten zur Selbstinstruktion • K7.07 Marterpfahlspiel • K7.08 Ich habe total viel Energie! • K7.09 Beobachtungsbogen – Klappt mein Frühwarnsystem? Arbeitet meine Ärgerpolizei? Erkenne ich das Biest? • K7.10 Das Biest mit der Ärgerpolizei bekämpfen – Rollen- oder Puppenspiel • K1.05 Mein Punkte-Plan in der Therapiestunde
Therapie-aufgaben	• K7.09 Beobachtungsbogen Frühwarnsystem

Beginn der Sitzung

Erinnern Sie das Kind zu Beginn der Sitzung an den *Punkte-Plan* und an die Regeln, nach denen es in der Sitzung Punkte gewinnen kann. Passen

Sie bei Bedarf die Regeln neu an. Lassen Sie das Kind die *Ärger-Problem-Liste (K2.09)* bzw. die *Ziel-Liste (K2.10)* bearbeiten.

Auswertungsgespräch zur letzten Therapieaufgabe

Besprechen Sie mit dem Kind die Therapieaufgabe aus der letzten Kinder-Sitzung. Falls Sie die Therapie entsprechend dem beschriebenen Standardablauf durchführen, dann bezieht sich das Auswertungsgespräch auf das Arbeitsblatt *K7.05*. Konnte das Kind einige der zuvor besprochenen alternativen Möglichkeiten der Selbstregulation und die *Signalkarten zur Selbstinstruktion (K7.06)* im Alltag nutzen. Lassen Sie sich Situationen erzählen und überlegen Sie gemeinsam, was noch verändert oder vertieft werden muss.

Bearbeitung neuer Arbeitsblätter

Danach können Sie mit dem Kind das *Marterpfahlspiel (K7.07,* s. Abb. 52 und 53) ausprobieren. Die Impulskontrolle kann so spielerisch weiter gestärkt werden. Das Kind soll sich, bei diesem

Abbildung 52: Das Marterpfahlspiel (K7.07)

Aggressionstraining, in einer für es schwierigen sozialen Situationen (körperlichen und verbalen Attacken ausgesetzt zu sein) beobachten. Hierbei soll es besonders auf seine Ärgergedanken und Körpersignale achten. Es soll überprüfen, ob es ihm gelungen ist, seine Ärgerkiller-Gedanken oder andere alternative Möglichkeiten „Dampf abzulassen" einzusetzten, um gelassen zu bleiben.

Die Selbstwahrnehmung und der Einsatz von Bewältigungstechniken zur Selbstregulation sollen trainiert werden. Dieses Spiel können Sie alleine mit dem Kind (dann nur als Puppenspiel) oder abwechselnd in einer Gruppe von Kindern (als Rollenspiel) spielen. Es geht darum, dass das Kind lernt seine Wut so gut wie möglich im Griff zu behalten. Es soll sich vorstellen, es wäre im wilden Westen und ein Gefangener der Indianer. Das Kind selbst oder eine Puppe, die es spielt, steht am Marterpfahl (gebastelt aus Pappe oder auf einem Stuhl, die Hände auf dem Rücken) und die Indianer (andere Kinder oder Sie mit Puppen) laufen um den Marterpfahl herum. Der Indianer, der vor ihm steht, darf einen „Pfeil" (Beleidigung, Provokation) auf das Kind bzw. seine Puppe abschießen.

Die Aufgabe des Kindes ist es, ruhig zu bleiben und nicht wütend zu werden, um die Indianer zur Aufgabe zu zwingen. Nur dann hat es die Chance, sie zu besiegen und der Stärkere zu sein. Das Kind hat aber auch jederzeit die Möglichkeit, ein Stopp-Zeichen zu geben, wenn es ihm zu viel wird, auch damit kann es Stärke zeigen.

Nach dem Spiel können Sie dann gemeinsam mit dem Kind besprechen, wie gut es ihm gelungen ist ruhig zu bleiben und was dabei schwierig war. Hierzu können Sie die aufgeführten Fragen im zweiten Teil als Hilfe nehmen. Es ist hilfreich,

das Spiel auf Video aufzunehmen, um es sich später gemeinsam noch einmal ansehen und besprechen zu können. Danach sollten alle zusammen im Spiel die „Friedenspfeife" rauchen, um versöhnt auseinander zu gehen. Im Anschluss an das *Marterpfahlspiel* können Sie mit dem Kind noch das Arbeitsblatt *K7.08 Ich habe total viel Energie* besprechen. In diesem Arbeitsblatt geht es darum, das generelle Energiepotenzial des Kindes zu kanalisieren und im Alltag Möglichkeiten des Ausagierens z. B. über körperliche Aktivitäten wie sportliche Betätigungen zu schaffen.

Zunächst sollten Sie alleine mit dem Kind überlegen, was es generell tun könnte, um seine Power angemessen „rauszulassen". Überlegen Sie mit ihm, ob es beispielsweise eine Sportart gibt, die es ausprobieren möchte und was es dafür tun müsste. An dieser Stelle ist es wichtig, frühzeitig die Bezugspersonen in die Sitzung mit einzubeziehen, um eine Unterstützung im natürlichen Umfeld zu gewährleisten und abzusprechen, was generell möglich wäre (aus zeitlichen, finanziellen, räumlichen Gründen).

 Besprechung der neuen Therapieaufgabe

Als Therapieaufgabe können Sie dem Kind den *Beobachtungsbogen – Klappt mein Frühwarnsystem? Arbeitet meine Ärgerpolizei? Erkenne ich das Biest? (K7.09)* mit nach Hause geben. Das Kind soll sich selbst, in sozialen Situationen beobachten, die schwierig für es sind. Hierbei soll es besonders darauf achten, ob sein „Frühwarnsystem" funktioniert hat und ob es seine Ärgergedanken und Körpersignale rechtzeitig erkannt hat. Es soll überprüfen, ob es seiner „Ärger-Polizei" gelungen ist, seine Ärgerkiller-Gedanken oder andere alternative Möglichkeiten um „Dampf abzulassen" einzusetzen, um gelassen zu bleiben oder sich fair zu verhalten. Die Selbstwahrnehmung und der Einsatz von Bewältigungstechniken soll weiter geschult werden. Dabei sollten Sie die Bezugspersonen weiter in die Sitzung mit einbeziehen, um auch hier eine Unterstützung im natürlichen Umfeld zu gewährleisten.

Einsatz des Zauberwaldspiels (K12.01) zum Bereich Impulskontrolle

In der Standardform wird das Spiel mit allen Karten aus allen drei Bereichen (Informationsverarbeitung, Impulskontrolle, Problemlösung und

Abbildung 53: Marterpfahlspiel-Übung

Fertigkeiten) gespielt. Das Spiel kann aber auch an dieser Stelle nur *zum Bereich Impulskontrolle* gespielt werden, sodass es gezielt in diesem Therapie-Modul eingesetzt werden kann. Egal auf welches Feld mit „Till" ein Spieler kommt, wird nur aus dem Bereich Impulskontrolle eine Karte gezogen. Haben Sie auch das vorherige Modul zum Bereich Informationsverarbeitung bereits durchgeführt, können sie das Spiel zu beiden Bereichen (Informationsverarbeitung und Impulskontrolle) spielen.

Abschluss der Sitzung

Zum Abschluss der Stunde sollte dann wieder das Arbeitsblatt *K1.05 Mein Punkte-Plan* in der Therapiestunde eingesetzt werden. Das Kind erhält für die Regeln, die es eingehalten hat, die vereinbarte Punktezahl und darf diese, wenn es will eintauschen.

Auswertungsgespräch über die Therapieaufgabe in der nächsten Sitzung

Besprechen Sie mit dem Kind die Situationen, die es in seinem Beobachtungsbogen aufgeschrieben hat und ob sein Frühwarnsystem funktioniert und seine Ärgerpolizei gut arbeitet hat *(Hat die Ärgerpolizei das Biest erkannt und festgenommen?)*. Besprechen Sie die Situationen und überprüfen Sie zusammen, ob Sie und das Kind mit der Arbeit der Ärgerpolizei zufrieden sind? Versuchen Sie die Situationen mit dem Kind zusammen noch einmal auf dem Arbeitsblatt *K7.10 Das Biest mit der Ärgerpolizei bekämpfen – Rollen- oder Puppenspiel* zu sammeln und kurz aufzuschreiben. Sie können das Kind z. B. wieder fragen, was das Besondere an den Situationen war, in denen es wütend geworden ist? (Warum bist du wütend geworden?). Zum Beispiel:

- *Fühltest du dich ungerecht behandelt?*
- *Machte es dir Spaß?*
- *Sollten andere Kinder dich toll finden?*
- *Wer besonders?*
- *Hast du so bekommen was du wolltest?*

Schreiben Sie diese Merkmale zusammen mit dem Kind auf. Thematisieren Sie mit dem Kind, dass dies typische Situationen zu sein scheinen, in denen es leicht wütend wird oder in Streit gerät und daher in den nächsten Wochen hier besonders aufmerksam sein sollte. Überlegen Sie gemeinsam, ob das Kind in der Situation etwas anderes hätte machen können. Überlegen Sie gemeinsam weiter, was dann besser/anders gelaufen wäre.

Dieses Verhalten können Sie zusammen mit dem Kind in Rollen- oder Puppenspielen nachspielen/üben und mit einer Videokamera aufnehmen. In der ersten Sequenz sollten Sie gemeinsam die Szene so spielen, wie sie tatsächlich stattgefunden hat. In der zweiten Sequenz spielen Sie die Szene mit dem Kind so, wie Sie es gemeinsam mit ihm überlegt haben. Danach können Sie mit dem Kind besprechen, was ihm im Rollen-Puppenspiel gut gelungen ist, was es in Zukunft so weiter machen möchte und was es in den nächsten Wochen in welcher Situation ausprobieren will.

 Schwierige Therapiesituationen

Das Aggressionstraining anhand des *Marterpfahlspiels* verlangt vom Kind ein hohes Maß an Vertrauen und Selbststeuerung. Erwarten Sie zunächst nicht zuviel vom Kind. Häufig weisen Widerstände („keine Lust") auf erwartete Misserfolge hin. Nehmen Sie sich Zeit, die einzelnen Punkte ausführlich mit dem Kind zu besprechen. Zeigen Sie Verständnis für seine Vorbehalte und erklären Sie ihm ausführlich den Sinn und Zweck der Übung. Seien Sie in diesem Fall ein Modell und beginnen Sie selbst die Übung.

Je nach Problematik des Kindes, kann sich diese Therapiestunde schwierig gestalten und das Kind kann möglicherweise sehr aggressiv reagieren. Daher ist es sinnvoll, die Provokationen zunächst vorsichtig zu dosieren und das Kind zwischendurch zu loben und erst dann zu intensivieren, wenn Sie erkennen können, dass das Kind gut in der Lage ist, seine Wut zu regulieren.

Baustein 7, fünfte Sitzung: Verstärkersysteme (Eltern/Kind)

Teilnehmer	• Zunächst Eltern ohne Kind. • Später Kind hinzuziehen (B7.01 bis B7.06 auch mit Erziehern/Lehrern durchführbar)
Materialien	• B2.04 Verhaltensproblemliste bzw. B2.05 Ziel-Liste • B7.04 Der Punkte-Plan *oder* • B7.05 Wettkampf um lachende Zaubergeister *oder* • B7.06 Die Auszeit
Therapieaufgaben	• B7.03 Coaching: Helfen Sie Ihrem Kind, seine Wut in den Griff zu bekommen.

Beginn der Sitzung

Lassen Sie die Bezugspersonen zunächst die *Verhaltensproblemliste (B2.04)* bzw. die *Ziel-Liste (B2.05)* bearbeiten und thematisieren Sie den Verlauf seit der letzten Bezugspersonensitzung.

Auswertungsgespräch zur letzten Therapieaufgabe

Besprechen Sie mit den Eltern die Therapieaufgabe aus der letzten Eltern-Sitzung. Falls Sie die Therapie entsprechend dem beschriebenen Standardablauf durchführen, dann bezieht sich das Auswertungsgespräch auf das *Arbeitsblatt B7.03 Coaching: Helfen Sie Ihrem Kind, seine Wut in den Griff zu bekommen.* Konnten die Eltern ihr Kind unterstützen, sein Frühwarnsystem und seine Ärger-Polizei einzusetzen? Oder sind wirkungsvollere Methoden (z. B. ein Punkte-Plan, wahlweise die *Echt stark-Kärtchen* oder die Auszeit) notwendig, um die Bereitschaft des Kindes zu angemessenem Verhalten zu verbessern?

Bearbeitung neuer Arbeitsblätter

Besprechen Sie in dieser Sitzung mit den Eltern entweder den *Punkte-Plan (B7.04) oder* den *Wettkampf um lachende Zaubergeister (B7.05) oder* die *Auszeit (B7.06).*

Punkte-Plan (B7.04). Token-Systeme sind sehr wirkungsvolle Methoden, vor allem, wenn das Problemverhalten nicht ständig auftritt und wenn das Verhalten unter einer gewissen Kontrolle des Kindes ist (was beispielsweise bei Wutausbrüchen nicht immer der Fall ist). Die Planung von Token-Systemen muss jedoch sehr genau erfolgen und mögliche Hindernisse in der Umsetzung müssen möglichst von Anfang bedacht werden.

Besprechen Sie mit den Eltern, dass Sie in dieser Therapiestunde mit ihnen ein spezielles Belohnungsverfahren erarbeiten möchten, welches das Kind dazu motivieren soll, bestimmte Verhaltensregeln einzuhalten. Dafür kann es sich Punkte verdienen, die es in Belohnungen eintauschen darf. Dieses Vorgehen erleichtert es den Eltern, das angemessene Verhalten des Kindes konstant und in immer gleicher Weise zu verstärken. Die *Elterninformation* ist in zwei Abschnitte unterteilt. Im ersten Teil werden Regeln für die Entwicklung des *Punkte-Planes* erarbeitet, im zweiten Teil werden Regeln für die Durchführung des *Punkte-Planes* erläutert.

Wählen Sie zusammen mit den Eltern das Problemverhalten aus, das verändert werden soll. Oft ist es günstig, wenn zunächst nicht das stärkste Problemverhalten ausgewählt wird. Grenzen Sie mit den Eltern das Problemverhalten und die Situation ein, in der das Verhalten auftritt. Dabei ist es wichtig, dass die Eltern das Verhalten möglichst konkret beschreiben und dass sehr komplexe Verhaltensprobleme in mehrere kleine Einheiten zerlegt werden. Versuchen Sie nun mit den Eltern konkret zu beschreiben, wie das angemessene Verhalten (positiv formuliert) aussehen müsste, das belohnt werden soll. Wählen Sie zusammen mit den Eltern eine unmittelbare Belohnung (z. B. Sticker) aus, die das Kind für das erwünschte Verhalten in der Situation erhält. Diese Sticker sollten dann direkt nach dem erwünschten Verhalten auf das dafür vorgesehene Arbeitsblatt (aus *B7.04 Mein Punkte-Konto*) geklebt werden. Es können aber auch einfach Punkte oder Sterne aufgemalt werden oder es können wahlweise die *Echt stark-Kärtchen* eingesetzt werden, die das Kind sammeln kann. Tragen Sie zusammen mit den Eltern und dem Kind das erwünschte Verhalten als Regel in das Arbeitsblatt (aus *B7.04 Der Punkte-Plan*) ein und bestimmen Sie die Anzahl der Punkte/Kärtchen, die sich das Kind damit verdienen kann. Legen Sie gemeinsam anhand des Arbeitsblattes (aus *B7.04*) *eine Wunschliste für Sonderbelohnungen* an. Sie sollten fünf bis zehn Belohnungen mit unterschiedlich hohem Belohnungswert zusammentragen. So kann das Kind aussuchen, ob es für weniger Punkte/Kärtchen eine kleine Belohnung haben will oder ob es auf eine größere Belohnung sparen möchte. Dabei ist nicht nur an materielle Verstärker, sondern auch an Vergünstigungen und gemeinsame Aktivitäten zu denken. Am Ende soll die Liste aus Belohnungen bestehen, die für das Kind attraktiv sind und von den Eltern und dem Therapeuten als geeignet angesehen werden. Überlegen Sie gemeinsam mit den Eltern, wie viele Punkte für jede Sonderbelohnung eingetauscht werden müssen. Die Anzahl der Punkte, die eingetauscht werden müssen, hängt von der Zahl der Punkte ab, die das Kind am Tag verdienen kann. Für eine kleine Verbesserung des Verhaltens an einem Tag sollte das Kind sich abends schon eine kleine Belohnung eintauschen können, wenn es will. Tragen Sie gemeinsam die Sonderbelohnungen und die dafür notwendige Punktzahl in die *Wunschliste für Sonderbelohnungen* aus dem Arbeitsblatt *B7.04* ein.

Jetzt sollten die Regeln für die Durchführung des *Punkte-Planes* erläutert werden. Zuerst sollte überlegt werden, an welche Stelle in der Wohnung die Spielregeln des *Punkte-Planes* und das *Punkte-Konto* gehängt werden. Vor Beginn der üblicherweise schwierigen Situation, sollten die Eltern das Kind an den *Punkte-Plan* erinnern. Wünschenswert ist es, dass die Eltern das Kind unmittelbar nach dem erwünschten Verhalten loben und ihm einen Punkt/ein Kärtchen geben, bzw. ihm bei unerwünschtem Verhalten nochmals erklären, warum es dieses Mal keinen Punkt/kein Kärtchen bekommt. Wichtig ist es, die Eltern daraufhin zu weisen, dass verdiente Punkte/Kärtchen nicht wieder entzogen werden dürfen. Besprechen Sie mit allen Beteiligten ihre Erfolgserwartungen (Verhaltensänderungen lassen sich nicht von heute auf morgen realisieren, auch kleine Fortschritte sind ein Erfolg). Erklären Sie den Eltern und dem Kind, das wahrscheinlich nach dem ersten Versuch zu Hause noch einmal Anpassungen notwendig sind. Die Eltern sollten in der Versuchswoche die Möglichkeit haben, mit Ihnen Rücksprache nehmen zu können, um erste Erfahrungen auszutauschen. Nachdem das Kind sich die Punkte/Kärtchen verdient hat, kann es sich selbst überlegen, in welche Sonderbelohnung es die Punkte/Kärtchen eintauschen will. Ausführlichere Hinweise zur Entwicklung, Modifikation und Beendigung von Punkteplänen finden Sie im Therapieprogramm für Kinder mit hyperkinetischem und oppositionellem Problemverhalten (THOP; Döpfner et al., 2007).

Wettkampf um lachende Zaubergeister (B7.05). Der *Wettkampf um lachende Zaubergeister* (s. Abb. 54) ist eine spielerische Möglichkeit, Verhaltensprobleme zu vermindern, die sehr häufig auftreten. Der *Wettkampf um lachende Zaubergeister* verbindet negative Konsequenzen für unangemessenes Verhalten mit positiven Konsequenzen für angemessenes Verhalten.

Die *Elterninformation* ist in zwei Abschnitte unterteilt. Im ersten Teil werden die Spielregeln erarbeitet, im zweiten Teil werden Regeln für die Durchführung des *Wettkampfes um lachende Zaubergeister* erläutert. Wählen Sie zusammen mit den Eltern das Problemverhalten aus, das verändert werden soll. Dabei ist es wichtig, dass die Eltern das Verhalten möglichst konkret beschreiben. Für den *Wettkampf um lachende Zaubergeister* eignen sich vor allem Verhaltensweisen, die zwar von kurzer Dauer und als einzelne Verhaltensweisen möglicherweise wenig belastend sind, aber sehr häufig

auftreten und daher das Setzen negativer Konsequenzen erschweren (z. B. häufiges Benutzen von Schimpfwörtern).

Konkretisieren Sie gemeinsam das Problemverhalten und die Situation, in der das Verhalten auftritt und legen Sie damit fest, welches Problemverhalten zu einem Punkte-Entzug führt. Konzentrieren Sie sich auf eine, höchstens zwei, problematische Verhaltensweisen. Tragen Sie dieses Verhalten auf dem Arbeitsblatt *B7.05 Wettkampf um lachende Zaubergeister* ein. Überlegen Sie gemeinsam, wie häufig das Problemverhalten üblicherweise in der Situation auftritt.

Auf dem Arbeitsblatt *B7.05 Wettkampf um lachende Zaubergeister-Spielplan* stehen in jeder Reihe zehn Zaubergeister zur Verfügung. Wählen Sie den Beginn und das Ende der Spielzeit so, dass das Kind eine reelle Chance hat, mit einer Verhaltensänderung lachende Zaubergeister zu gewinnen (d. h., das Problemverhalten sollte üblicherweise nicht mehr als zehnmal in der Situation auftreten). Besprechen Sie mit dem Kind und den Eltern die Spielregeln des Wettkampfes. Machen Sie deutlich, dass die Zaubergeister zu Beginn der Spielzeit keinem gehören, sondern erst während des Wettkampfes verteilt werden. Die Eltern malen immer dann dem Zaubergeist ein trauriges Gesicht, wenn das Kind das definierte Problemverhalten zeigt. Alle Zaubergeister, die sich die Eltern während der Spielzeit nicht nehmen durften, gehören am Ende dem Kind und dürfen von ihm als lachende Zaubergeister ausgemalt werden.

Legen Sie gemeinsam anhand des Arbeitsblattes aus *B7.05 Ich darf meine Zaubergeister eintauschen!* eine Wunschliste für Sonderbelohnungen an. Sie sollten fünf bis zehn Belohnungen mit unterschiedlich hohem Belohnungswert zusammentragen. So kann das Kind aussuchen, ob es für wenige Zaubergeister eine kleine Belohnung haben will oder ob es auf eine größere Belohnung sparen möchte. Dabei ist nicht nur an materielle Verstärker, sondern auch an Vergünstigungen und gemeinsame Aktivitäten zu denken. Am Ende soll die Liste aus Belohnungen bestehen, die für das Kind attraktiv sind und von den Eltern und dem Therapeuten als geeignet angesehen werden. Überlegen Sie gemeinsam mit den Eltern, wie viele Zaubergeister für jede Sonderbelohnung eingetauscht werden müssen. Die Anzahl der Zaubergeister, die eingetauscht werden müssen, hängt von der Zahl der Zaubergeister ab, die das Kind

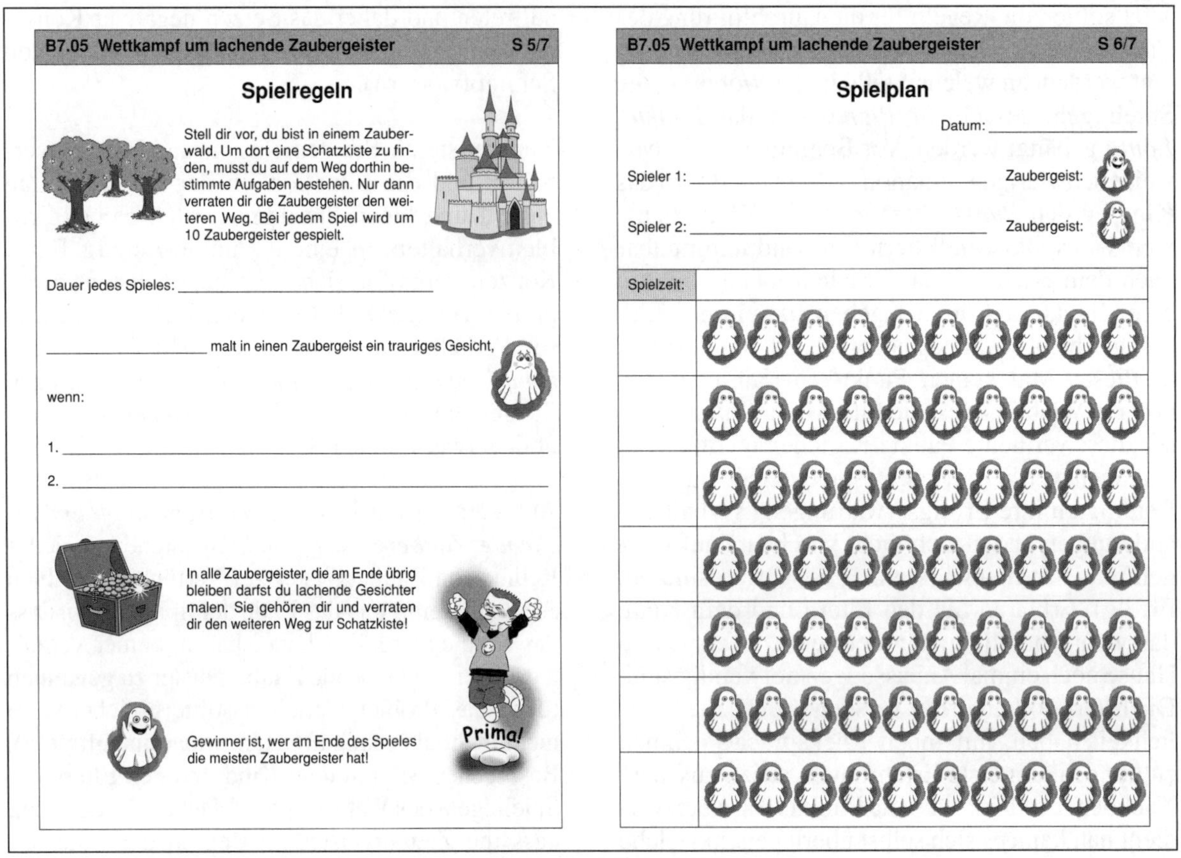

B7.05 Wettkampf um lachende Zaubergeister S 5/7

Spielregeln

Stell dir vor, du bist in einem Zauberwald. Um dort eine Schatzkiste zu finden, musst du auf dem Weg dorthin bestimmte Aufgaben bestehen. Nur dann verraten dir die Zaubergeister den weiteren Weg. Bei jedem Spiel wird um 10 Zaubergeister gespielt.

Dauer jedes Spieles: ______________________

______________ malt in einen Zaubergeist ein trauriges Gesicht,

wenn:

1. ______________________

2. ______________________

In alle Zaubergeister, die am Ende übrig bleiben darfst du lachende Gesichter malen. Sie gehören dir und verraten dir den weiteren Weg zur Schatzkiste!

Gewinner ist, wer am Ende des Spieles die meisten Zaubergeister hat!

Prima!

B7.05 Wettkampf um lachende Zaubergeister S 6/7

Spielplan

Datum: ______________

Spieler 1: ______________ Zaubergeist:

Spieler 2: ______________ Zaubergeist:

Spielzeit:

Abbildung 54: Wettkampf um lachende Zaubergeister (B7.05, Seite 5 und 6)

am Tag verdienen kann. Für eine kleine Verbesserung des Verhaltens an einem Tag sollte das Kind sich abends schon eine kleine Belohnung eintauschen können, wenn es will. Tragen Sie gemeinsam die Sonderbelohnungen und die dafür notwendige Zaubergeisteranzahl in das Arbeitsblatt *B7.05 Ich darf meine Zaubergeister eintauschen* ein.

An dieser Stelle sollten die Regeln für die Durchführung des Wettkampfes erläutert werden. Zuerst sollte überlegt werden, an welche Stelle in der Wohnung die Spielregeln des *Wettkampf um lachende Zaubergeister* gehängt wird. Vor Beginn der Spielzeit, sollten die Eltern das Kind an den Wettkampf erinnern. Wünschenswert ist es, dass die Eltern während der Spielzeit unmittelbar nachdem eine Spielregel verletzt wurde, ein trauriges Gesicht in einen Zaubergeist malen und dem Kind sagen, dass dieser Geist den Eltern gehört. Wichtig ist es die Eltern daraufhin zu weisen, dies nicht tadelnd zu tun, sondern das Kind zu ermutigen weiter zu spielen.

Am Ende der Spielzeit sollten die Eltern mit dem Kind das Ergebnis besprechen. Die Eltern sollten hier ihr Augenmerk bei der Besprechung unbedingt auf die positiven Aspekte legen. Danach sollten die Eltern mit dem Kind überlegen, ob und welche Sonderbelohnung es dafür bekommen könnte. Ob es sie sofort eintauschen möchte oder auf eine größere Belohnung sparen will.

Besprechen Sie mit allen Beteiligten deren Erfolgserwartungen (Verhaltensänderungen lassen sich nicht von heute auf morgen realisieren, auch kleine Fortschritte sind ein Erfolg). Erklären Sie den Eltern und dem Kind, das wahrscheinlich nach dem ersten Versuch zu Hause noch einmal Anpassungen notwendig sind. Die Eltern sollten in der Versuchswoche die Möglichkeit haben, mit Ihnen Rücksprache zu nehmen, um erste Erfahrungen auszutauschen. Ausführlichere Hinweise zur Entwicklung, Modifikation und Beendigung von Verstärker-Entzugssystemen finden Sie im Therapieprogramm für Kinder mit hyperkinetischem und oppositionellem Problemverhalten (THOP; Döpfner et al., 2007).

Auszeit (B7.06). Die Methode der Auszeit ist äußerst effektiv, muss aber genau geplant werden. Gehen Sie mit den Eltern die *Elterninformation B7.06 Die Auszeit* Schritt für Schritt durch und achten Sie darauf, dass die Eltern die wesentlichen Punkte gut verstanden haben. Die Elterninformation ist in fünf Abschnitte unterteilt.

Im ersten Teil des Arbeitsblattes werden die Regeln zur Vorbereitung der Auszeit erarbeitet. Überlegen Sie gemeinsam mit den Eltern, bei welchem Problemverhalten die Auszeit angewendet werden soll. Beispiele für Verhaltensweisen, die sich für die Durchführung von Auszeit eignen sind Wutausbrüche oder aggressives Verhalten. Überlegen Sie mit den Eltern, welcher Auszeitort verwendet werden soll. Sinn der Auszeit ist, dass das Kind seine Tätigkeit unterbrechen und sich an einem weniger interessanten Ort aufhalten muss. Dafür kann ein Stuhl oder ein Zimmer verwendet werden. Dieser Ort darf aber nicht Angst einflößend sein und es dürfen keine Verletzungsgefahren bestehen. Als Auszeitraum können der Flur, das Badezimmer oder das elterliche Schlafzimmer verwendet werden. Da in den meisten Zimmern aber Probleme auftreten können (Sachen zerstören usw.) kann manchmal ein Auszeitstuhl sinnvoller sein. Dieser Stuhl sollte eine gerade Lehne haben und in einer Ecke stehen, in der sich nichts Interessantes im Blickfeld befindet. Wenn das Kind zu massiven Wutausbrüchen neigt, gelingt die Auszeit auf einem Auszeitstuhl meist jedoch nicht.

Erläutern Sie den Eltern die Mindestzeit, die das Kind in der Auszeit verbringen muss. Diese Mindestzeit ist zunächst vom Alter des Kindes abhängig. Sie sollte für jedes Lebensalter ein bis zwei Minuten betragen. Besprechen Sie anschließend gemeinsam mit den Eltern und dem Kind das Auszeitverfahren. Das Kind muss wissen, bei welchem Problemverhalten künftig die Auszeit durchgeführt wird und wie lange sie mindestens dauert.

Im zweiten Teil des *Arbeitsblattes B7.06* werden die Regeln für die Durchführung der *Auszeit* erläutert. Der erste Schritt beginnt mit der Aufforderung, die die Eltern dem Kind geben. Befolgt das Kind innerhalb von fünf Sekunden die Aufforderung nicht, dann wird eine Warnung ausgesprochen, in der die Auszeit angekündigt wird. Befolgt das Kind innerhalb von fünf Sekunden die zweite Aufforderung immer noch nicht, sollen die Eltern das Kind am Arm nehmen und sagen: „Du hast nicht getan, was ich dir gesagt habe, nun setz

dich hier her bzw. nun bleibst du in diesem Zimmer." Das Kind ist unmittelbar zum Stuhl oder in das Zimmer zu bringen, auch wenn es verspricht, der Aufforderung jetzt nachzukommen. Die Eltern sollen die Auszeit beginnen, indem sie sagen: „Du bleibst so lange hier, bis ich dir sage, dass die Auszeit vorbei ist. Du hast … Minuten hier zu bleiben." Das Kind sollte wissen, dass die Eltern nicht vor Ablauf der Mindestzeit wieder kommen und dass es erst die Auszeit verlassen darf, wenn es mindestens eine Minute lang ruhig ist. Während der Auszeit soll nicht mit dem Kind gesprochen werden. Erklären Sie den Eltern diese Bedingungen (Mindestzeit: eine Minute lang ruhig), die erfüllt sein müssen, damit die Auszeit beendet werden kann.

Am Ende der Auszeit sollten die Eltern das Kind zu einem neuen Anfang ermutigen. Wenn das Kind anschließend der Aufforderung nachkommt, sollten die Eltern ihrem Kind unbedingt zeigen, wie zufrieden sie damit sind. Anschließend sollen die Eltern die Auszeit im *Auszeit-Tagebuch (B7.06)* notieren. Die Eltern sollten die Möglichkeit haben, kurzfristig mit Ihnen Rücksprache nehmen zu können, um erste Erfahrungen auszutauschen.

Im dritten Teil des *Arbeitsblattes B7.06* werden Interventionen besprochen, die durchgeführt werden, wenn das Kind ohne Erlaubnis den Auszeitort verlässt. Die meisten Kinder testen ihre Eltern aus, wenn diese das erste Mal die Auszeit durchführen, indem sie versuchen den Auszeitort zu verlassen. Wenn das Kind den Auszeitort verlässt, beginnt die Auszeit von vorne. Wenn ein solcher Neubeginn das Kind nicht davon abhält, den Auszeitort erneut zu verlassen, sollten Sie mit den Eltern weitere Konsequenzen überlegen (z. B. Abschließen der Tür, Festhalten auf Stuhl, weitere Vergünstigungen entziehen). Zuvor sollten Sie mit den Eltern festlegen, wann der Auszeitort als verlassen gilt (bei geschlossener Tür: Zimmertür wird geöffnet, bei offener Tür: Schwelle der Tür wird überschritten, beim Stuhl: Kind steht auf, verschiebt den Stuhl).

Im vierten Teil des *Arbeitsblattes B7.06* wird angesprochen, was Kinder alles versuchen können, um den Auszeitort mit Erlaubnis verlassen zu dürfen oder die Auszeit ganz zu umgehen. Eine begonnene Auszeit sollte nicht vorzeitig enden, auch wenn viele Kinder schwören, der Aufforderung nachzukommen, sobald die Eltern sie zum Auszeitort bringen. Manche Kinder behaupten auch

zur Toilette zu müssen. Auch das sollten die Eltern nicht erlauben, da die Kinder alt genug sind
eine kurze Zeit lang einzuhalten. Thematisieren
Sie mit den Eltern Drohungen der Kinder, sie z. B.
nicht mehr lieb zu haben. Reflektieren Sie mit
ihnen, dass dies ein Ausdruck einer zeitlich be-
grenzten impulsiven Stimmung ist, über die Sie
mit dem Kind nicht aus eigener Angst oder Be-
troffenheit diskutieren sollten. Andere Kinder geben vor, krank zu sein, Hunger zu haben oder müde
zu sein. Die Kinder werden alles durchprobieren.
Leiten Sie die Eltern an, keine Kommentare dazu
abzugeben. Sie dürfen lediglich das Kind einmal
daraufhin weisen, dass die Auszeit schnell vorüber
ist, wenn es sich ruhig verhält. Generell ist es wichtig, dass die Kinder durch die Auszeit verpasste an-
genehme Aktivitäten nicht nachholen dürfen.

Und letztlich werden weitere Aspekte thematisiert, die bei der *Auszeit* unbedingt beachtet werden müssen. Die Auszeit sollte nur auf ein oder
zwei problematische Verhaltensweisen angewendet werden und das festgelegte Verhalten muss
immer zur Auszeit führen. Die Eltern sollen die
durchgeführten Auszeiten in das *Auszeit-Tagebuch*
eintragen.

Die in dieser Sitzung eingesetzten Arbeitsblätter
sind modifizierte und verkürzte Fassungen aus
dem Therapieprogramm für Kinder mit hyperkinetischem und oppositionellem Problemverhalten (THOP; Döpfner et al., 2007), dem Sie auch
ausführlichere Hinweise zu diesen Interventionen
entnehmen können.

Auswertungsgespräch über die Therapie-
aufgabe in der nächsten Sitzung

Besprechen Sie mit den Eltern das *Arbeitsblatt
B7.03 Coaching: Helfen Sie Ihrem Kind, seine Wut
in den Griff zu bekommen.* Konnten die Eltern ihr
Kind unterstützen, sein Frühwarnsystem und seine
Ärger-Polizei einzusetzen? Konnten Sie die weiteren erlernten Methoden (z. B. den Punkte-Plan,
wahlweise die *Echt stark-Kärtchen* oder die *Auszeit*) umsetzen, um die Bereitschaft des Kindes zu
angemessenem Verhalten zu verbessern? Lassen
Sie das Kind und die Eltern über ihre Erfahrungen berichten. Überlegen Sie mit den Eltern und
dem Kind, ob Änderungen vorgenommen werden
müssen.

 Schwierige Therapiesituationen

Da bei den *Punkte-Plänen* mit Belohnungen gearbeitet wird, kommt häufig der Einwand, dass
andere Kinder oder Geschwister für dasselbe Verhalten keine Belohnung bekommen und dies ungerecht wäre bzw. so das erwünschte Verhalten des
Kindes erkauft oder das Kind so erpresst würde.
Erklären Sie den Eltern, dass Kinder wegen ihrer
unterschiedlichen Voraussetzungen auch unterschiedliche Hilfen benötigen bzw. der *Punkte-Plan*
kein illegales oder unmoralisches Handeln darstellt, wie es bei der Erpressung der Fall ist. Die
Kinder erhalten vielmehr eine vorher abgespro-
chene faire Belohnung für ihre Anstrengungen.

Beim *Wettkampf um lachende Zaubergeister* muss
das Kind leichte Frustrationen durch das Markieren trauriger Gesichter ertragen. Kinder, die sehr
impulsiv sind und eine geringe Frustrationstoleranz haben, können das möglicherweise schwer
ertragen und in diesen Situationen zu Wutausbrüchen neigen. In diesem Fall ist diese Intervention
nicht geeignet. Durch die Betonung des spieleri-
schen Charakters der Intervention können jedoch
manche Kinder mit geringer Frustrationstoleranz
soweit beeinflusst werden, dass die Intervention
erfolgreich umgesetzt werden kann.

Gegenüber der *Auszeit* sind viele Eltern aus unterschiedlichen Gründen sehr kritisch eingestellt.
Einige Eltern bemerken, dass sie ähnliches schon
angewendet haben, jedoch ohne Erfolg. Hier kann
häufig erarbeitet werden, dass Eltern die Auszeit
zu spät angewendet haben und das Kind deshalb
mit extremer Wut reagiert hat oder dass die Eltern
die Auszeit nicht konsistent genug durchgeführt
haben und sie deshalb nicht effektiv war. Oft benutzen Eltern das Kinderzimmer als Auszeitraum
und beobachten nicht, dass das Kind spielt und
die Auszeit nicht unangenehm für es ist. Manche
Eltern äußern aber auch die Sorge, dass das Kind
so laut schreit, dass Nachbarn sich beschweren
oder das Jugendamt einschalten könnten. Überlegen Sie, auf welche Weise die Eltern (oder auf
Wunsch der Eltern auch der Therapeut) die Nachbarn informieren und um Geduld bitten können.

2.5 Modul IV: Problemlöse- und Fertigkeitentraining

Im Problemlöse- und Fertigkeitentraining werden die in den vorangegangenen Modulen erarbeiteten einzelnen Interventionskomponenten integriert und in spezifischen sozialen Situationen eingeübt, die sich auf folgende Bereiche beziehen:
• Kontakte aufnehmen, Freunde finden (Baustein 8),
• Nicht immer der Erste sein müssen (Baustein 9),
• Konflikte lösen und Rechte durchsetzen (Baustein 10).

Hinweise auf die Indikation dieser Bausteine finden Sie vor allem im Explorationsschema für aggressives Verhalten (B2.01), im Fragebogen für aggressives Verhalten von Kindern (FAVK), in der individuellen Problemliste sowie in den weiteren diagnostischen Verfahren aus Modul 1. Zu Beginn jedes Bausteins werden darüber hinaus weitere Informationen erhoben.

Die formale Struktur dieser Bausteine ist identisch nach folgendem Prinzip aufgebaut:
1. Geschichte von Till Taff, in der die jeweilige Problematik eingeführt wird.
2. Soziogramm hinsichtlich der Problematik (z. B. zu wem möchte ich Kontakte aufnehmen/mit wem möchte ich mich weniger streiten), um das Problemlöse- und Fertigkeitentraining auf konkrete Personen zu beziehen.
3. Problemlösetraining, in dem Handlungsalternativen entwickelt, Handlungskonsequenzen bedacht und Kompetenzerwartungen erfasst werden.
4. Durchführung von Puppen- und Rollenspielen, in denen die begleitenden Kognitionen und Gefühle identifiziert, Handlungsalternativen erweitert, die Handlungskonsequenzen bedacht und schließlich die Kompetenzerwartungen sowie die sozialen Fertigkeiten überprüft werden.
5. Therapieaufgaben werden konkretisiert und der Patient wird angeleitet, sozial kompetentes Verhalten im natürlichen Umfeld umzusetzen.
6. In der folgenden Sitzung werden die durchgeführten Therapieaufgaben besprochen und mit Hilfe von Puppen- und Rollenspielen werden soziale Kompetenzen weiter verbessert. Möglicherweise müssen mehrere Sitzungen durchgeführt werden, um kompetentes Verhalten aufzubauen.
7. Bei Bedarf werden Patenschaften eingerichtet, d. h., Personen im Umfeld des Kindes (z. B. Klassenkameraden, Lehrer) identifiziert, die bei der Umsetzung der Therapieaufgaben hilfreich sein können.
8. In den begleitenden Bezugspersonen-Sitzungen werden Informationen zum Therapieabschnitt gegeben, Bezugspersonen werden für die Problematik des Kindes sensibilisiert und mögliche eigene Anteile der Bezugspersonen werden thematisiert. Schließlich werden Möglichkeiten zur Unterstützung des Kindes erarbeitet (Coaching).

Beachten Sie bei der Einbeziehung der Eltern in die Therapie die Beziehungsqualität zwischen Eltern und Kind. Je angespannter die Eltern-Kind-Beziehung ist, umso schwieriger ist es für die Eltern, ihr Kind auf konstruktive Weise zu unterstützen. Coaching-Maßnahmen werden dann von dem Kind schnell abgelehnt und den Eltern kann es sehr schwerfallen, den richtigen Ton zu finden. Bis zu einem gewissen Grad können Sie das mit Hilfe von Rollenspielen in der Therapiesituation einüben oder auch kontrollieren.

Bei der Durchführung der Puppen- und Rollenspiele können verschiedene Techniken und Variationen eingesetzt werden:
• Bei Patienten, denen es schwerfällt sozial kompetentes Verhalten zu entwickeln, können Sie (oder andere Kinder) als Modell fungieren und das entsprechende Verhalten demonstrieren. Bei der Modelldarbietung, wird prinzipiell zwischen Meisterungs- und Bewältigungsmodellen unterschieden. Bei den Meisterungsmodellen zeigt das Modell das perfekte Verhalten, während bei den Bewältigungsmodellen zunächst weniger kompetentes Verhalten präsentiert wird, das schließlich immer weiter verbessert wird. Die Modelldarbietung kann zudem in einer graduierten Form erfolgen, indem zunehmend schwierigere Situationen und Verhaltensweisen modellhaft vorgeführt werden.
• Die Verhaltensübung, d. h., die Einübung von Verhalten im Puppen- und Rollenspiel, erfolgt in der Regel ebenfalls in graduierter Form, indem zunehmend schwierigere Situationen und Verhaltensweisen bearbeitet werden. Häufig kann auch Rollentausch sinnvoll eingesetzt werden, weil sich damit die Rollenübernahmefähigkeit und Empathie des Kindes verbessern lassen, was vor allem für Konfliktlösungen be-

deutsam sein kann. Der Vorteil von einem Puppenspiel gegenüber einem Rollenspiel ist, dass das Kind sein eigenes Verhalten unbefangener wiedergeben kann.

Nach dem Ende jeder Verhaltensübung erfolgt die Rückmeldephase, die sowohl eine Selbstbewertung (was ist dir gut gelungen?) als auch eine Rückmeldung durch Sie selbst (und evtl. auch anderer Kinder) umfasst. Es ist sinnvoll, zunächst mit der Selbstbewertung zu beginnen, die dann auch in Ihrer Rückmeldung mit aufgegriffen und bei Bedarf korrigiert werden kann. In der Rückmeldung sollten Sie zunächst die effektiven Verhaltenselemente ansprechen und positiv verstärken, danach die ineffektiven Elemente benennen und Vorschläge zu ihrer Verbesserung unterbreiten. Bei Bedarf kann das in der Sitzung einge-setzte Token-System auch auf das Puppen- und Rollenspiel angewendet und beispielsweise aktive Mitarbeit oder auch sozial kompetentes Verhalten im Rollenspiel verstärkt werden.

Die Rückmeldung kann auch mit Hilfe von Video erfolgen. Durch Videofeedback können besonders gut nonverbale Verhaltenselemente zurückgemeldet werden, die sich verbal nur bedingt verdeutlichen lassen. Außerdem motiviert der Einsatz von Video viele Kinder aktiv in der Therapie mitzuarbeiten. Der organisatorische, technische und zeitliche Aufwand ist jedoch auch deutlich erhöht. Bei ausgeprägt inkompetentem Verhalten von Kindern sollte Videofeedback mit Vorsicht eingesetzt werden, weil sie dadurch sehr stark mit ihren eigenen Schwächen konfrontiert werden.

2.5.1 Baustein 8: Kontakte aufnehmen und Freunde finden

Indikation:
• Wenig Kontakte zu Gleichaltrigen, wenig Freunde, überwiegend Freunde mit aggressivem oder dissozialem Verhalten.

Hauptziele des Bausteins:
• Soziale Kompetenzdefizite auf der Ebene der Problemlösung und der Fertigkeiten bei der Kontaktaufnahme zu Gleichaltrigen und der Freundschaftsgestaltung sowie der Abgrenzung gegenüber Kindern mit aggressiven Verhaltenstendenzen sollen in der Exploration und in Rollen- bzw. Puppenspielen herausgearbeitet werden (Kind).
• Sozial kompetentes Verhalten bei der Kontaktaufnahme, der Freundschaftsgestaltung sowie der Abgrenzung gegenüber Kindern mit aggressiven Verhaltenstendenzen soll in Rollen- bzw. Puppenspielen eingeübt werden (Kind).
• Selbstbeobachtung und Übungen im natürlichen Umfeld in Bezug auf sozial kompetentes Verhalten bei der Kontaktaufnahme, der Freundschaftsgestaltung sowie der Abgrenzung sollen mit dem Kind (mit Hilfe der Eltern/Lehrer/Paten) trainiert bzw. durchgeführt werden.
• Die positive Verstärkung bei Verhaltensänderung des Kindes in Bezug auf sozial kompetentes Verhalten bei der Kontaktaufnahme, der Freundschaftsgestaltung sowie der Abgrenzung (z. T. mittels Punkteplänen) soll mit den Bezugspersonen erarbeitet werden.

Anzahl der Sitzungen:
• In der Regel sind 4 Sitzungen notwendig (3 überwiegend mit Kind, 1 überwiegend mit Eltern)
• + Einbeziehung von Lehrern/Erziehern möglich

Therapieaufgabe für Eltern/andere Bezugspersonen:
• B8.02 Coaching: Helfen Sie Ihrem Kind, Kontakte zu knüpfen und richtige Freunde finden

Therapieaufgabe für Kind:
• K8.05 Therapieaufgabe – Kontakte knüpfen, Freunde gewinnen und sich von falschen Freunden abgrenzen
• K8.06 Kontakte knüpfen, Freunde gewinnen und sich von falschen Freunden abgrenzen – Patenschaften

Material Kinder	
Material/Teilnehmer:	**Inhalt und Ziele:**
• K8.01 Geschichte: Till hat wenig Kontakt und richtige Freunde	In dieser Geschichte werden typische Problemsituationen von Kindern geschildert, die Probleme bei der Kontaktgestaltung und mit Freunden haben. Das Kind soll sich mit Till und dessen Problemen identifizieren bzw. auseinandersetzen. Zusätzlich werden individuelle Kontaktaufnahme-Situationen des Kindes exploriert.
Therapeutin alleine mit dem Kind.	
• K8.02 Ich zeig dir meine Welt! Mit wem hätte ich gerne mehr Kontakt und wen möchte ich gerne als Freund haben?	Bei diesem Soziogramm soll das Kind Beziehungen zu anderen Kindern z. B. aus seiner Klasse anhand von Smileys und Pfeilen darstellen. Damit lassen sich sowohl die aktuellen Freundschaftsbeziehungen des Kindes zu anderen Kindern in einer bestimmten Gruppe als auch seine Beziehungswünsche explorieren.
Therapeutin alleine mit dem Kind.	

Material Kinder	
Material/Teilnehmer:	**Inhalt und Ziele:**
• **K8.03 Kontakte knüpfen, Freunde gewinnen und sich von falschen Freunden abgrenzen: Was tun?** Therapeutin/Therapeut alleine mit dem Kind.	Das Kind kann aus seiner Sicht die Möglichkeiten der Kontaktaufnahme, der Freundschaftsgestaltung zu anderen Kindern bzw. die Abgrenzung beschreiben. Die Aufmerksamkeit des Kindes wird dabei auf seine Kompetenzen gelenkt, sowie auf seine Problembereiche und Defizite.
• **K8.04 Kontakte knüpfen, Freunde gewinnen und sich von falschen Freunden abgrenzen – Rollen- oder Puppenspiel** Zunächst Therapeutin/Therapeut alleine mit dem Kind.	Mit Hilfe des Explorationsschemas soll sich das Kind mit seinen Möglichkeiten der Kontaktaufnahme, der Freundschaftsgestaltung zu anderen Kindern bzw. der Abgrenzung auseinandersetzen. Anhand des Schemas können alternative sozial kompetente Verhaltensweisen besprochen werden. In den anschließenden Rollen- oder Puppenspielen kann sozial angemessenes Verhalten eingeübt oder vertieft werden.
• **K8.05 Therapieaufgabe – Kontakte knüpfen, Freunde gewinnen und sich von falschen Freunden abgrenzen** Therapeutin/Therapeut alleine mit dem Kind. Später Bezugspersonen in die Stunde miteinbeziehen, um eine Unterstützung im natürlichen Umfeld zu gewährleisten.	Das Kind soll einen Selbstbeobachtungsbogen führen. Es soll sich selbst in Situationen beobachten, in denen es Kontakt mit Gleichaltrigen aufgenommen hat bzw. in denen es um Freundschaften geht. Hierbei soll es besonders auf sein Verhalten achten und überprüfen, ob es sein Ziel z. B. „Mitspielen zu dürfen" erreicht hat. Die Selbstwahrnehmung soll geschult werden.
• **K8.06 Kontakte knüpfen, Freunde gewinnen und sich von falschen Freunden abgrenzen – Patenschaften** Therapeutin/Therapeut alleine mit dem Kind. Später Bezugspersonen in die Stunde miteinbeziehen, um eine Unterstützung im natürlichen Umfeld zu gewährleisten.	Da es für das Kind schwierig sein kann alleine Kontakt zu anderen Kindern aufzunehmen bzw. Freundschaften zu gestalten oder sich Abzugrenzen z. B. aus Angst vor Misserfolg und Ablehnung, wird eine Patenschaft (z. B. Lehrer, Klassensprecher) installiert, die in der jeweiligen Situation unterstützend tätig werden kann.
Material Bezugspersonen	
Material/Teilnehmer:	**Inhalt und Ziele:**
• **B8.01 Elterninformation – Kontakte knüpfen und richtige Freunde finden** Soweit wie möglich beide Elternteile ohne Kind. Modifiziert auch für Erzieher und Lehrer geeignet.	Mit der Elterninformation werden die Eltern über den Inhalt und die Ziele der kindzentrierten Interventionen des Therapieabschnitts in Kenntnis gesetzt, um eine bestmögliche Mitarbeit und Transparenz in der Therapie mit dem Kind zu ermöglichen.

Material Bezugspersonen	
Material/Teilnehmer:	**Inhalt und Ziele:**
• **B8.02 Coaching: Helfen Sie Ihrem Kind, Kontakte zu knüpfen und richtige Freunde finden**	Die Eltern sollen sich damit auseinandersetzen, wie viele Kontakte und welche Freundschaften ihr Kind hat, um zu Verstehen in welcher Situation bzw. Position sich das Kind zurzeit befindet, um ihm im weiteren Schritt die bestmöglichste Unterstützung bei der Durchführung seiner Therapieaufgabe (Ausfüllen des Selbstbeobachtungsbogens aus K8.05), der freundlichen Kontaktaufnahme zu anderen Kindern und der Suche und Einrichtung einer Patenschaft (zur Hilfe bei der Kontaktgestaltung) zu geben.
Soweit wie möglich beide Elternteile ohne Kind. Modifiziert auch mit Erziehern und Lehrern durchführbar.	

Möglicher Ablauf der Sitzungen. In der Regel müssen für diesen Baustein vier Sitzungen veranschlagt werden, wenn neben dem Kind ausschließlich Eltern einbezogen werden. Bei zusätzlicher Einbeziehung von Erziehern/Lehrern erhöht sich die Sitzungszahl entsprechend.

Übersicht über den Ablauf des Bausteins
• Sitzung 1: Wenige Kontakte und wenige richtige Freunde (Kind)
• Sitzung 2: Kontakte und Freundschaften des Kindes (Eltern)
• Sitzung 3: Kontaktaufnahme zu Gleichaltrigen und Freundschaften gestalten (Kind/Eltern)
• Sitzung 4: Einrichtung einer Patenschaft zur Kontaktaufnahme und Freundschaftsgestaltung (Kind/Eltern)

Baustein 8, erste Sitzung: Wenige Kontakte und wenige richtige Freunde (Kind)

Teilnehmer	• Therapeutin/Therapeut alleine mit Kind
Materialien	• K2.09 Ärger-Problem-Liste bzw. K2.10 Ziel-Liste • K7.10 Das Biest mit der Ärgerpolizei bekämpfen – Rollen- oder Puppenspiel

Materialien	• K8.01 Geschichte: Till hat wenig Kontakt und richtige Freunde • K8.02 Ich zeig dir meine Welt! Mit wem hätte ich gerne mehr Kontakt und wen möchte ich als Freund haben? • K1.05 Mein Punkte-Plan in der Therapiestunde
Therapieaufgaben	• K7.09 Beobachtungsbogen – Klappt mein Frühwarnsystem? Arbeitet meine Ärgerpolizei gut? Erkenne ich das Biest?

Beginn der Sitzung

Erinnern Sie das Kind zu Beginn der Sitzung an den *Punkte-Plan* und an die Regeln, nach denen es in der Sitzung Punkte gewinnen kann. Passen Sie bei Bedarf die Regeln neu an. Lassen Sie das Kind die *Ärger-Problem-Liste (K2.09)* bzw. die *Ziel-Liste (K2.10)* bearbeiten.

Auswertungsgespräch zur letzten Therapieaufgabe

Besprechen Sie mit dem Kind die Therapieaufgabe aus der letzten Kinder-Sitzung. Falls Sie die Therapie entsprechend dem beschriebenen Standardablauf durchführen, dann bezieht sich das Auswertungsgespräch auf auf seinen *Beobachtungsbogen – Klappt mein Frühwarnsystem? Arbeitet meine Ärgerpolizei gut? Erkenne ich das Biest? (K7.09)*.

Besprechen Sie mit dem Kind die Situationen, die es in seinem Beobachtungsbogen aufgeschrieben hat und ob sein Frühwarnsystem funktioniert und seine Ärgerpolizei gut arbeitet hat (Hat die Ärgerpolizei das Biest erkannt und festgenommen?). Besprechen Sie die Situationen und überprüfen Sie zusammen, ob Sie und das Kind mit der Arbeit der Ärgerpolizei zufrieden sind? Spielen Sie gemeinsam die Situationen im Rollen- oder Puppenspiel nach und nehmen Sie sie auf Video auf. Überlegen Sie zusammen, was gut gelaufen ist oder was noch nicht so gut gelaufen ist und was noch zu verbessern wäre.

Versuchen Sie die Situationen mit dem Kind zusammen noch einmal auf dem Arbeitsblatt *K7.10 Das Biest mit der Ärgerpolizei bekämpfen – Rollen- oder Puppenspiel* zu sammeln und kurz aufzuschreiben. Sie können das Kind z. B. wieder fragen, was das Besondere an den Situationen war, in denen es wütend geworden ist? (Warum bist du wütend geworden?). Zum Beispiel:

- *Fühltest du dich ungerecht behandelt?*
- *Machte es dir Spaß?*
- *Sollten andere Kinder dich toll finden?*
- *Wer besonders?*
- *Hast du so bekommen was du wolltest?*

Schreiben Sie diese Merkmale zusammen mit dem Kind auf. Thematisieren Sie mit dem Kind, dass dies typische Situationen zu sein scheinen, in denen es leicht wütend wird oder in Streit gerät und daher in den nächsten Wochen hier besonders aufmerksam sein sollte. Überlegen Sie gemeinsam, ob das Kind in der Situation etwas anderes hätte machen können. Überlegen Sie gemeinsam weiter, was dann besser/anders gelaufen wäre.

Dieses Verhalten können Sie zusammen mit dem Kind in Rollen- oder Puppenspielen nachspielen/üben und mit einer Videokamera aufnehmen. In der ersten Sequenz sollten Sie gemeinsam die Szene so spielen, wie sie tatsächlich stattgefunden hat. In der zweiten Sequenz spielen Sie die Szene mit dem Kind so, wie Sie es gemeinsam mit ihm überlegt haben. Danach können Sie mit dem Kind besprechen, was ihm im Rollen- oder Puppenspiel gut gelungen ist, was es in Zukunft so weiter machen möchte und was es in den nächsten Wochen in welcher Situation ausprobieren will.

Bearbeitung neuer Arbeitsblätter

Danach können sie dem Kind die Geschichte *„Till hat wenig Kontakt und richtige Freunde" (K8.01)*

vorlesen oder mit Handpuppen (vgl. Handpuppe Till bei den THAV-Materialien) erzählen. Am Seitenrand finden Sie wieder mögliche Fragen zu den einzelnen Textabschnitten. In dieser Geschichte werden typische Problemsituationen von Kindern, die Probleme bei der Kontaktgestaltung oder mit Freundschaften haben, geschildert. Das Kind soll sich mit Till und dessen Problemen identifizieren bzw. auseinandersetzen. Zusätzlich können individuelle Kontakt- und Freundschaftssituationen des Kindes exploriert werden.

An dieser Stelle empfehlen wir, das Soziogramm *Ich zeig dir meine Welt! Mit wem hätte ich gerne mehr Kontakt und wen möchte ich gerne als Freund haben (K8.02)* einzusetzen. Bei diesem Soziogramm soll das Kind wieder Personen, z. B. aus seiner Klasse, zeichnen und mit Pfeilen verbinden. So können die Beziehungen des Kindes zu anderen Kindern in einer bestimmten Gruppe und seine Wünsche nach Kontakten und Freundschaften exploriert werden. Hierzu empfehlen wir, auf das erste Soziogramm zurückzugreifen, um Veränderungen einfacher zu erfragen.

Besprechung der neuen Therapieaufgabe

Für diese Sitzung gibt es keine spezifische Therapieaufgabe. Sie können die Therapieaufgabe(n) früherer Sitzungen fortführen. Falls Sie die Therapie entsprechend dem beschriebenen Standardablauf durchführen, soll das Kind seinen *Beobachtungsbogen – Klappt mein Frühwarnsystem? Arbeitet meine Ärgerpolizei gut? Erkenne ich das Biest? (K7.09)* in der nächsten Woche weiterführen.

Abschluss der Sitzung

Zum Abschluss der Stunde sollte dann wieder das Arbeitsblatt *K1.05 Mein Punkte-Plan* in der Therapiestunde eingesetzt werden. Das Kind erhält für die Regeln, die es eingehalten hat, die vereinbarte Punktezahl und darf diese, wenn es will eintauschen z. B. gegen Spielzeit.

Auswertungsgespräch über die Therapieaufgabe in der nächsten Sitzung

Für diese Sitzung gibt es keine spezifische Therapieaufgabe. Sie können die Therapieaufgabe(n) früherer Sitzungen fortführen. Falls Sie die Therapie entsprechend dem beschriebenen Standardablauf durchführen, besprechen Sie mit dem Kind die Situationen, die es in seinem *Beobachtungsbogen – Klappt mein Frühwarnsystem? Arbeitet meine Ärgerpolizei gut? Erkenne ich das Biest? (K7.09)* aufgeschrieben hat und ob sein Frühwarnsystem funktioniert und seine Ärgerpolizei gut arbeitet hat (Hat die Ärgerpolizei das Biest erkannt und festgenommen?). Besprechen Sie die Situationen und überprüfen Sie zusammen, ob Sie und das Kind mit der Arbeit der Ärgerpolizei zufrieden sind?

 Schwierige Therapiesituationen

Das Soziogramm kann sich manchmal schwierig gestalten. Es kann sein, dass es dem Kind peinlich ist, über seine Außenseiterrolle zu sprechen oder dass ihm erst jetzt bewusst wird, wie isoliert es tatsächlich ist und wie sehr es darunter leidet, keine oder nur wenige Freunde zu haben. Versuchen Sie sich dem Thema behutsam zu nähern und versuchen Sie, die Gefühle des Kindes zu verbalisieren und aufzufangen. Legen Sie den Fokus auf seine Veränderungsmöglichkeiten und seine bisherigen Fortschritte.

Das Führen des Beobachtungsbogens und die Durchführung der Selbstmanagementaufgabe verlangt vom Kind weiterhin ein hohes Maß an Selbststeuerung. Versuchen Sie, das Kind zu motivieren, indem Sie es immer wieder für das Führen des Bogens und für kleine Erfolge loben, Misserfolge behutsam mit ihm zu thematisieren, Veränderungsmöglichkeiten zu besprechen und weiterhin einzuüben.

Baustein 8, zweite Sitzung: Kontakte und Freundschaften des Kindes (Eltern)

Teilnehmer	• Eltern ohne Kind (B8.01, B8.03 und B8.04 auch mit Erziehern/Lehrern durchführbar)
Materialien	• B2.04 Verhaltensproblemliste bzw. B2.05 Ziel-Liste • B8.01 Elterninformation – Kontakte knüpfen und richtige Freunde finden • B8.02 Coaching: Helfen Sie Ihrem Kind, Kontakte zu knüpfen und richtige Freunde finden
Therapie-aufgaben	• B7.03 Coaching: Helfen Sie Ihrem Kind, seine Wut in den Griff zu bekommen. • B8.02 Coaching: Helfen Sie Ihrem Kind, Kontakte zu knüpfen und richtige Freunde finden.

Beginn der Sitzung

Lassen Sie die Bezugspersonen zunächst die *Verhaltensproblemliste (B2.04)* bzw. die *Ziel-Liste (B2.05)* bearbeiten und thematisieren Sie den Verlauf seit der letzten Bezugspersonensitzung.

Auswertungsgespräch zur letzten Therapieaufgabe

Besprechen Sie mit den Eltern die Therapieaufgabe aus der letzten Eltern-Sitzung. Falls Sie die Therapie entsprechend dem beschriebenen Standardablauf durchführen, bezieht sich das Auswertungsgespräch auf das *Arbeitsblatt B7.03 Coaching: Helfen Sie Ihrem Kind, seine Wut in den Griff zu bekommen*:

• Konnten die Eltern ihr Kind unterstützen, sein Frühwarnsystem und seine Ärger-Polizei einzusetzen?

• Konnten Sie die weiteren erlernten Methoden (z. B. den Punkte-Plan, wahlweise die *Echt stark-Kärtchen* oder die *Auszeit*) einsetzen, um die Bereitschaft des Kindes zu angemessenem Verhalten zu verbessern?

Lassen Sie die Eltern über ihre Erfahrungen berichten. Überlegen Sie mit den Eltern, ob Änderungen vorgenommen werden müssen.

Bearbeitung neuer Arbeitsblätter

Thematisieren Sie danach mit den Eltern, dass Kinder mit aggressivem Verhalten bei Gleichaltrigen häufig nicht beliebt sind, weil sie anderen Kindern Angst machen und oft als Störenfriede gelten. Oft ist es so, dass diese Kinder wenig soziale Kontakte zu Gleichaltrigen haben und häufig auch nicht wissen, wie man freundlich Kontakt zu Gleichaltrigen aufnimmt. Erläutern Sie den Eltern weiter, dass es aber auch sein kann, dass diese Kinder Kontakt häufig nur zu Kindern haben, die ebenfalls aggressives Verhalten zeigen. Vielfach nehmen sie sich diese aggressiven Kinder auf der einen Seite zum Vorbild, was ihr eigenes aggressives Verhalten noch verstärkt, weil sie sich vor den anderen beweisen wollen oder zum Mitläufer werden. Auf der anderen Seite gibt es in solchen aggressiven Gruppen von Kindern auch oft Konflikte, weil keiner der Beteiligten in der Lage ist, einen Streit friedlich zu beenden. So kommt es, dass sie oft wenig richtige Freunde haben, die über soziale Kompetenzen verfügen und häufig selbst auch nicht wissen, wie man Freundschaften gestaltet. Als Hilfe können Sie hierzu die Arbeitsblätter B8.01 und B8.02 heranziehen. Erläutern Sie den Eltern, dass diesen Kindern zum Teil die sozialen Kompetenzen fehlen, d. h., sie versuchen oftmals z. B., sehr ungeschickt oder auch aggressiv Kontakt zu Gleichaltrigen herzustellen bzw. Freundschaften aufzubauen und sind selbst enttäuscht, wenn der Versuch scheitert. Auf der anderen Seite scheuen viele Gleichaltrige mittlerweile auch den Kontakt zu dem Kind, selbst wenn es sich bemüht. In der Klasse oder dem Sportverein sind diese Kinder oft Außenseiter oder haben nur Kontakte zu ebenfalls aggressiven Kindern. Fragen Sie die Eltern, wie dies bei ihrem Kind ist und wie viele Kontakte es zu Gleichaltrigen bzw. welche Freunde es (z. B. in seiner Klasse, in seiner Freizeit …) hat.

Lassen Sie sich von den Eltern beschreiben, wie das Kind Kontakt zu Gleichaltrigen aufnimmt, wie oft es sich verabredet oder zum Geburtstag eingeladen wird. Fragen Sie nach, ob die Freunde des Kindes selbst aggressives Verhalten zeigen und ob die Eltern mit dem Kontakt einverstanden sind bzw. welche Kontakte sie befürworten würden und warum.

Mit der *Elterninformation – Kontakte knüpfen und richtige Freunde finden B8.01* werden die Eltern über den Inhalt und die Ziele der kindzentrierten Interventionen des Therapieabschnitts schriftlich in Kenntnis gesetzt, um eine bestmögliche Mitarbeit und Transparenz in der Therapie mit dem Kind zu ermöglichen. Mit dem Informationsblatt zum *Coaching: Helfen Sie Ihrem Kind, Kontakte zu knüpfen und richtige Freunde finden (B8.02)* werden sie angeleitet, dem Kind die bestmöglichste Unterstützung (durch Lob und Hilfestellung) bei der Durchführung seiner künftigen Therapieaufgabe, dem Ausfüllen des *Therapieaufgabe – Kontakte knüpfen, Freunde gewinnen und sich von falschen Freunden abgrenzen (K8.05)* und bei der Suche und Einrichtung einer Patenschaft (zur Hilfe bei der Kontakt- und Freundschaftsgestaltung) zu geben.

Erläutern Sie den Eltern das Ziel des Therapieabschnittes. Informieren Sie die Eltern, dass es in diesem Abschnitt der Therapie darum geht, mit dem Kind zu erarbeiten, mit wem es gerne mehr Kontakt hätte bzw. mit wem es gerne befreundet wäre und welche Möglichkeiten es gibt, freundlich Kontakt aufzunehmen und jemanden als Freund zu gewinnen, was in einer Freundschaft wichtig ist und wie man sich als Freund verhalten sollte. Zudem wird mit ihm besprochen, wie man sich von falschen (aggressiven) Freunden abgrenzen kann.

Erzählen Sie den Eltern, dass das Kind diese Möglichkeiten der Kontakt- und Freundschaftsgestaltung bzw. Abgrenzung zunächst in Puppen- oder Rollenspielen lernen soll, um sie später in alltäglichen Situationen einzusetzen. Informieren Sie die Eltern, dass ihr Kind in der nächsten Stunde die Therapieaufgabe bekommt, zu Hause, in der Schule und in seiner Freizeit dies auszuprobieren und einen Beobachtungsbogen auszufüllen, um sein Verhalten zu protokollieren und einzuüben.

 Besprechung der neuen Therapieaufgabe

Die Eltern sollen ihr Kind an die Möglichkeiten freundlich Kontakt aufzunehmen bzw. jemanden als Freund zu gewinnen, was in einer Freundschaft wichtig ist, wie man sich als Freund verhalten sollte und wie man sich von falschen (aggressiven) Freunden abgrenzen kann erinnern, bevor es z. B. in die Schule oder zum Spielen geht. Erklären Sie den Eltern, dass keine langen Predigten notwendig sind, sondern evtl. ein kurzes vereinbartes Signal. Die Eltern sollten darauf achten, was das Kind bereit ist anzunehmen.

Sagen Sie den Eltern, Sie sollen ihr Kind ermutigen, mit ihnen über seine Kontaktversuche und Freundschaften zu sprechen und die erlernten Verhaltensweisen einzusetzen. Die Eltern sollen lernen, ihr Kind zu loben, wenn es solche sozial kompetenten Verhaltensweisen eingesetzt hat oder wenn ihm im Nachhinein eine Möglichkeit einfällt und es davon erzählt.

Wenn es dem Kind zunächst noch sehr schwerfällt, solche alternativen Verhaltensweisen einzusetzen, sollten die Eltern mit ihm gemeinsam überlegen, welches Verhalten in der jeweiligen Situation hilfreich gewesen wäre. Üben Sie dies am besten mit den Eltern (später, wenn mit dem Kind die Aufgabe in der nächsten Stunde besprochen wurde evtl. mit dem Kind zusammen) im Rollenspiel ein.

Leiten Sie die Eltern an, darauf zu achten, dass das Kind seinen Beobachtungsbogen ausfüllt und sie es dafür loben. Erläutern Sie den Eltern, dass es manchmal nicht genügt, das Kind durch Lob zu motivieren, sein Verhalten zu verändern, und dass man in diesem Fall ein wirkungsvolleres Programm aufstellen kann, um die Bereitschaft des Kindes zu angemessenem Verhalten zu verbessern. Ein solches Programm, das sich als sehr erfolgreich erwiesen hat, ist der *Punkte-Plan (B7.04)*. Erklären Sie den Eltern, wie ein solches Programm aufzustellen ist, bzw. wenn Sie den *Punkte-Plan* bereits eingeführt haben (s. Baustein 7, Stunde: 5), wie sie ihn hier durchführen können.

Thematisieren Sie mit den Eltern, dass es für das Kind sehr schwer sein kann, ganz alleine zu versuchen, Kontakt zu einem bestimmten Kind oder einer Gruppe von Kindern aufzunehmen und richtige Freunde zu finden oder sich von falschen Freunden fern zu halten. Dies ist eine schwierige Aufgabe, weil viele Kinder, nicht ganz zu Unrecht, Angst vor Misserfolgen und Ablehnung oder Ärger haben *(B8.02 Coaching: Helfen Sie Ihrem Kind, Kontakte zu knüpfen und richtige Freunde finden)*. Wenn es dem Kind zunächst also noch sehr schwerfällt, solche alternativen Verhaltensweisen einzusetzen oder sich zu trauen, ein anderes Kind anzusprechen, sollen die Eltern mit ihrem Kind gemeinsam überlegen, ob es nützlich wäre, jemanden, der das andere Kind oder die Gruppe kennt (mit dem oder denen es sich anfreunden oder von dem oder denen es sich fern halten möchte), um Hilfe zu bitten. Das heißt, sie sollten gemeinsam eine/n Paten/in bestimmen, der/die in der jeweiligen Situation unterstützend tätig werden kann. Dies können beispielsweise ein Lehrer, ein Trainer, der Klassensprecher oder auch die Eltern selbst sein. Informieren Sie die Eltern, dass in der Therapie mit dem Kind hierzu noch einige Möglichkeiten besprochen werden und Sie dann dazu gebeten werden. Erklären Sie den Eltern, dass sie hierbei aber beachten müssen, dass auch die Bitte um Hilfe für das Kind schwierig sein kann. Wenn sie merken, dass ihr Kind es alleine nicht schafft, sollen sie lernen ihm nach Absprache zu helfen.

Einsatzmöglichkeiten für Erzieher/Lehrer: Die Arbeitsblätter *(B8.01 und B8.02)* sind modifiziert auch mit Erziehern oder Lehrern durchführbar.

Auswertungsgespräch über die Therapieaufgabe in der nächsten Sitzung

Besprechen Sie mit den Eltern das Arbeitsblatt *B7.03 Coaching: Helfen Sie Ihrem Kind, seine Wut in den Griff zu bekommen* und *B8.02 Coaching: Helfen Sie Ihrem Kind, Kontakte zu knüpfen und richtige Freunde finden.*

- Konnten die Eltern ihr Kind bei der freundlichen Kontaktaufnahme zu Gleichaltrigen und Freundschaftsgestaltung unterstützen?
- Sind wirkungsvollere Methoden (z. B. ein *Punkte-Plan*) notwendig, um die Bereitschaft des Kindes zu angemessenem Verhalten zu verbessern?

 Schwierige Therapiesituationen

Manchmal wenden Eltern ein, dass sie beim Kontakt mit Gleichaltrigen oft nicht dabei sind oder sie selbst oder ihr Kind die anderen Kinder nicht mögen und keinen Kontakt wünschen. Manchmal stellt sich auch heraus, dass sie gar nicht wissen, mit wem ihr Kind befreundet ist. An dieser Stelle ist es wichtig, die Eltern zu sensibilisieren, ihre Einstellungen zu reflektieren und weitere Bezugspersonen wie Lehrer oder Erzieher einzubeziehen.

Baustein 8, dritte Sitzung: Kontaktaufnahme zu Gleichaltrigen und Freundschaften gestalten (Kind/Eltern)

Teilnehmer	• Zunächst Therapeutin/Therapeut alleine mit Kind. • Später Eltern in die Stunde miteinbeziehen, um eine Unterstützung im natürlichen Umfeld zu gewährleisten.
Materialien	• K2.09 Ärger-Problem-Liste bzw. K2.10 Ziel-Liste • K8.03 Kontakte knüpfen, Freunde gewinnen und sich von falschen Freunden abgrenzen: Was tun? • K8.04 Kontakte knüpfen, Freunde gewinnen und sich von falschen Freunden abgrenzen – Rollen- oder Puppenspiel

Materialien	• K8.05 Therapieaufgabe – Kontakte knüpfen, Freunde gewinnen und sich von falschen Freunden abgrenzen • K1.05 Mein Punkte-Plan in der Therapiestunde
Therapie-aufgaben	• K8.05 Therapieaufgabe – Kontakte knüpfen, Freunde gewinnen und sich von falschen Freunden abgrenzen

Beginn der Sitzung

Erinnern Sie das Kind zu Beginn der Sitzung an den Punkteplan und an die Regeln, nach denen es in der Sitzung Punkte gewinnen kann. Passen Sie bei Bedarf die Regeln neu an. Lassen Sie das Kind die *Ärger-Problem-Liste (K2.09)* bzw. die *Ziel-Liste (K2.10)* bearbeiten.

Auswertungsgespräch zur letzten Therapie-aufgabe

Besprechen Sie mit dem Kind die Therapieaufgabe aus der letzten Kinder-Sitzung. Falls Sie die Therapie entsprechend dem beschriebenen Standardablauf durchführen, bezieht sich das Auswertungsgespräch auf die Situationen, die es in seinem *Beobachtungsbogen – Klappt mein Frühwarnsystem? Arbeitet meine Ärgerpolizei gut? Erkenne ich das Biest? (K7.09)* aufgeschrieben hat. Besprechen Sie mit ihm, ob sein Frühwarnsystem funktioniert und seine Ärgerpolizei gut gearbeitet hat (Hat die Ärgerpolizei das Biest erkannt und festgenommen?). Besprechen Sie die Situationen und überprüfen Sie zusammen, ob Sie und das Kind mit der Arbeit der Ärgerpolizei zufrieden sind?

Bearbeitung neuer Arbeitsblätter

Danach können Sie Bezug auf das *Soziogramm K8.02 Ich zeig dir meine Welt! Mit wem hätte ich gerne mehr Kontakt und wen möchte ich gerne als Freund haben?* aus der letzten Stunde nehmen. Bei diesem Soziogramm sollte das Kind Personen z. B. aus seiner Klasse zeichnen und mit Pfeilen verbinden, um die Beziehungen des Kindes zu anderen Kindern in einer bestimmten Gruppe und seine Wünsche nach Kontakten und Freundschaften zu explorieren. Im folgenden Arbeitsblatt *K8.03 Kontakte knüpfen, Freunde gewinnen*

und sich von falschen Freunden abgrenzen: Was tun? geht es darum, welche Möglichkeiten das Kind hat, Kontakt zu einem Kind seiner Wahl herzustellen bzw. eine Freundschaft zu gestalten oder sich von „falschen Freunden" abzugrenzen und sich von ihnen fern zu halten. Sammeln Sie mit dem Kind zunächst alle Ideen, die ihm einfallen, ohne diese zu bewerten. Danach können Sie gemeinsam mit dem Kind überlegen, was es glaubt, was, wenn es das tut, danach passieren wird. Wird sich das andere Kind über die Art der Kontaktaufnahme freuen oder sie eher nicht gut finden und sich abwenden? Wird das andere Kind mit ihm befreundet sein wollen oder nicht? Nach der gemeinsamen Bewertung kann das Kind hinter die besprochene Möglichkeit ein lachendes oder trauriges Gesicht zeichnen. Danach können Sie mit dem Kind weiter überlegen, wie gut es meint, diese Art der Kontaktaufnahme oder Freundschaftsgestaltung hin zu bekommen. Nachdem Sie gemeinsam mit dem Kind Möglichkeiten gefunden haben, wie es Kontakt zu einem bestimmten Kind aufnehmen bzw. eine Freundschaft zu einem Kind gestalten kann, können Sie die einzelnen Möglichkeiten mit ihm noch einmal besprechen und mit ihm überlegen, ob es eine ähnliche Situation der Kontakt- oder Freundschaftsgestaltung bzw. Abgrenzung schon einmal erlebt hat und zusammen überprüfen, ob es mit der Bewertung zufrieden ist oder sie verändern will.

Danach können Sie die Situationen im Rollen- oder Puppenspiel nachspielen und sie auf Video aufnehmen (s. Abb. 55).

Überlegen Sie zusammen, wie sich jeder Beteiligte fühlt, tauschen Sie zwischendurch die Rollen. War das Verhalten freundlich, nett, fair ...?

Abbildung 55: Puppenspielübung Freundschaft

Hat es dem anderen Kind geschadet, es verletzt oder ihm gefallen, sodass es gerne mehr Kontakt hätte, Lust hätte mit dem Kind etwas zu spielen, befreundet sein möchte oder wenn das Ziel ist sich abzugrenzen, das Kind es tatsächlich in Ruhe lässt …?

Anhand des Explorationsschemas *K8.04 Kontakte knüpfen, Freunde gewinnen und sich von falschen Freunden abgrenzen – Rollen- oder Puppenspiel* können Sie die Situation gemeinsam noch weiter analysieren (Was habe ich gedacht, gefühlt, gemacht, was ist danach passiert, was hat der andere wohl gedacht, gefühlt …). Im zweiten Teil können Sie gemeinsam überlegen, wie das Kind auf andere Weise hätte Kontakt aufnehmen können bzw. versuchen können, die Freundschaft zu gestalten und was es sonst noch hätte tun oder sagen können. Im dritten Teil geht es darum, zu überlegen, welches Verhalten freundlich war und dazu führen kann, dass ein anderes Kind Kontakt haben möchte oder befreundet sein will. Wenn das Ziel ist, sich von falschen Freunden abzugrenzen, sollte überprüft werden, ob das mit dem Verhalten auch gelingen kann. Außerdem können Sie mit dem Kind erarbeiten, was ihm im Rollen- oder Puppenspiel gut gelungen ist, was es in Zukunft so weiter machen möchte und was es in alltäglichen Situationen ausprobieren kann. Kasten 6 gibt ein Beispiel für ein solches Rollenspiel unter Verwendung von Arbeitsblatt K8.04.

Kasten 6: Beispiel für Rollenspiel unter Verwendung von Arbeitsblatt K8.04

Therapeutin: Kevin, wir haben uns auf dem Arbeitsblatt ja schon überlegt, was du tun kannst, wenn du mit Felix und ein paar anderen Jungen auf dem Schulhof Fußball spielen möchtest. Und dann haben wir überlegt, was dann passiert. Lass uns das mal spielen. Ich bin Felix und du bist du. So: Felix spielt jetzt mit ein paar anderen Kindern Fußball.
Kevin (holt sich erst den Ball und schießt ihn auf das Tor und fragt danach)**:** Kann ich mitspielen? Ich kann viel besser spielen als ihr.
Therapeutin (= Felix): O. k., wenn du unbedingt willst!
Therapeutin: Wie fandest du dich?
Kevin: Ich fand mich o. k.!
Therapeutin: Gut war, dass du mich als Felix gefragt hast, ob du mitspielen kannst, aber so richtig toll gefreut, dass du mitspielen willst, habe ich mich nicht. Kannst du dir vorstellen warum?
Kevin: Na ja, vielleicht war das mit dem „ich kann viel besser spielen als ihr" doch nicht so toll.
Therapeutin: Ja, das glaube ich auch. Was könntest du denn anders machen, lass' es uns gleich spielen. Also Felix spielt jetzt mit ein paar anderen Kindern Fußball.
Kevin (holt sich erst den Ball und schießt ihn auf das Tor und fragt danach)**:** Kann ich mitspielen?
Therapeutin: Wie fandest du dich?
Kevin: Ich fand mich gut.
Therapeutin: Gut war wieder, dass du mich als Felix gefragt hast, ob du mitspielen kannst, aber wenn du mich früher gefragt hättest, hätte ich mich noch mehr gefreut. Kannst du dir vorstellen warum?
Kevin: Na ja, vielleicht hätte ich fragen sollen bevor ich den Ball auf das Tor geschossen habe.
Therapeutin: Ja, das glaube ich auch. Was könntest du denn anders machen, lass' es uns gleich spielen. Also Felix spielt jetzt mit ein paar anderen Kindern Fußball.
Kevin: Hallo ihr Drei. Kann ich mitspielen?
Therapeutin (= Felix): Ja, klar! Zu Viert macht es viel mehr Spaß.
Therapeutin: Wie fandest du dich jetzt?
Kevin: Jetzt war's richtig gut.
Therapeutin: Ja, das finde ich auch, ich hab mich als Felix jetzt richtig freuen können. Das war jetzt richtig gut. Was hast du dabei gedacht und wie hast du dich dabei gefühlt?

Kevin: Ich hab gedacht, das ist fair, erst zu fragen, bevor ich mir den Ball nehme und ich fand das o. k., obwohl ich schon gerne sofort mitgespielt hätte und gedacht habe, dass die vielleicht nein sagen könnten!

Therapeutin: Was glaubst du, wie hat sich der Felix gefühlt?

Kevin: Der fand das gut und hat sich gefreut!

Therapeutin: Hast du noch ein paar andere Ideen, was du sonst noch sagen oder machen könntest?

Kevin: Nee.

Therapeutin: Willst du das beim nächsten Mal ausprobieren? Was denkst du, wie gut kriegst du das hin?

Kevin: Ja, kann ich machen. Das ist ja gar nicht so schwer!

Therapeutin: O. k., dann mach das mal und schreib alles auf dem Beobachtungsbogen auf und vielleicht gibt es ja noch andere Möglichkeiten, wo du mal mitspielen willst und das dann auch ausprobieren kannst. Hast du da eine Idee?

Kevin: Na ja, auf dem Spielplatz vor unserem Haus gibt es eine Tischtennisplatte. Wenn der Sven mit dem Kai Tischtennis spielt, kann ich vielleicht auch erst fragen, bevor ich einem der beiden den Schläger wegnehme.

Therapeutin: Ja, prima Idee, schreibe einfach alles auf.

 Besprechung der neuen Therapieaufgabe

In der nächsten Woche soll das Kind einen Selbstbeobachtungsbogen aus *K8.05 Therapieaufgabe – Kontakte knüpfen, Freunde gewinnen und sich von falschen Freunden abgrenzen* führen. Es soll sich selbst in Situationen beobachten, in denen es Kontakt mit Gleichaltrigen aufgenommen oder versucht hat einen Freund zu gewinnen oder sich von einem Kind abzugrenzen, dass ihm nicht gut tut, weil es es beispielsweise anstiftet, andere zu verprügeln. Hierbei soll es besonders auf sein Verhalten achten und überprüfen, ob es sein Ziel z. B. „Mitspielen zu dürfen" erreicht hat. Die Selbstwahrnehmung soll geschult werden. Beziehen Sie hierzu die Eltern in die Stunde mit ein, um eine Unterstützung der Therapieaufgabe im natürlichen Umfeld zu gewährleisten.

Abschluss der Sitzung

Zum Abschluss der Stunde sollte dann wieder das Arbeitsblatt *K1.05 Mein Punkte-Plan* in der Therapiestunde eingesetzt werden. Das Kind erhält für die Regeln, die es eingehalten hat, die vereinbarte Punktezahl und darf diese, wenn es will eintauschen z. B. gegen Spielzeit.

Auswertungsgespräch über die Therapieaufgabe in der nächsten Sitzung

Besprechen Sie mit dem Kind den Beobachtungsbogen aus der *Therapieaufgabe – Kontakte knüpfen, Freunde gewinnen und sich von falschen Freunden abgrenzen. (K8.05)*. Hat es Kontakt mit Gleichaltrigen aufgenommen oder sich von „falschen Freunden" abgegrenzt und dies aufgezeichnet? Hat es besonders auf sein Verhalten geachtet und überprüft, ob es sein Ziel z. B. „Mitspielen zu dürfen" erreicht hat? Explorieren Sie das Kind, ob es Situationen gab, in denen es mit seinem Kontakt- oder Abgrenzungsverhalten zufrieden war und lassen Sie es davon berichten, wie gut es ihm seiner Meinung nach gelungen ist, Kontakt zu einem anderen Kind aufzunehmen, einen Freund zu gewinnen oder sich von „falschen Freunden" abzugrenzen. Versuchen Sie danach, mit dem Kind die Situationen zu besprechen, in denen es ihm seiner Meinung nach nicht gelungen ist, z. B. freundlich Kontakt aufzunehmen und versuchen Sie herauszuarbeiten, warum es ihm dort so schwergefallen bzw. nicht gelungen ist. Fragen Sie das Kind, ob es sich bereits Alternativen überlegt hat, was es anders hätte machen können. Besprechen Sie die Situationen und Vorschläge des Kindes. Bei Bedarf führen Sie erneut Rollenspiele und Therapieaufgaben durch wie in Sitzung 3 (Baustein 8) bereits beschrieben.

Schwierige Therapiesituationen

Nehmen Sie sich Zeit, die einzelnen Punkte ausführlich mit dem Kind zu besprechen und am besten im Puppenspiel mit ihm die Fertigkeiten zu trainieren. Erst wenn es hier sicher und kompetent agieren kann, ist es sinnvoll, das Kind dieses Verhalten in alltäglichen Situationen ausprobieren zu lassen. Thematisieren Sie im Vorfeld bereits eventuelle Misserfolge, ohne ihm jedoch zu viel Angst zu machen und seine Motivation zu schmälern. Trotzdem ist es wichtig, das Kind auf die Eventualität einer Ablehnung durch andere Kinder vorzubereiten, obwohl es sein Bestes gibt, da es oft schwer sein kann aus einer bestimmten Rolle, beispielsweise in der Klasse heraus zu kommen und die anderen Kinder sich erst an das neue Verhalten des Kindes gewöhnen und ihm vertrauen müssen. Spielen Sie mit dem Kind im Rollenspiel dann auch durch, was es in einer solchen Situation machen kann.

Baustein 8, vierte Sitzung: Einrichtung einer Patenschaft zur Kontaktaufnahme und Freundschaftsgestaltung (Kind/Eltern)

Teilnehmer	• Zunächst Therapeutin/Therapeut alleine mit Kind. • Später Eltern in die Stunde miteinbeziehen, um eine Unterstützung im natürlichen Umfeld zu gewährleisten.
Materialien	• K2.09 Ärger-Problem-Liste bzw. K2.10 Ziel-Liste • K8.05 Therapieaufgabe – Kontakte knüpfen, Freunde gewinnen und sich von falschen Freunden abgrenzen • K8.06 Kontakte knüpfen, Freunde gewinnen und sich von falschen Freunden abgrenzen – Patenschaften • K1.05 Mein Punkte-Plan in der Therapiestunde
Therapieaufgaben	• K8.05 Therapieaufgabe – Kontakte knüpfen, Freunde gewinnen und sich von falschen Freunden abgrenzen

Beginn der Sitzung

Erinnern Sie das Kind zu Beginn der Sitzung an den *Punkte-Plan* und an die Regeln, nach denen es in der Sitzung Punkte gewinnen kann. Passen Sie bei Bedarf die Regeln neu an. Lassen Sie das Kind die *Ärger-Problem-Liste (K2.09)* bzw. die *Ziel-Liste (K2.10)* bearbeiten.

Auswertungsgespräch zur letzten Therapieaufgabe

Besprechen Sie mit dem Kind die Therapieaufgabe aus der letzten Kinder-Sitzung. Falls Sie die Therapie entsprechend dem beschriebenen Standardablauf durchführen, dann bezieht sich das Auswertungsgespräch auf den Beobachtungsbogen aus der *Therapieaufgabe – Kontakte knüpfen, Freunde gewinnen und sich von falschen Freunden abgrenzen (K8.05)*:

- Konnte das Kind sich selbst in Situationen beobachten, in denen es Kontakt mit Gleichaltrigen aufgenommen hat, bzw. versucht hat, einen Freund zu gewinnen oder sich von einem Kind abzugrenzen, das ihm nicht gut tut?
- Hat es besonders auf sein Verhalten geachtet und überprüft, ob es sein Ziel z. B. „Mitspielen zu dürfen" erreicht hat?

Bearbeitung neuer Arbeitsblätter

Da es für das Kind schwierig sein kann, alleine Kontakt zu anderen Kindern aufzunehmen z. B. aus Angst vor Misserfolg und Ablehnung, kann eine Patenschaft (z. B. Lehrer, Klassensprecher) installiert werden, die in der jeweiligen Situation unterstützend tätig werden kann. Hierzu können Sie das Arbeitsblatt *K8.06 Kontakte knüpfen, Freunde gewinnen und sich von falschen Freunden abgrenzen – Patenschaften* verwenden. Thematisieren Sie mit dem Kind und den Eltern, dass es manchmal eine schwierige Aufgabe sein kann, ganz alleine zu versuchen, Kontakt zu einem bestimmten Kind aufzunehmen oder Freundschaften zu gestalten und dass es für viele Kinder nützlich sein kann, die Hilfe von jemandem, der das andere Kind kennt, in Anspruch zu nehmen.

Um die richtige Person für eine Patenschaft auszuwählen, können Sie mit dem Kind zusammen die Checkliste aus *K8.06 Kontakte knüpfen, Freunde gewinnen und sich von falschen Freunden abgrenzen – Patenschaften* ausfüllen. Überlegen Sie mit dem Kind, welche Eigenschaften ein guter Pate haben sollte (z. B. ist freundlich, ist hilfsbereit ...) und in welchen Situationen er helfen kann (Schule, Freizeit ...). Beachten Sie aber, dass bereits die Bitte um Hilfe für das Kind sehr schwierig sein kann. Versuchen Sie, dies möglichst konkret im Rollenspiel- oder Puppenspiel mit dem Kind und evtl. den Eltern einzuüben. Möglicherweise müssen Sie die Anbahnung solcher Patenschaften auch direkt unterstützten, beispielsweise, indem Sie die Lehrerin oder den Fußballtrainier dafür gewinnen.

 ### Besprechung der neuen Therapieaufgabe

Das Kind soll erneut seinen Beobachtungsbogen *(aus K8.05)* führen.

Abschluss der Sitzung

Zum Abschluss der Stunde sollte dann wieder das Arbeitsblatt *K1.05 (Mein Punkte-Plan)* in der Therapiestunde eingesetzt werden. Das Kind erhält für die Regeln, die es eingehalten hat, die vereinbarte Punktezahl und darf diese, wenn es will eintauschen z. B. gegen Spielzeit.

Auswertungsgespräch über die Therapieaufgabe in der nächsten Sitzung

Besprechen Sie mit dem Kind den Beobachtungsbogen aus der *Therapieaufgabe – Kontakte knüpfen, Freunde gewinnen und sich von falschen Freunden abgrenzen (K8.05)*:
• Konnte es sich selbst in Situationen beobachten, in denen es Kontakt mit Gleichaltrigen auf-

genommen hat oder versucht hat sich abzugrenzen?
• Hat es besonders auf sein Verhalten geachtet und überprüft, ob es sein Ziel z. B. „Mitspielen zu dürfen" erreicht hat?

Lassen Sie sich in der nächsten Stunde berichten, ob das Kind einen Paten oder eine Patin gefunden hat und wie es gelaufen ist.

 ### Schwierige Therapiesituationen

Das Führen des Beobachtungsbogens und die Durchführung der Selbstmanagementaufgabe verlangt vom Kind wieder ein hohes Maß an Selbststeuerung. Versuchen Sie, das Kind zu motivieren und aufzubauen, wenn es Misserfolge erlebt hat und erklären Sie ihm, dass diese ganz normal sind und dazu gehören, wenn man etwas Neues ausprobiert. Versuchen Sie zu explorieren, ob Misserfolge mehr am Verhalten des Kindes oder auch an einer verfestigten Rollenzuweisung im jeweiligen System liegen. Wenn das Kind sich auch nach Aussagen der Bezugspersonen bemüht, aber es mit der Kontaktaufnahme oder Abgrenzung dauerhaft nicht gelingt, muss eventuell ein Wechsel der Gruppe (inklusive Klassenwechsel) erwogen werden, der jedoch gut vorbereitet und geplant werden muss und nicht als Flucht oder Versagen attribuiert werden darf, sondern als Chance, eine neue Rolle einnehmen zu können. Achten Sie in einem solchen Fall besonders darauf, dass das Kind seine Chance auch wirklich nutzt und üben Sie mit ihm entsprechende Fertigkeiten ein, die für den Eintritt in eine neue Gruppe notwendig sind.

2.5.2 Baustein 9: Nicht immer der Erste sein müssen

Indikation:
• Dominantes Verhalten gegenüber Gleichaltrigen, woraus sich Gleichaltrigenkonflikte oder soziale Ablehnung entwickeln.

Hauptziele des Bausteins:
• Dominantes Verhalten soll in der Exploration und in Rollen- bzw. Puppenspielen (durch Verhaltensbeobachtung) mit dem Kind herausgearbeitet werden. • Nicht dominantes und prosoziales Verhalten soll in Rollen- bzw. Puppenspielen mit dem Kind eingeübt werden. • Selbstbeobachtung und Übungen im natürlichen Umfeld in Bezug auf dominantes bzw. nicht dominantes Verhalten sollen mit dem Kind (mit Hilfe der Eltern/Lehrer/Paten) durchgeführt werden. • Positive Verstärkung bei Verhaltensänderung des Kindes in Bezug auf nicht dominantes Verhalten (z. T. mittels Punkte-Plänen) soll mit den Bezugspersonen eingeübt werden. • Der elterliche Umgang mit eigenem Dominanzstreben und die Wirkung auf das kindliche Verhalten soll mit den Eltern reflektiert werden.

Anzahl der Sitzungen:
• In der Regel sind 4 Sitzungen notwendig (3 überwiegend mit Kind, 1 überwiegend mit Eltern) • + Einbeziehung von Lehrern/Erziehern möglich

Therapieaufgabe für Eltern/andere Bezugspersonen:
• B9.03 Coaching: Helfen Sie Ihrem Kind, sein dominantes Verhalten in den Griff zu bekommen.

Therapieaufgabe für Kind:
• K9.05 Therapieaufgabe – Mal nicht der Erste und Beste sein müssen • K9.06 Mal nicht der Erste sein müssen – Patenschaften

Material Kinder	
Material/Teilnehmer:	**Inhalt und Ziele:**
• **K9.01 Geschichte: „Till Taff muss immer der Erste sein"** Therapeutin/Therapeut alleine mit dem Kind.	In dieser Geschichte wird eine typische Problemsituation von Kindern geschildert, die zu dominantem Verhalten tendieren. Das Kind soll sich mit Till und dessen Problemen identifizieren, eigene ähnliche Verhaltenstendenzen erkennen und sich mit ihnen auseinander setzen.
• **K9.02 Ich zeig dir meine Welt – Wo muss ich immer der Erste und der Beste sein?** Therapeutin/Therapeut alleine mit dem Kind.	Bei diesem Soziogramm soll das Kind Beziehungen zu anderen Kindern z. B. aus seiner Klasse anhand von Smileys und Pfeilen darstellen. Damit lassen sich sowohl die aktuellen Beziehungen des Kindes zu anderen Kindern in einer bestimmten Gruppe als auch seine Beziehungswünsche explorieren.
• **K9.03 Mal nicht der Erste und Beste sein müssen – Was tun?** Therapeutin/Therapeut alleine mit dem Kind.	Mit dem Kind werden Möglichkeiten zur Änderung des eigenen Dominanzverhaltens erarbeitet. Die Aufmerksamkeit des Kindes wird dabei sowohl auf seine Kompetenzen als auch auf seine Problembereiche und Defizite gelenkt.

Material Kinder	
Material/Teilnehmer:	**Inhalt und Ziele:**
• **K9.04 Mal nicht der Erste und Beste sein müssen – Rollen- oder Puppenspiel** Zunächst Therapeutin/Therapeut alleine mit dem Kind.	Mit Hilfe des Explorationsschemas soll sich das Kind mit seinen Möglichkeiten auseinandersetzen, sein Dominanzverhalten in den Griff zu bekommen (aus K9.03). Anhand des Schemas können alternative sozial kompetente Verhaltensweisen besprochen werden. In den anschließenden Rollen- oder Puppenspielen kann sozial angemessenes Verhalten eingeübt oder vertieft werden.
• **K9.05 Therapieaufgabe – Mal nicht der Erste und Beste sein müssen** Therapeutin/Therapeut alleine mit dem Kind. Später Bezugspersonen in die Stunde mit einbeziehen, um eine Unterstützung im natürlichen Umfeld zu gewährleisten.	Das Kind soll einen Selbstbeobachtungsbogen führen. Es soll sich selbst in Situationen beobachten, in denen es um Dominanz gegenüber Gleichaltrigen geht. Hierbei soll es besonders auf sein Verhalten achten und überprüfen, ob es sein Ziel „Mal nicht der Erste sein zu müssen" erreicht hat. Die Selbstwahrnehmung soll geschult werden.
• **K9.06 Mal nicht der Erste und Beste sein müssen – Patenschaften** Therapeutin/Therapeut alleine mit dem Kind. Später Bezugspersonen in die Stunde miteinbeziehen, um eine Unterstützung im natürlichen Umfeld zu gewährleisten.	Da es für das Kind schwierig sein kann, alleine sein Dominanzverhalten in den Griff zu bekommen, wird eine Patenschaft (z. B. Lehrer, Klassensprecher) installiert, die in der jeweiligen Situation unterstützend tätig werden kann.
Material Bezugspersonen	
Material/Teilnehmer:	**Inhalt und Ziele:**
• **B9.01 Elterninformation – Immer der Erste und Beste sein müssen (Dominanzverhalten)** Soweit wie möglich beide Elternteile ohne Kind. Modifiziert auch für Erzieher und Lehrer geeignet.	Mit der Elterninformation werden die Eltern über den Inhalt und die Ziele der kindzentrierten Interventionen des Therapieabschnitts in Kenntnis gesetzt, um eine bestmögliche Mitarbeit und Transparenz in der Therapie mit dem Kind zu ermöglichen.
• **B9.02 Wie dominant bin ich selbst? Muss mein Kind immer der Erste und Beste sein?** Soweit wie möglich beide Elternteile ohne Kind.	Die Eltern sollen sich mit dem Thema: „Wie dominant bin ich selbst?" auseinandersetzen, um zu verstehen, welche Wirkung ihr eigenes Verhalten auf das Verhalten des Kindes möglicherweise hat und um sich mit dem Thema: „Muss mein Kind immer der Erste und Beste sein?" zu beschäftigen. Dadurch sollen die Eltern erkennen, in welcher Situation bzw. Position sich das Kind zurzeit befindet, und ihm im weiteren Schritt die bestmögliche Unterstützung bei der Durchführung seiner Therapieaufgabe geben.
• **B9.03 Coaching: Helfen Sie Ihrem Kind, sein dominantes Verhalten in den Griff zu bekommen** Soweit wie möglich beide Elternteile ohne Kind. Modifiziert auch mit Erziehern und Lehrern durchführbar.	Die Eltern sollen zum Coaching angeleitet werden. Sie sollen lernen, dem Kind die bestmögliche Unterstützung (durch Lob und Hilfestellung) bei der Durchführung seiner Therapieaufgabe (Ausfüllen des Selbstbeobachtungsbogens aus K9.05) und der Verminderung des Dominanzverhaltens sowie bei der Suche und Einrichtung einer Patenschaft zu geben.

Möglicher Ablauf der Sitzungen: In der Regel müssen für diesen Baustein vier Sitzungen veranschlagt werden, wenn neben dem Kind ausschließlich Eltern einbezogen werden. Bei zusätzlicher Einbeziehung von Erziehern/Lehrern erhöht sich die Sitzungszahl entsprechend.

Übersicht über den Ablauf des Bausteins
• Sitzung 1: Immer der Erste sein müssen (Kind) • Sitzung 2: Dominanzverhalten (Eltern) • Sitzung 3: Selbstbeobachtung zum Dominanzverhalten (Kind/Eltern) • Sitzung 4: Einrichtung einer Patenschaft zur Verminderung von Dominanzverhalten (Kind/Eltern)

Baustein 9, erste Sitzung: Immer der Erste sein müssen (Kind)

Teilnehmer	• Therapeutin/Therapeut alleine mit Kind
Materialien	• K2.09 Ärger-Problem-Liste bzw. K2.10 Ziel-Liste • K8.05 Therapieaufgabe – Kontakte knüpfen, Freunde gewinnen und sich von falschen Freunden abgrenzen • K9.01 Geschichte: „Till Taff muss immer der Erste sein" • K9.02 Ich zeig dir meine Welt – Wo muss ich immer der Erste und der Beste sein? • K1.05 Mein Punkte-Plan in der Therapiestunde
Therapie-aufgaben	• K8.05 Therapieaufgabe – Kontakte knüpfen, Freunde gewinnen und sich von falschen Freunden abgrenzen

Beginn der Sitzung

Erinnern Sie das Kind zu Beginn der Sitzung an den Punkte-Plan und an die Regeln, nach denen es in der Sitzung Punkte gewinnen kann. Passen Sie bei Bedarf die Regeln neu an. Lassen Sie das Kind die *Ärger-Problem-Liste (K2.09)* bzw. die *Ziel-Liste (K2.10)* bearbeiten.

Auswertungsgespräch zur letzten Therapieaufgabe

Besprechen Sie mit dem Kind die Therapieaufgabe aus der letzten Kinder-Sitzung. Falls Sie die Therapie entsprechend dem beschriebenen Standardablauf durchführen, bezieht sich das Auswertungsgespräch auf den Beobachtungsbogen aus der *Therapieaufgabe – Kontakte knüpfen, Freunde gewinnen und sich von falschen Freunden abgrenzen (K8.05):*

• Konnte es sich selbst in Situationen beobachten, in denen es versucht hat, ein anderes Kind als Freund zu gewinnen oder sich von einem Kind abzugrenzen, das ihm nicht gut tut, weil es es beispielsweise anstiftet, andere zu verprügeln?
• Hat es besonders auf sein Verhalten geachtet und überprüft, ob es sein Ziel erreicht hat?
• Lassen Sie sich berichten, ob das Kind eine/n Paten/in gefunden hat und wie dies gelaufen ist.
• Überlegen Sie zusammen was gut gelaufen ist oder was noch nicht so gut gelaufen ist und was noch zu verbessern wäre.

Bearbeitung neuer Arbeitsblätter

Danach können Sie dem Kind die Geschichte *„Till Taff muss immer der Erste sein" (K9.01)* vorlesen oder mit Handpuppen erzählen (vgl. THAV-Materialien).

Am Seitenrand finden Sie wieder mögliche Fragen zu den einzelnen Textabschnitten. In dieser Geschichte wird eine typische Problemsituation von Kindern, die Probleme mit ihrem Dominanzverhalten haben, geschildert. Das Kind soll sich mit Till und dessen Problemen identifizieren, eigene ähnliche Verhaltenstendenzen erkennen und sich mit ihnen auseinander setzen. Als Vertiefung können Sie an dieser Stelle zusätzlich Teile aus der *Geschichte K5.03 und K5.05* (s. Baustein 5) verwenden, in der es um Spukis Denkfallen geht, um eine zusätzliche Veränderungsmotivation zu schaffen. Danach empfehlen wir das *Soziogramm K9.02 Ich zeig dir meine Welt – Wo muss ich immer der Erste und der Beste sein?* einzusetzen. Bei diesem Soziogramm soll das Kind wieder Personen z. B. aus seiner Klasse darstellen und mit Pfeilen verbinden. Hierbei können das eigene Dominanzstreben und die Reaktionen der Gleichaltrigen darauf exploriert werden. Hierzu empfehlen wir, auf das vorherige Soziogramm zurückzugreifen, um Veränderungen einfacher zu erfragen.

Besprechung der neuen Therapie-aufgabe

Für diese Sitzung gibt es keine spezifische Therapieaufgabe. Sie können die Therapieaufgabe(n) früherer Sitzungen fortführen. Falls Sie die Therapie entsprechend dem beschriebenen Standardablauf durchführen, soll das Kind seinen Beobachtungsbogen aus der *Therapieaufgabe – Kontakte knüpfen, Freunde gewinnen und sich von falschen Freunden abgrenzen (K8.05)* in der nächsten Woche weiterführen.

Abschluss der Sitzung

Zum Abschluss der Stunde sollte dann wieder das *Arbeitsblatt K1.05 (Mein Punkte-Plan)* in der Therapiestunde eingesetzt werden. Das Kind erhält für die Regeln, die es eingehalten hat, die vereinbarte Punktezahl und darf diese, wenn es will eintauschen, z. B. gegen Spielzeit.

Auswertungsgespräch über die Therapie-aufgabe in der nächsten Sitzung

Für diese Sitzung gibt es keine spezifische Therapieaufgabe. Sie können die Therapieaufgabe(n) früherer Sitzungen fortführen. Falls Sie die Therapie entsprechend dem beschriebenen Standardablauf durchführen, besprechen Sie mit dem Kind den Beobachtungsbogen aus der *Therapieaufgabe – Kontakte knüpfen, Freunde gewinnen und sich von falschen Freunden abgrenzen (K8.05)*:

- Konnte es sich selbst in Situationen beobachten, in denen es versucht hat, ein anderes Kind als Freund zu gewinnen oder sich von einem Kind abzugrenzen, das ihm nicht gut tut, weil es es beispielsweise anstiftet, andere zu verprügeln?
- Hat es besonders auf sein Verhalten geachtet und überprüft, ob es sein Ziel erreicht hat?

 Schwierige Therapiesituationen

Wie in früheren Bausteinen können das Soziogramm und die Bearbeitung der Geschichte sich manchmal schwierig gestalten, da das Kind sehr stark mit seinen Defiziten und Schwächen konfrontiert wird. Es kann sein, dass es dem Kind peinlich ist, über sein Verhalten zu sprechen und es zunächst in eine Verweigerungshaltung geht. Versuchen Sie sich dem Thema behutsam zu nähern. Legen Sie den Fokus auf seine Veränderungsmöglichkeiten und seine bisherigen Fortschritte. Das Führen des Beobachtungsbogens

und die Durchführung der Selbstmanagementaufgabe verlangt vom Kind weiterhin ein hohes Maß an Selbststeuerung. Versuchen Sie das Kind zu motivieren, indem Sie es immer wieder für das Führen des Bogens und für kleine Erfolge loben und Misserfolge behutsam mit ihm zu thematisieren und Veränderungsmöglichkeiten zu besprechen und weiterhin einzuüben.

Baustein 9, zweite Sitzung: Dominanzverhalten (Eltern)

Teilnehmer	• Eltern ohne Kind (B8.01, B8.03 und B8.04 auch mit Er-ziehern/Lehrern durchführbar)
Materialien	• B2.04 Verhaltensproblem-liste bzw. B2.05 Ziel-Liste • B9.01 Elterninformation – Immer der Erste und Beste sein müssen (Dominanzver-halten) • B9.02 Wie dominant bin ich selbst? Muss mein Kind immer der Erste und Beste sein? • B9.03 Coaching: Helfen Sie Ihrem Kind, sein dominantes Verhalten in den Griff zu be-kommen.
Therapie-aufgaben	• B8.02 Coaching: Helfen Sie Ihrem Kind, Kontakte zu knüpfen und richtige Freunde finden • B9.03 Coaching: Helfen Sie Ihrem Kind, sein dominantes Verhalten in den Griff zu be-kommen.

Beginn der Sitzung

Lassen Sie die Bezugspersonen zunächst die *Verhaltensproblemliste (B2.04)* bzw. die *Ziel-Liste* (B2.05) bearbeiten.

Auswertungsgespräch zur letzten Therapie-aufgabe

Besprechen Sie mit den Eltern die Therapieaufgabe aus der letzten Eltern-Sitzung. Falls Sie die Therapie entsprechend dem beschriebenen Standardablauf durchführen, bezieht sich das Auswertungsgespräch auf das *Arbeitsblatt B7.03 Coaching: Helfen Sie Ihrem Kind, seine Wut in den Griff zu bekommen* und *B8.02 Coaching: Helfen Sie Ihrem Kind, Kontakte zu knüpfen und richtige Freunde finden.*

Konnten die Eltern ihr Kind bei der freundlichen Kontaktaufnahme zu Gleichaltrigen und Freundschaftsgestaltung oder Abgrenzung unterstützen? Sind wirkungsvollere Methoden (z. B. ein *Punkte-Plan*) notwendig, um die Bereitschaft des Kindes zu angemessenem Verhalten zu verbessern?

Bearbeitung neuer Arbeitsblätter

Thematisieren Sie zunächst mit den Eltern, dass Kinder mit aggressivem Verhalten häufig dazu neigen, immer der Erste, der Beste oder der Stärkste sein zu wollen. Sie wollen oftmals bestimmen, was und wie gespielt wird, können schlecht verlieren, neigen dazu anzugeben, drängeln sich vor und versuchen andere ständig zu dominieren und haben nicht gelernt, sich auch einmal zurück zu nehmen. Aus diesem Grund sind sie bei Gleichaltrigen häufig nicht beliebt oder geraten vielfach darüber in Streit.

Besprechen Sie mit den Eltern, dass nicht nur Kinder solche grundlegende Überzeugungen oder Gedanken haben, wie z. B. immer der Erste und Beste sein zu müssen, sondern viele Menschen diesbezüglich von bestimmten Dingen überzeugt sind. Als Hilfe können Sie hierzu das Arbeitsblatt *B9.02 Wie dominant bin ich selbst? Muss mein Kind immer der Erste und Beste sein?* heranziehen.

Erläutern Sie den Eltern, Beispiele für solche Überzeugungen:
- Heutzutage muss man der Stärkste sein, um sich durchzusetzen.
- Man muss der Beste sein, um es im Leben zu etwas zu bringen.
- Der Stärkere setzt sich durch, dazu sind alle Mittel recht.
- Man wird beurteilt, nach dem was man kann und besitzt.
- Der Erste bekommt immer das Beste.
- Verlierer sind Schwächlinge.
- Wenn mein Kind nicht lernt sich durchzusetzen, wird es in seinem Leben nichts erreichen.
- Man sollte immer bestimmen, wo es lang geht und was gemacht wird.
- Nur wer laut ist wird gehört.

Überlegen Sie gemeinsam mit den Eltern, ob sie die eine oder andere Überzeugung selbst teilen oder die ihres Partners wieder erkennen und ob ihnen noch weitere Überzeugungen einfallen. Die meisten Menschen kennen solche Wünsche in bestimmten Situationen. Es gibt auch Situationen, in denen genau diese Fähigkeiten benötigt werden und hilfreich sind. Die meisten Menschen haben aber auch gelernt, Kompromisse einzugehen, sich in bestimmten Situationen zurück zu nehmen und anderen den Vortritt zu lassen. Anderen wiederum fällt es generell schwer – sei es beispielsweise in der Partnerschaft oder im Freundeskreis – das „Zepter" aus der Hand zu geben, teils aus Unsicherheit oder Angst, teils auch aus Überzeugung. Wieder andere glauben, sich immer nur zurück nehmen zu müssen, weil die Bedürfnisse anderer Menschen generell vorgehen und wichtiger sind. Sie stärken damit aber auch unfreiwillig dominante Tendenzen ihrer Interaktionspartner.

Nachdem die Eltern dominante Tendenzen bei sich oder ihrem Partner identifiziert haben, untersuchen Sie diese Überzeugungen gemeinsam mit ihnen darauf, wie angemessen sie sind, welche Vor- und Nachteile daraus entstehen und welche Wirkungen sie auf das Denken und Verhalten ihres Kindes entfalten können. Erfragen Sie beispielsweise, wie die Eltern reagieren, wenn ihr Kind beim Sport oder Spiel nicht gewinnt, wenn es sich vordrängelt, um das größte Stück zu bekommen oder wenn es bestimmen will, was gespielt oder gemacht wird.

Bitten Sie die Eltern, sich selbst einzuschätzen, wie dominant sie selbst sind bzw. ihren Partner einzuschätzen. Überlegen Sie zusammen, welche Wirkung sie glauben, dass ihr Dominanzverhalten auf das Verhalten ihres Kindes hat, ob sie daran etwas verändern wollen und wie sie ein gutes Modell sein könnten. Als Hilfe können Sie hierzu weiter das Arbeitsblatt *B9.02 Wie dominant bin ich selbst? Muss mein Kind immer der Erste und Beste sein?* heranziehen.

Besprechen Sie danach mit den Eltern die *Elterninformation – Immer der Erste und Beste sein müssen (Dominanzverhalten) (B9.01)* und das Informationsblatt zum Coaching *(Coaching: Helfen Sie Ihrem Kind, sein dominantes Verhalten in den Griff zu bekommen (B9.03))*. Nach der Besprechung sollten Sie den Eltern die Blätter mit nach Hause geben. Mit der *Elterninformation – Immer der Erste und Beste sein müssen (Dominanzver-*

halten) (B9.01) werden die Eltern über den Inhalt und die Ziele der kindzentrierten Interventionen des Therapieabschnitts schriftlich in Kenntnis gesetzt, um eine optimale Mitarbeit und Transparenz in der Therapie mit dem Kind zu ermöglichen. Mit dem Informationsblatt zum *Coaching: Helfen Sie Ihrem Kind, sein dominantes Verhalten in den Griff zu bekommen (B9.03)* werden die Eltern angeleitet, dem Kind die bestmögliche Unterstützung (durch Lob und Hilfestellung) bei der Durchführung seiner künftigen Therapieaufgabe und der Verminderung des Dominanzverhaltens zu geben (vgl. Selbstbeobachtungsbogen aus der *Therapieaufgabe – Mal nicht der Erste und Beste sein müssen K9.05).* Des Weiteren sollen die Eltern dem Kind die bestmögliche Unterstützung bei der Suche und dem Aufbau einer Patenschaft geben.

Erläutern Sie den Eltern das Ziel des Therapieabschnittes, in dem es darum geht, mit dem Kind zu erarbeiten, in welchen Situationen und besonders gegenüber wem es meint, immer der Erste, Beste usw. sein zu müssen, warum es ihm wichtig ist und was es befürchtet, wenn es einmal nicht der Erste ist. Im zweiten Schritt wird mit ihm besprochen, wie andere Menschen dieses Verhalten empfinden und wie es dem Kind gelingen könnte, dieses Verhalten zu verändern. Danach soll das Kind nicht dominantes Verhalten in bestimmten Situationen zunächst in Rollenspielen einüben, um sie später in alltäglichen Situationen einzusetzen. Informieren Sie die Eltern, dass ihr Kind in der nächsten Stunde die Therapieaufgabe bekommt, zu Hause, in der Schule oder in seiner Freizeit sein neues Verhalten auszuprobieren und einen Beobachtungsbogen auszufüllen, um sein Verhalten zu protokollieren und einzuüben.

 Besprechung der neuen Therapieaufgabe

Die Eltern sollen ihr Kind daran erinnern, bevor es z. B. in die Schule oder zum Spielen geht, das es darum geht, nicht immer der Erste, der Beste, der Stärkste … sein zu wollen. Erklären Sie den Eltern, dass keine langen Predigten notwendig sind, sondern evtl. ein kurzes vereinbartes Signal. Die Eltern sollten darauf achten, was das Kind bereit ist anzunehmen.

Sagen Sie den Eltern, Sie sollen ihr Kind ermutigen, mit ihnen über seine Erfahrungen zu sprechen und die erlernten Verhaltensweisen einzusetzen. Die Eltern sollen lernen, ihr Kind zu loben, wenn

es ihm beispielsweise gelingt, sich in einer Situation nicht vorzudrängen, fair zu verlieren, einen anderen bestimmen lässt, was gespielt wird oder einen anderen ausreden lässt. Wenn es dem Kind zunächst noch sehr schwerfällt, solche alternativen Verhaltensweisen einzusetzen, sollten die Eltern mit ihm gemeinsam überlegen, welches Verhalten in der jeweiligen Situation freundlich und fair gewesen wäre. Üben Sie dies am besten mit den Eltern im Rollenspiel ein; später, wenn mit dem Kind die Aufgabe in der nächsten Stunde besprochen wurde, kann das eventuell auch mit dem Kind zusammen erfolgen.

Leiten Sie die Eltern an, darauf zu achten, dass das Kind seinen Beobachtungsbogen ausfüllt und sie es dafür loben. Erläutern Sie den Eltern, dass es manchmal nicht genügt, das Kind durch Lob zu motivieren, sein Verhalten zu verändern und dass man in diesem Fall ein wirkungsvolleres Programm aufstellen muss, um die Bereitschaft des Kindes zu angemessenem Verhalten zu verbessern. Ein solches Programm, das sich als sehr erfolgreich erwiesen hat, ist der *Punkte-Plan (B7.04).* Erklären Sie den Eltern, wie ein solches Programm aufzustellen ist, bzw. wenn Sie den *Punkte-Plan* bereits eingeführt haben (s. Baustein 7, Stunde: 5), wie sie ihn hier durchführen können. Leiten Sie die Eltern des Weiteren an, angemessen auf die Verhaltensprobleme des Kindes mit natürlichen negativen Konsequenzen zu reagieren und diese sofort und konsequent durchzuführen (z. B. Wiedergutmachung, Ausschluss aus der Situation, Verstärkerentzug und Entzug von Privilegien, Einengung des Handlungsspielraums), wenn sich Kind beispielsweise vordrängt, versucht permanent zu bestimmen oder es einem anderen etwas weg nimmt.

Thematisieren Sie mit den Eltern, dass es für das Kind sehr schwer sein kann, ganz alleine zu versuchen, nicht immer der Erste, der Beste, der Stärkste sein zu wollen *(B9.03 Coaching: Helfen Sie Ihrem Kind, sein dominantes Verhalten in den Griff zu bekommen).* Deswegen kann es hilfreich sein, hierfür eine Patenschaft einzurichten und eine Person zu bestimmen, die in der jeweiligen Situation unterstützend tätig werden kann. Das können beispielsweise ein Lehrer, ein Trainer, der Klassensprecher oder auch die Eltern selbst sein. Informieren Sie die Eltern, dass in der Therapie mit dem Kind hierzu noch einige Möglichkeiten besprochen werden und sie dann dazu gebeten werden, um mögliche Patenschaften zu besprechen.

Einsatzmöglichkeiten für Erzieher/Lehrer: Die Arbeitsblätter *(B9.01, B9.03)* sind modifiziert auch mit Erziehern oder Lehrern durchführbar.

Auswertungsgespräch über die Therapieaufgabe in der nächsten Sitzung

Besprechen Sie mit den Eltern das Arbeitsblatt *B9.03 Coaching: Helfen Sie Ihrem Kind, sein dominantes Verhalten in den Griff zu bekommen:*
- Konnten die Eltern ihr Kind bei seinem Verhalten Gleichaltrigen gegenüber unterstützen?
- Sind wirkungsvollere Methoden (z. B. ein *Punkte-Plan*) notwendig, um die Bereitschaft des Kindes zu angemessenem Verhalten zu verbessern?

 Schwierige Therapiesituationen

Manchmal wenden Eltern ein, dass sie beim Kontakt mit Gleichaltrigen oft nicht dabei sind. An dieser Stelle ist es dann wichtig, die Eltern zu sensibilisieren und weitere Bezugspersonen wie Lehrer oder Erzieher einzubeziehen.

Das Thema: *Wie dominant bin ich selbst? Und muss mein Kind immer der Erste sein?* kann sich in einigen Familien als sehr schwierig heraus stellen, wenn Eltern selbst stark dominante Tendenzen haben und diese entweder gar nicht wahrnehmen oder sehr davon überzeugt sind, dass diese „Überlebensstrategie" sehr sinnvoll ist. Bei sehr dominanten Eltern zeigt sich die Dominanz typischerweise auch in der Therapiesituation. Sprechen Sie diese vorsichtig und nicht wertend an und geben Sie den Eltern zunächst eine Rückmeldung darüber. Dies kann Eltern veranlassen ihre eigene Rolle bewusster wahrzunehmen und auch zu hinterfragen. Mitunter sind die Rollen zwischen beiden Elternteilen auch sehr verteilt – ein Elternteil ist sehr dominant, der andere dagegen hat deutlich dependente Tendenzen. Auch dies können Sie vorsichtig thematisieren und Vor- und Nachteile solcher Rollenverteilungen besprechen. Mit Eltern, die sehr von ihrem eigenen dominanten Verhalten überzeugt sind („Man bekommt im Leben nichts geschenkt") sollten Sie im sokratischen Dialog Vor- aber eben auch Nachteile eines solchen Verhaltens besprechen. Es kann auch sein, dass eine Maxime, die beispielsweise der Vater als erfolgreich erlebt hat, nicht automatisch auch für den Sohn eine erfolgreiche Strategie darstellt.

Nehmen Sie sich also Zeit, die einzelnen Punkte ausführlich mit den Eltern zu besprechen. Zeigen Sie Interesse und Verständnis für ihre Einstellungen. Untersuchen Sie diese Überzeugungen gemeinsam mit den Eltern auf Vor- und Nachteile und auf die Wirkung auf das Denken und Verhalten des Kindes. Versuchen Sie hierbei möglichst neutral mit den Eltern über ihre Gedanken und Einstellungen zu sprechen und Sie nicht zu stark zu kritisieren.

Wichtig ist, dass die Eltern ihre Überzeugungen aussprechen, damit sie thematisiert, überprüft und verändert werden können. Veränderungen auf dieser Ebene sind sehr schwierig und häufig eher langwierig. Sie müssen daher immer wieder Platz in der Therapie finden, um diese zu besprechen. Verlangen Sie nicht, dass die Eltern am Ende der Sitzung alle ihre bisherigen Überzeugungen aufgegeben haben. Es geht vielmehr darum, einen Denkprozess in Gang zu bringen, an dem Sie mit den Eltern weiterarbeiten können.

Baustein 9, dritte Sitzung: Selbstbeobachtung zum Dominanzverhalten (Kind/Eltern)

Teilnehmer	• Zunächst Therapeutin/Therapeut alleine mit Kind. • Später Eltern in die Stunde miteinbeziehen, um eine Unterstützung im natürlichen Umfeld zu gewährleisten.
Materialien	• K2.09 Ärger-Problem-Liste bzw. K2.10 Ziel-Liste • K9.03 Mal nicht der Erste und Beste sein müssen – Was tun? • K9.04 Mal nicht der Erste und Beste sein müssen – Rollen- oder Puppenspiel • K9.05 Therapieaufgabe – Mal nicht der Erste und Beste sein müssen • K1.05 Mein Punkte-Plan in der Therapiestunde
Therapieaufgaben	• K9.05 Therapieaufgabe – Mal nicht der Erste und Beste sein müssen

Beginn der Sitzung

Erinnern Sie das Kind zu Beginn der Sitzung an den *Punkte-Plan* und an die Regeln, nach denen es in der Sitzung Punkte gewinnen kann. Passen Sie bei Bedarf die Regeln neu an. Lassen Sie das Kind die *Ärger-Problem-Liste (K2.09)* bzw. die *Ziel-Liste (K2.10)* bearbeiten.

Auswertungsgespräch zur letzten Therapie-aufgabe

Besprechen Sie mit dem Kind die Therapieaufgabe aus der letzten Kinder-Sitzung. Falls Sie die Therapie entsprechend dem beschriebenen Standardablauf durchführen, bezieht sich dies auf seinen Beobachtungsbogen (aus *K8.05*):

• Konnte es sich selbst in Situationen beobachten, in denen es versucht hat, ein anderes Kind als Freund zu gewinnen oder sich von einem Kind abzugrenzen, das ihm nicht gut tut, weil es es beispielsweise anstiftet, andere zu verprügeln?

• Hat es besonders auf sein Verhalten geachtet und überprüft, ob es sein Ziel erreicht hat?

Bearbeitung neuer Arbeitsblätter

Danach können Sie Bezug auf das *Soziogramm K9.02 Ich zeig dir meine Welt – Wo muss ich immer der Erste und der Beste sein?* aus der letzen Sitzung nehmen und mit dem Kind anhand des Arbeitsblattes K9.03 *Mal nicht der Erste und Beste sein müssen! Was tun?* nicht dominante Verhaltensalternativen – also Möglichkeiten beispielsweise einmal nicht der Erste sein zu müssen – erarbeiten. Sammeln Sie mit dem Kind zunächst alle Ideen, die ihm einfallen, ohne diese zu bewerten. Danach können Sie gemeinsam mit dem Kind überlegen, was es glaubt, was danach passieren wird. Nach der gemeinsamen Bewertung kann das Kind hinter die besprochene Möglichkeit ein lachendes oder trauriges Gesicht zeichnen, um zu markieren, wie sich der Interaktionspartner danach fühlt. Danach können Sie mit dem Kind weiter überlegen, wie gut es meint, diese Art des Verhaltens hinzubekommen. Nachdem Sie gemeinsam mit dem Kind Verhaltensalternativen erarbeitet haben, können Sie die einzelnen Möglichkeiten mit ihm noch einmal besprechen und mit ihm überlegen, ob es eine ähnliche Situation schon einmal erlebt hat und zusammen überprüfen, ob es mit der Bewertung zufrieden ist oder sie verändern will. Danach können Sie die Situationen im

Rollen- oder Puppenspiel (s. Abb. 56) nachspielen und sie auf Video aufnehmen.

Im Rahmen des Rollen- oder Puppenspiels überlegen Sie zusammen mit dem Kind, wie sich jeder Beteiligte fühlt, tauschen zwischendurch die Rollen, besprechen, ob das Verhalten freundlich, nett, fair usw. war. Überlegen Sie mit dem Kind, ob es dem anderen Kind wohl gefallen haben könnte, sodass es gerne mehr Kontakt haben möchte und Lust hat mit dem Kind etwas zu spielen …? Anhand des Arbeitsblattes *K9.04 Mal nicht der Erste und Beste sein müssen – Rollen- oder Puppenspiel* können Sie die Situation gemeinsam noch weiter analysieren (Was habe ich gedacht, gefühlt, gemacht, was ist danach passiert, was hat der andere wohl gedacht, gefühlt …?). Im zweiten Teil können Sie gemeinsam überlegen, wie das Kind sich anders hätte verhalten können, was es sonst noch hätte tun oder sagen können usw. Im dritten Teil geht es darum, weitere Möglichkeiten zu nicht dominantem Verhalten zusammen zu tragen. Hierzu können Sie mit dem Kind überlegen,

Abbildung 56: Puppenspielübung Dominanz-
verhalten

was ihm im Rollen- oder Puppenspiel gut gelungen ist und was es in Zukunft so weiter machen möchte und in alltäglichen Situationen ausprobieren kann. Kasten 7 gibt ein Beispiel für ein solches Rollenspiel unter Verwendung von Arbeitsblatt K9.04.

 Besprechung der neuen Therapieaufgabe

Erarbeiten Sie mit dem Kind konkrete Situationen, in denen es in der nächsten Woche versuchen kann, einmal nicht der Erste sein zu müssen. Die

Kasten 7: Beispiel für Rollenspiel unter Verwendung von Arbeitsblatt K9.04

Therapeutin: Kevin, wir haben uns auf dem Arbeitsblatt ja schon überlegt, was du tun kannst, wenn du mit Felix in der Kletterhalle bist und der Trainer euch fragt, wer denn als Erster klettern will. Und dann haben wir überlegt, was dann passiert. Lass uns das mal spielen. Ich bin Felix und du bist du. So: Der Trainer sagt jetzt: Wer will anfangen?
Kevin: Fang du doch mal an, ich bin sowieso schneller als du.
Therapeutin (= Felix): Na, wenn du meinst!
Therapeutin: Wie fandest du dich?
Kevin: Ganz gut!
Therapeutin: Gut war, dass du mich als Felix vorgelassen hast, aber so richtig toll konnte ich mich ehrlich gesagt nicht freuen. Kannst du dir vorstellen warum?
Kevin: Na ja, vielleicht war das mit dem „ich bin schneller als du" doch nicht so toll.
Therapeutin: Ja, das glaube ich auch. Was könntest du denn anders machen, lass' es uns gleich spielen. Also der Trainer sagt jetzt: Wer will anfangen?
Kevin: Fang du doch mal an, das letzte Mal hab' ich angefangen.
Therapeutin (= Felix): Ja, toll!
Therapeutin: Wie fandest du dich jetzt?
Kevin: Ja, jetzt war's besser.
Therapeutin: Ja, das finde ich auch, ich hab mich als Felix jetzt richtig freuen können. Vielleicht kannst du beim nächsten Mal auch noch darauf achten, dass du mich dabei anschaust.
(erneutes Rollenspiel)
Therapeutin: Das war jetzt richtig gut. Was hast du dabei gedacht und wie hast du dich dabei gefühlt?
Kevin: Ich hab gedacht, das ist doch fair, dass der Felix jetzt mal dran kommt und ich fand das o.k., obwohl ich ja schon auch gerne erster wäre!
Therapeutin: Was glaubst du, wie hat sich der Felix gefühlt?
Kevin: Na, dem ging's gut dabei. Ist doch klar!
Therapeutin: Hast du noch ein paar andere Ideen, was du sonst noch sagen oder machen könntest?
Kevin: Nee.
Therapeutin: Willst du das beim nächsten Mal ausprobieren? Was denkst du, wie gut kriegst du das hin?
Kevin: Ja, kann ich machen und das ist ja „easy"!
Therapeutin: O.k., dann mach das mal und schreib alles auf dem Beobachtungsbogen auf und vielleicht gibt es ja noch andere Möglichkeiten, wo du mal nicht erster sein musst und das dann auch ausprobieren kannst. Hast du da eine Idee?
Kevin: Na ja, wenn die Pause ist, muss ich vielleicht auch nicht immer der allererste sein!
Therapeutin: Ja, prima Idee, schreibe einfach alles auf.

Ergebnisse dieser Therapieaufgaben kann es dann anhand des Beobachtungsbogens aus der *Therapieaufgabe – Mal nicht der Erste und Beste sein müssen (K9.05)* protokollieren, indem es alle Situationen einträgt, in denen es versucht hat einmal nicht der Erste sein zu müssen, und sein Verhalten und die Konsequenzen beschreibt.

Abschluss der Sitzung

Zum Abschluss der Stunde sollte dann wieder das *Arbeitsblatt K1.05 (Mein Punkte-Plan)* in der Therapiestunde eingesetzt werden. Das Kind erhält für die Regeln, die es eingehalten hat, die vereinbarte Punktezahl und darf diese, wenn es will, eintauschen, z. B. gegen Spielzeit.

Auswertungsgespräch über die Therapieaufgabe in der nächsten Sitzung

Besprechen Sie mit dem Kind den Beobachtungsbogen aus der *Therapieaufgabe – Mal nicht der Erste und Beste sein müssen (K9.05)*. Konnte es sich selbst in Situationen beobachten, in denen es versucht hat, einmal nicht der Erste sein zu müssen. Hat es besonders auf sein Verhalten geachtet und überprüft, ob es sein Ziel erreicht hat. Explorieren Sie das Kind, ob es Situationen gab, in denen es mit seinem Verhalten zufrieden war und lassen Sie es davon berichten, wie es ihm seiner Meinung nach gut gelungen ist, nicht der Erste sein zu müssen. Versuchen Sie danach, mit dem Kind die Situationen zu besprechen, in denen es ihm seiner Meinung nach nicht gelungen ist und versuchen Sie herauszuarbeiten, warum es ihm dort so schwergefallen ist bzw. warum es ihm dort nicht gelungen ist. Fragen Sie das Kind, ob es sich bereits Alternativen überlegt hat, was es anders hätte machen können. Besprechen Sie die Situationen und Vorschläge des Kindes. Bei Bedarf führen Sie erneut Rollenspiele und Therapieaufgaben durch wie in Sitzung 3 (Baustein 9) bereits beschrieben.

 Schwierige Therapiesituationen

Nehmen Sie sich Zeit, die einzelnen Punkte ausführlich mit dem Kind zu besprechen und am besten, im Puppenspiel mit ihm die Fertigkeiten zu trainieren. Erst wenn es hier sicher und kompetent agieren kann, ist es sinnvoll, es dieses Verhalten in alltäglichen Situationen ausprobieren zu lassen. Bei diesen Rollenspielen kann der Rollentausch eine sehr wichtige Funktion übernehmen, weil das Kind damit auch noch einmal erfährt,

wie dominantes Verhalten von anderen wahrgenommen werden kann. Die Durchführung dieser Selbstmanagementaufgabe verlangt vom Kind wieder ein hohes Maß an Selbststeuerung. Erwarten Sie deshalb zunächst nicht zuviel vom Kind.

Baustein 9, vierte Sitzung: Einrichtung einer Patenschaft zur Verminderung von Dominanzverhalten (Kind/Eltern)

Teilnehmer	• Zunächst Therapeutin/Therapeut alleine mit Kind. • Später Eltern in die Stunde mit einbeziehen, um eine Unterstützung im natürlichen Umfeld zu gewährleisten.
Materialien	• K2.09 Ärger-Problem-Liste bzw. K2.10 Ziel-Liste • K9.05 Therapieaufgabe – Mal nicht der Erste und Beste sein müssen • K9.06 Mal nicht der Erste und Beste sein müssen – Patenschaften • K1.05 Mein Punkte-Plan in der Therapiestunde
Therapieaufgaben	• K9.05 Beobachtungsbogen – Mal nicht der Erste und Beste sein

Beginn der Sitzung

Erinnern Sie das Kind zu Beginn der Sitzung an den *Punkte-Plan* und an die Regeln, nach denen es in der Sitzung Punkte gewinnen kann. Passen Sie bei Bedarf die Regeln neu an. Lassen Sie das Kind die *Ärger-Problem-Liste (K2.09)* bzw. die *Ziel-Liste (K2.10)* bearbeiten.

Auswertungsgespräch zur letzten Therapieaufgabe

Besprechen Sie mit dem Kind die Therapieaufgabe aus der letzten Kinder-Sitzung. Falls Sie die Therapie entsprechend dem beschriebenen Standardablauf durchführen, bezieht sich das auf seinen Beobachtungsbogen aus der *Therapieaufgabe – Mal nicht der Erste und Beste sein müssen (K9.05)*:

- Konnte es sich selbst in Situationen beobachten, in denen es versucht hat einmal nicht der Erste sein zu müssen?
- Hat es besonders auf sein Verhalten geachtet und überprüft, ob es sein Ziel erreicht hat?

Bearbeitung neuer Arbeitsblätter

Da es für das Kind schwierig sein kann, alleine sein Verhalten zu verändern, beispielsweise aus Angst vor Misserfolg und Ablehnung, kann eine Patenschaft (z. B. Lehrer, Klassensprecher) eingeführt werden, die in der jeweiligen Situation unterstützend tätig werden kann. Hierzu können Sie das *Arbeitsblatt K9.06 Mal nicht der Erste und Beste sein müssen – Patenschaften* verwenden. Thematisieren Sie mit dem Kind und den Eltern, dass es manchmal eine schwierige Aufgabe sein kann, ganz alleine zu versuchen, sein Verhalten zu verändern und dass es deshalb für viele Kinder nützlich sein kann, die Hilfe von jemandem, der das andere Kind kennt, in Anspruch zu nehmen. Um die richtige Person auszuwählen, können Sie mit dem Kind zusammen die Checkliste aus *K9.06* ausfüllen. Überlegen Sie mit dem Kind, welche Eigenschaften ein guter Pate haben sollte (z. B. ist freundlich, ist hilfsbereit ...) und in welcher Situation er helfen soll (Schule, Freizeit ...)? Beachten Sie aber, dass bereits die Bitte um Hilfe für das Kind sehr schwierig sein kann. Versuchen Sie dies möglichst konkret im Rollenspiel- oder Puppenspiel mit dem Kind, eventuell auch unter Einbeziehung der Eltern einzuüben. Möglicherweise müssen Sie die Anbahnung solcher Patenschaften auch direkt unterstützten, beispielsweise, indem Sie die Lehrerin oder den Fußballtrainer dafür gewinnen.

 ### *Besprechung der neuen Therapie-aufgabe*

Hierzu soll das Kind erneut seinen Beobachtungsbogen aus der *Therapieaufgabe – Mal nicht der Erste und Beste sein müssen (K9.05)* führen.

Abschluss der Sitzung

Zum Abschluss der Stunde sollte dann wieder das *Arbeitsblatt K1.05 (Mein Punkte-Plan)* in der Therapiestunde eingesetzt werden. Das Kind erhält für die Regeln, die es eingehalten hat, die vereinbarte Punktezahl und darf diese, wenn es will, eintauschen, z. B. gegen Spielzeit.

Auswertungsgespräch über die Therapie-aufgabe in der nächsten Sitzung

Besprechen Sie mit dem Kind den Beobachtungsbogen aus der *Therapieaufgabe – Mal nicht der Erste und Beste sein müssen (K9.05):*
- Konnte es sich selbst in Situationen beobachten, in denen es versucht hat, einmal nicht der Erste sein zu müssen?
- Hat es besonders auf sein Verhalten geachtet und überprüft, ob es sein Ziel erreicht hat.

Lassen Sie sich in der nächsten Stunde berichten, ob das Kind eine/n Paten/in gefunden hat und wie es gelaufen ist.

 ### *Schwierige Therapiesituationen*

Die Durchführung dieser Selbstmanagementaufgabe verlangt vom Kind wieder ein hohes Maß an Selbststeuerung. Erwarten Sie deshalb zunächst nicht zu viel vom Kind. Häufig weisen die ersten Rückmeldungen auf Misserfolge hin: Der Beobachtungsbogen wird verlegt oder vergessen, oder die Eintragungen erfolgen erst kurz vor der Therapiesitzung. Falls der Beobachtungsbogen nicht entsprechend der Vereinbarungen ausgefüllt wurde, besprechen Sie in aller Ruhe mit dem Kind und ohne Vorwurfshaltung die Ursachen dafür. Welche Situationen treten in nächster Zeit auf, wo das Kind es üben kann, nicht der erste sein zu müssen? Welche Erinnerungshilfen kann es geben? (z. B. eine durchgestrichene 1 auf die Hand malen). Können Bezugspersonen stärker einbezogen werden? Wenn möglich, vereinbaren Sie engmaschigere Kontrollen und Rückmeldemöglichkeiten durch telefonische Kontakte zwischen den Sitzungen.

2.5.3 Baustein 10: Konflikte lösen und Rechte durchsetzen

Indikation:
• Wird immer durchgeführt

Hauptziele des Bausteins:
• Soziale Kompetenzdefizite auf der Ebene der Problemlösung und der Fertigkeiten bei der Konflikt-lösung sollen in der Exploration und in Rollen- bzw. Puppenspielen (durch Verhaltensbeobachtung) mit dem Kind herausgearbeitet werden. • Sozial kompetentes Verhalten bei Konfliktlösung sollen in Rollen- bzw. Puppenspielen mit dem Kind eingeübt werden. • Selbstbeobachtung und Übungen im natürlichen Umfeld in Bezug auf sozial kompetentes Verhal-ten bei Konfliktlösung sollen mit dem Kind (mit Hilfe der Eltern/Lehrer/Paten) eingeübt werden. • Die positive Verstärkung bei Verhaltensänderung des Kindes in Bezug auf sozial kompetentes Verhal-ten bei Konfliktlösung (z. B. mittels Punkte-Plänen) sollen mit den Bezugspersonen erarbeitet werden. • Der elterliche Umgang mit eigenen Konflikten und die Wirkung auf das kindliche Verhalten soll mit den Eltern reflektiert und wenn nötig modifiziert werden.

Anzahl der Sitzungen:
• In der Regel sind 4 Sitzungen notwendig (3 überwiegend mit Kind, 1 überwiegend mit Eltern) • + Einbeziehung von Lehrern/Erziehern möglich

Therapieaufgabe für Eltern/andere Bezugspersonen:
• B10.03 Coaching: Helfen Sie Ihrem Kind, Konflikte zu lösen.

Therapieaufgabe für Kind:
• K10.05 Therapieaufgabe – Streit friedlich beenden, Rechte durchsetzen und Feindschaften begraben • K10.06 Streit friedlich beenden, Rechte durchsetzen und Feindschaften begraben – Patenschaften

Material Kinder	
Material/Teilnehmer:	**Inhalt und Ziele:**
• K10.01 Geschichte: „Till Taff hat viel Streit!" Therapeutin/Therapeut alleine mit dem Kind.	In dieser Geschichte wird eine typische Konflikt-situation geschildert. Das Kind soll sich mit Till und dessen Problemen identifizieren, eigene ähn-liche Verhaltenstendenzen erkennen und sich mit ihnen auseinander setzen.
• K10.02 Ich zeig dir meine Welt! Mit wem habe ich oft Streit? Therapeutin/Therapeut alleine mit dem Kind.	Bei diesem Soziogramm soll das Kind Beziehun-gen zu anderen Kindern z. B. aus seiner Klasse an-hand von Smileys und Pfeilen darstellen. Damit lassen sich sowohl die aktuellen Konflikte des Kindes zu anderen Kindern in einer bestimmten Gruppe als auch seine Wünsche nach Veränderung von konflikthaften Beziehungen explorieren.
• K10.03 Streit lösen, Rechte durchsetzen und Feindschaften begraben: Was tun? Therapeutin/Therapeut alleine mit dem Kind.	Das Kind kann aus seiner Sicht die Möglichkei-ten der Konfliktlösung mit anderen Kindern be-schreiben. Die Aufmerksamkeit des Kindes wird dabei auf seine Kompetenzen gelenkt, sowie auf seine Problembereiche und Defizite.

Material Kinder	
Material/Teilnehmer:	**Inhalt und Ziele:**
• **K10.04 Streit friedlich beenden, Rechte durchsetzen und Feindschaften begraben – Rollen- oder Puppen spiel** Zunächst Therapeutin/Therapeut alleine mit dem Kind.	Mit Hilfe des Explorationsschemas soll sich das Kind mit seinen Möglichkeiten der Konfliktlösung mit anderen Kindern (aus K10.03) auseinandersetzen. Anhand des Schemas können alternative sozial kompetente Verhaltensweisen besprochen werden. In den anschließenden Rollen- oder Puppenspielen kann sozial angemessenes Verhalten eingeübt oder vertieft werden.
• **K10.05 Therapieaufgabe – Streit friedlich beenden, Rechte durchsetzen und Feindschaften begraben** Therapeutin/Therapeut alleine mit dem Kind. Später Bezugspersonen in die Stunde miteinbeziehen, um eine Unterstützung im natürlichen Umfeld zu gewährleisten.	Das Kind soll einen Selbstbeobachtungsbogen führen. Es soll sich selbst in Situationen beobachten, in denen es in Konliktsituationen mit Gleichaltrigen gerät. Hierbei soll es besonders auf sein Verhalten achten und überprüfen, ob es sein Ziel z. B. „Streit friedlich zu beenden" erreicht hat. Die Selbstwahrnehmung soll geschult werden.
• **K10.06 Streit friedlich beenden, Rechte durchsetzen und Feindschaften begraben – Patenschaften** Therapeutin/Therapeut alleine mit dem Kind. Später Bezugspersonen in die Stunde miteinbeziehen, um eine Unterstützung im natürlichen Umfeld zu gewährleisten.	Da es für das Kind schwierig sein kann, alleine Konflikte mit anderen Kindern zu lösen, wird eine Patenschaft (z. B. Lehrer, Klassensprecher) installiert, die in der jeweiligen Situation unterstützend tätig werden kann.
Material Bezugspersonen	
Material/Teilnehmer:	**Inhalt und Ziele:**
• **B10.01 Elterninformation – Konflikte lösen und Rechte durchsetzen** Soweit wie möglich beide Elternteile ohne Kind. Modifiziert auch mit Erziehern und Lehrern durchführbar.	Mit der Elterninformation werden die Eltern über den Inhalt und die Ziele der kindzentrierten Interventionen des Therapieabschnitts in Kenntnis gesetzt, um eine bestmögliche Mitarbeit und Transparenz in der Therapie mit dem Kind zu ermöglichen.
• **B10.02 Wie lebe ich Konfliktlösungen vor?** Soweit wie möglich beide Elternteile ohne Kind.	Die Eltern sollen sich mit dem Thema: „Wie lebe ich Konfliktlösungen vor?" auseinandersetzen, um zu Verstehen, welche Wirkung ihr eigenes Verhalten auf das Verhalten des Kindes hat, um ihm im weiteren Schritt die bestmögliche Unterstützung bei der Durchführung seiner Therapieaufgabe zu geben.
• **B10.03 Coaching: Helfen Sie Ihrem Kind, Konflikte zu lösen** Soweit wie möglich beide Elternteile ohne Kind. Modifiziert auch mit Erziehern und Lehrern durchführbar.	Die Eltern sollen zum Coaching angeleitet werden. Sie sollen lernen, dem Kind die bestmögliche Unterstützung (durch Lob und Hilfestellung, aber auch durch negative Konsequenzen) bei der Durchführung seiner Therapieaufgabe (Ausfüllen des Selbstbeobachtungsbogens K10.05), der Konfliktlösung mit anderen Kindern und bei der Suche und Einrichtung einer Patenschaft zu geben.

Möglicher Ablauf der Sitzungen: In der Regel müssen für diesen Baustein vier Sitzungen veranschlagt werden, wenn neben dem Kind ausschließlich Eltern einbezogen werden. Bei zusätzlicher Einbeziehung von Erziehern/Lehrern erhöht sich die Sitzungszahl entsprechend.

Übersicht über den Ablauf des Bausteins

- Sitzung 1: Mit wem gibt es viel Streit? (Kind)
- Sitzung 2: Konflikte und Gewalt (Eltern)
- Sitzung 3: Streit friedlich beenden (Kind/Eltern)
- Sitzung 4: Einrichtung einer Patenschaft zur Konfliktlösung (Kind/Eltern)

Baustein 10, erste Sitzung: Mit wem gibt es viel Streit? (Kind)

Teilnehmer	• Therapeutin/Therapeut alleine mit Kind
Materialien	• K2.09 Ärger-Problem-Liste bzw. K2.10 Ziel-Liste • K9.05 Therapieaufgabe – Mal nicht der Erste und Beste sein müssen • K10.01 Geschichte: „Till Taff hat viel Streit!" • K10.02 Ich zeig dir meine Welt! Mit wem habe ich oft Streit? • K1.05 Mein Punkte-Plan in der Therapiestunde
Therapie-aufgaben	• K9.05 Therapieaufgabe – Mal nicht der Erste und Beste sein müssen

Beginn der Sitzung

Erinnern Sie das Kind zu Beginn der Sitzung an den *Punkte-Plan* und an die Regeln, nach denen es in der Sitzung Punkte gewinnen kann. Passen Sie bei Bedarf die Regeln neu an. Lassen Sie das Kind die *Ärger-Problem-Liste (K2.09)* bzw. die *Ziel-Liste (K2.10)* bearbeiten.

Auswertungsgespräch zur letzten Therapieaufgabe

Besprechen Sie mit dem Kind die Therapieaufgabe aus der letzten Kinder-Sitzung. Falls Sie die Therapie entsprechend dem beschriebenen Standardablauf durchführen, bezieht sich das Auswertungsgespräch auf seinen Beobachtungsbogen aus der *Therapieaufgabe – Mal nicht der Erste und Beste sein müssen (K9.05)*:

- Konnte es sich selbst in Situationen beobachten, in denen es versucht hat, einmal nicht der Erste sein zu müssen?
- Hat es besonders auf sein Verhalten geachtet und überprüft, ob es sein Ziel erreicht hat?
- Lassen Sie zudem berichten, ob das Kind eine/n Paten/in gefunden hat und wie es gelaufen ist?

Bearbeitung neuer Arbeitsblätter

Danach können Sie dem Kind die Geschichte „*Till Taff hat viel Streit!" (K10.01)* vorlesen oder mit Handpuppen (vgl. Handpuppe Till bei den THAV-Materialien) erzählen. Am Seitenrand finden Sie wieder mögliche Fragen zu den einzelnen Textabschnitten. In dieser Geschichte wird eine typische Problemsituation von Kindern geschildert, die Probleme in Konfliktsituationen haben. Das Kind soll sich mit Till und dessen Problemen identifizieren bzw. auseinandersetzen. Das Biest wird erneut thematisch aufgegriffen.

Zusätzlich können individuelle soziale Situationen des Kindes exploriert werden. An dieser Stelle empfehlen wir, das Soziogramm *K10.02 Ich zeig dir meine Welt! Mit wem habe ich oft Streit?* einzusetzen. Bei diesem Soziogramm soll das Kind wieder Personen z. B. aus seiner Klasse darstellen und mit Pfeilen verbinden. So können die Beziehungen des Kindes zu anderen Kindern einschließlich seiner Konfliktbeziehungen in einer bestimmten Gruppe und seine Wünsche nach Konfliktlösungen exploriert werden. Hierzu empfehlen wir, auf das vorherige Soziogramm zurückzugreifen, um Veränderungen einfacher zu erfragen.

 ### Besprechung der neuen Therapieaufgabe

Für diese Sitzung gibt es keine spezifische Therapieaufgabe. Sie können die Therapieaufgabe(n) früherer Sitzungen fortführen. Falls Sie die Therapie entsprechend dem beschriebenen Standardablauf durchführen, soll das Kind seinen aus der *Therapieaufgabe – Mal nicht der Erste und Beste sein müssen (K9.05)* in der nächsten Woche weiterführen.

Abschluss der Sitzung

Zum Abschluss der Stunde sollte dann wieder das *Arbeitsblatt K1.05 (Mein Punkte-Plan)* in der Therapiestunde eingesetzt werden. Das Kind erhält für die Regeln, die es eingehalten hat, die vereinbarte Punktezahl und darf diese, wenn es will, eintauschen z. B. gegen Spielzeit.

Auswertungsgespräch über die Therapieaufgabe in der nächsten Sitzung

Für diese Sitzung gibt es keine spezifische Therapieaufgabe. Sie können die Therapieaufgabe(n) früherer Sitzungen fortführen. Falls Sie die Therapie entsprechend dem beschriebenen Standardablauf durchführen, besprechen Sie mit dem Kind den Beobachtungsbogen aus der *Therapieaufgabe – Mal nicht der Erste und Beste sein müssen (K9.05)*:

- Konnte es sich selbst in Situationen beobachten, in denen es versucht hat einmal nicht der Erste sein zu müssen.
- Hat es besonders auf sein Verhalten geachtet und überprüft, ob es sein Ziel erreicht hat.

 Schwierige Therapiesituationen

Die Durchführung dieser Selbstmanagementaufgabe verlangt vom Kind wieder ein hohes Maß an Selbststeuerung. Erwarten Sie deshalb zunächst nicht zuviel vom Kind. Nehmen Sie sich Zeit, die einzelnen Punkte ausführlich mit ihm zu besprechen und loben Sie es für kleine Erfolge.

Das Konflikt-Soziogramm kann das Kind dazu verleiten nochmals die Ursachen für Konflikte stark zu externalisieren („die anderen fangen immer an") oder das Kind kann keine Bereitschaft zeigen, bei bestimmten Konfliktpartnern die Feindschaften zu begraben. In solchen Fällen können Sie nochmals frühere Bausteine heranziehen, in denen Vor- und Nachteile von Konflikten – hier nun auf das spezifische Kind bezogen – besprochen werden können.

Baustein 10, zweite Sitzung: Konflikte und Gewalt (Eltern)

Teilnehmer	• Eltern ohne Kind (B8.01, B8.03 und B8.04 auch mit Erziehern/Lehrern durchführbar)
Materialien	• B2.04 Verhaltensproblemliste bzw. B2.05 Ziel-Liste • B10.01 Elterninformation – Konflikte lösen und Rechte durchsetzen • B10.02 Wie lebe ich Konfliktlösungen vor? • B10.03 Coaching: Helfen Sie Ihrem Kind, Konflikte zu lösen.
Therapieaufgaben	• B9.03 Coaching: Helfen Sie Ihrem Kind, sein dominantes Verhalten in den Griff zu bekommen. • B10.03 Coaching: Helfen Sie Ihrem Kind, Konflikte zu lösen

Beginn der Sitzung

Lassen Sie die Bezugspersonen zunächst die *Verhaltensproblemliste (B2.04)* bzw. die *Ziel-Liste (B2.05)* bearbeiten.

Auswertungsgespräch zur letzten Therapieaufgabe

Besprechen Sie mit den Eltern die Therapieaufgabe aus der letzten Eltern-Sitzung. Falls Sie die Therapie entsprechend dem beschriebenen Standardablauf durchführen, bezieht sich das Auswertungsgespräch auf das Arbeitsblatt *B9.03 Coaching: Helfen Sie Ihrem Kind, sein dominantes Verhalten in den Griff zu bekommen:*

- Konnten die Eltern ihr Kind bei seinem Verhalten Gleichaltrigen gegenüber unterstützen?
- Sind wirkungsvollere Methoden (z. B. ein *Punkte-Plan*) notwendig, um die Bereitschaft des Kindes zu angemessenem Verhalten zu verbessern?

Bearbeitung neuer Arbeitsblätter

Thematisieren Sie zunächst mit den Eltern, dass Kinder mit aggressivem Verhalten oftmals grundlegende Schwierigkeiten haben, sich angemessen selbst zu behaupten oder Konflikte friedlich zu lösen. Soziale Fertigkeiten, die zur Bewältigung solcher Situationen notwendig sind, sind häufig nicht hinreichend ausgebildet. Besprechen Sie mit den Eltern, dass nicht nur Kinder manchmal Schwierigkeiten haben, Konflikte mit anderen Menschen, z. B. Nachbarn, Freunden usw., friedlich zu lösen, Rechte fair durchzusetzen oder Feindschaften zu begraben, sondern dass sich jeder Mensch schon einmal aggressiv und in Konfliktsituationen nicht fair verhalten hat. Manchen Menschen fällt es leichter, Konflikte friedlich zu beenden, andere sind darin weniger geschickt. Wieder anderen Menschen machen Konflikte Angst oder Schuldgefühle. Als Hilfe können Sie hierzu das Arbeitsblatt *B10.02 Wie lebe ich Konfliktlösungen vor?* heranziehen. Nähern Sie sich dem Thema behutsam und ohne Vorwurfshaltung.

Besprechen Sie mit den Eltern, wie sie mit Konflikten umgehen und was sie tun, wenn sie wütend sind. Erfragen Sie, ob sie sich an eine Situation erinnern in der mit ihnen schon einmal die Wut durchgegangen ist und wie sie damit umgegangen sind. Überlegen Sie zusammen welche Wirkung sie glauben, dass ihr Konfliktverhalten auf das Verhalten ihres Kindes hat und ob sie daran etwas verändern wollen. Thematisieren Sie mit den Eltern, wie Sie ein gutes Modell sein könnten. Besprechen Sie weiter mit den Eltern, dass es auch in der Familie viel Streit geben kann. Erläutern Sie den Eltern, dass es vielen Eltern von Kindern mit Verhaltensproblemen schwerfällt, auf die vielen Regelverstöße ihrer Kinder angemessen zu reagieren, und dass die Reaktion der Eltern auf den Regelverstoß häufig davon abhängt, wie sehr sich die Eltern darüber geärgert haben. So kommt es, dass Eltern manchmal auf das Verhaltensproblem zu streng oder selbst aggressiv reagieren, indem ihnen „die Hand ausrutscht" oder sie laut schreien. Manchen Eltern fällt es leichter, Konflikte in der Familie friedlich zu beenden, andere sind dabei weniger geschickt und es fällt ihnen schwer bei einem Streit mit dem Partner oder mit dem eigenen Kind zu einer guten Konfliktlösung zu kommen. Wieder anderen Eltern machen Konflikte und Wut (sei es die eigene oder die der anderen) Angst oder Schuldgefühle. Erfragen Sie auch hier mit Hilfe des Arbeitsblattes *B10.02 Wie lebe ich Konfliktlösungen vor?* wie

die Eltern mit Konflikten in der Familie umgehen und was sie tun, wenn Sie wütend auf ihr Kind oder den Partner sind. Versuchen Sie behutsam zu explorieren, wie sie mit solchen Konfliktsituationen umgegangen sind.

Besprechen Sie danach mit den Eltern die *Elterninformation – Konflikte lösen und Rechte durchsetzen* (B10.01) und das Informationsblatt zum *Coaching: Helfen Sie Ihrem Kind, Konflikte zu lösen.* (B10.03). Nach der Besprechung sollten Sie den Eltern die Blätter mit nach Hause geben. Mit der *Elterninformation – Konflikte lösen und Rechte durchsetzen (B10.01)* werden die Eltern über den Inhalt und die Ziele der kindzentrierten Interventionen des Therapieabschnitts schriftlich in Kenntnis gesetzt, um eine optimale Mitarbeit und Transparenz in der Therapie mit dem Kind zu ermöglichen. Mit dem Informationsblatt zum *Coaching: Helfen Sie Ihrem Kind, Konflikte zu lösen (B10.03)* werden die Eltern angeleitet, dem Kind die bestmögliche Unterstützung bei der Durchführung seiner künftigen Therapieaufgabe, dem Ausfüllen des *Selbstbeobachtungsbogen aus der Therapieaufgabe – Streit friedlich beenden, Rechte durchsetzen und Feindschaften begraben K10.05* und der Verminderung des Konfliktverhaltens sowie bei der Suche und Einrichtung einer Patenschaft zu geben.

Erläutern Sie den Eltern das Ziel des Therapieabschnittes. Informieren Sie die Eltern, dass es in diesem Abschnitt der Therapie darum geht, mit dem Kind zu erarbeiten, Konflikte friedlich zu lösen, die eigenen Rechte fair durchzusetzen und Feindschaften zu begraben. Danach soll das Kind diese Möglichkeiten in bestimmten Situationen zunächst in Rollenspielen einüben, um sie später in alltäglichen Situationen einzusetzen. Informieren Sie die Eltern, dass ihr Kind in der nächsten Stunde die Therapieaufgabe bekommt, zu Hause, in der Schule und in seiner Freizeit, einen Beobachtungsbogen ausfüllen, um sein Verhalten zu protokollieren und einzuüben.

 Besprechung der neuen Therapieaufgabe

Die Eltern sollen ihr Kind daran erinnern, bevor es z. B. in die Schule oder zum Spielen geht, dass es darum geht, wenn es Streitigkeiten gibt, diese friedlich beizulegen oder seine eigenen Rechte fair durchzusetzen. Erklären Sie den Eltern, dass hierfür keine langen Predigten notwendig sind, sondern lediglich ein kurzes vereinbartes Signal. Die Eltern sollten darauf achten, was das Kind anzunehmen bereit ist.

Sagen Sie den Eltern, Sie sollen ihr Kind ermutigen, mit ihnen über seine Konflikte zu sprechen und die erlernten Verhaltensweisen einzusetzen. Die Eltern sollen lernen, ihr Kind zu loben, wenn es ihm gelingt, solche sozial kompetenten Verhaltensweisen einzusetzen, oder wenn ihm wenigstens im Nachhinein eine Alternative einfällt und es ihnen davon erzählt. Wenn es dem Kind zunächst noch sehr schwerfällt, solche alternativen Verhaltensweisen einzusetzen, sollten die Eltern mit ihm gemeinsam überlegen welches Verhalten in der jeweiligen Situation hilfreich gewesen wäre. Üben Sie dies am besten mit den Eltern (später, wenn mit dem Kind die Aufgabe in der nächsten Stunde besprochen wurde evtl. mit dem Kind zusammen) im Rollenspiel ein. Leiten Sie die Eltern an, darauf zu achten, dass das Kind seinen Beobachtungsbogen ausfüllt und sie es dafür loben. Erläutern Sie den Eltern, dass es manchmal nicht genügt, das Kind durch Lob zu motivieren, sein Verhalten zu verändern und dass man in diesem Fall ein wirkungsvolleres Programm aufstellen muss, um die Bereitschaft des Kindes zu angemessenem Verhalten zu verbessern. Ein solches Programm, das sich als sehr erfolgreich erwiesen hat, ist der *Punkte-Plan (B7.04)*. Erklären Sie den Eltern, wie ein solches Programm aufzustellen ist, bzw. wenn Sie den Punkteplan bereits eingeführt haben (s. Baustein 7, Stunde: 5), wie sie ihn hier durchführen können.

Erarbeiten Sie mit den Eltern natürliche negative Konsequenzen (z. B. Wiedergutmachung, Ausschluss aus der Situation, Verstärkerentzug und Entzug von Privilegien, Einengung des Handlungsspielraums; siehe Baustein 3, B3.06), die sie einsetzen können, wenn das Kind einen Konflikt nicht lösen kann und deutlich aggressiv reagiert. Helfen Sie den Eltern, solche Konsequenzen möglichst unmittelbar und regelmäßig sowie möglichst ruhig und gelassen durchzuführen und besprechen sie mit Eltern und Kind gemeinsam diese Konsequenzen und auch dass dies eigentlich selbstverständlich ist, dass man für sein eigenes Fehlverhalten einsteht.

Thematisieren Sie mit den Eltern, dass es für das Kind sehr schwer sein kann, ganz alleine Konflikte friedlich zu lösen, seine Rechte fair durchzusetzen und Feindschaften zu begraben *(B10.03*

Coaching: Helfen Sie Ihrem Kind, Konflikte zu lösen). Wenn es dem Kind zunächst also noch sehr schwerfällt, solche alternativen Verhaltensweisen einzusetzen sollen die Eltern mit ihrem Kind gemeinsam überlegen, ob es nützlich wäre, jemanden um Hilfe zu bitten, der den Konfliktpartner oder die Gruppe kennt, in der die Konflikte auftreten. Sie sollten also gemeinsam eine/n Paten/in bestimmen, der/die in der jeweiligen Situation unterstützend tätig werden kann. Das können beispielsweise ein Lehrer, ein Trainer, der Klassensprecher (Streitschlichter) oder auch die Eltern selbst sein. Informieren Sie die Eltern, dass in der Therapie mit dem Kind hierzu noch einige Möglichkeiten besprochen werden und sie dann dazu gebeten werden, um mögliche Patenschaften zu besprechen.

Einsatzmöglichkeiten für Erzieher/Lehrer: Die Arbeitsblätter *(B10.01 und B10.03)* sind modifiziert auch mit Erziehern oder Lehrern durchführbar.

Auswertungsgespräch über die Therapieaufgabe in der nächsten Sitzung

Besprechen Sie mit den Eltern das Arbeitsblatt *B10.03 Coaching: Helfen Sie Ihrem Kind, Konflikte zu lösen:*
- Konnten die Eltern ihr Kind bei seinem Verhalten Gleichaltrigen gegenüber unterstützen?
- Sind wirkungsvollere Methoden (z. B. ein *Punkte-Plan, Auszeit*) notwendig, um die Bereitschaft des Kindes zu angemessenem Verhalten zu verbessern?

 ### Schwierige Therapiesituationen

Manchmal wenden Eltern ein, dass sie bei Konflikten mit Gleichaltrigen oft nicht dabei sind. An dieser Stelle ist es dann wichtig, die Eltern zu sensibilisieren und weitere Bezugspersonen wie Lehrer oder Erzieher einzubeziehen. Manche Eltern berichten, dass es ihnen sehr schwerfällt, ihre eigenen Konflikte innerhalb oder außerhalb der Familie beizulegen. Andere Eltern können dazu neigen, bei Konflikten vorschnell nachzugeben. In solchen Fällen können Sie zusätzliche Sitzungen für die Eltern einplanen (z. B. wie lösen wir Partnerkonflikte?) und bei sehr starker Problematik die Eltern beraten, eine eigene Therapie einzuleiten. Die Thematisierung des eigenen Konfliktverhaltens der Eltern kann sich in einigen Familien also als sehr schwierig herausstellen, da bestimmte Vorstellungen oft sehr verfestigt sind.

Nehmen Sie sich Zeit, die einzelnen Punkte ausführlich mit den Eltern zu besprechen. Zeigen Sie Interesse und Verständnis für ihre Einstellungen und ihr Verhalten. Untersuchen Sie diese Überzeugungen und das Verhalten gemeinsam mit den Eltern auf Vor- und Nachteile und auf die Wirkung auf das Denken und Verhalten des Kindes. Versuchen Sie hierbei möglichst neutral mit den Eltern über ihre Gedanken und Einstellungen zu sprechen und Sie nicht zu stark zu kritisieren. Wichtig ist, dass die Eltern ihre Überzeugungen aussprechen, damit sie thematisiert überprüft und verändert werden können. Veränderungen auf dieser Ebene sind häufig eher langwierig. Sie müssen daher immer wieder Platz in der Therapie finden, um diese zu besprechen. Verlangen Sie nicht, dass die Eltern am Ende der Sitzung alle ihre bisherigen Überzeugungen und ihr bisheriges Verhalten aufgegeben haben. Es geht vielmehr darum einen Denkprozess in Gang zu bringen, an dem Sie mit den Eltern weiterarbeiten können. Es ist wichtig auch an dieser Stelle die Eltern zu sensibilisieren und mit ihnen, wenn nötig, mögliche Hilfestellungen der Jugendhilfe zu erläutern, ohne Ihnen Angst zu machen.

Baustein 10, dritte Sitzung: Streit friedlich beenden (Kind/Eltern)

Teilnehmer	• Zunächst Therapeutin/Therapeut alleine mit Kind. • Später Eltern in die Stunde miteinbeziehen, um eine Unterstützung im natürlichen Umfeld zu gewährleisten.
Materialien	• K2.09 Ärger-Problem-Liste bzw. K2.10 Ziel-Liste • K10.03 Streit friedlich beenden, Rechte durchsetzen und Feindschaften begraben: Was tun? • K10.04 Streit friedlich beenden, Rechte durchsetzen und Feindschaften begraben – Rollen- oder Puppenspiel • K10.05 Therapieaufgabe – Streit friedlich beenden, Rechte durchsetzen und Feindschaften begraben • K1.05 Mein Punkte-Plan in der Therapiestunde

Therapie-aufgaben	• K10.05 Therapieaufgabe – Streit friedlich beenden, Rechte durchsetzen und Feindschaften begraben

Beginn der Sitzung

Erinnern Sie das Kind zu Beginn der Sitzung an den *Punkte-Plan* und an die Regeln, nach denen es in der Sitzung Punkte gewinnen kann. Passen Sie bei Bedarf die Regeln neu an. Lassen Sie das Kind die *Ärger-Problem-Liste (K2.09)* bzw. die *Ziel-Liste (K2.10)* bearbeiten.

Auswertungsgespräch zur letzten Therapieaufgabe

Besprechen Sie mit dem Kind die Therapieaufgabe aus der letzten Kinder-Sitzung. Falls Sie die Therapie entsprechend dem beschriebenen Standardablauf durchführen, bezieht sich das Auswertungsgespräch auf den Beobachtungsbogen aus der *Therapieaufgabe – Mal nicht der Erste und Beste sein müssen (K9.05)*:
• Konnte es sich selbst in Situationen beobachten, in denen es versucht hat einmal nicht der Erste sein zu müssen.
• Hat es besonders auf sein Verhalten geachtet und überprüft, ob es sein Ziel erreicht hat.

Bearbeitung neuer Arbeitsblätter

Danach können Sie Bezug auf das Soziogramm *K10.02 Ich zeig dir meine Welt! Mit wem habe ich oft Streit?* aus der letzen Sitzung nehmen und mit dem Kind anhand des Arbeitsblattes *K10.03 (Streit friedlich beenden, Rechte durchsetzen und Feindschaften begraben: Was tun?)* Möglichkeiten zur Konfliktlösung und Selbstbehauptung erarbeiten. Sammeln Sie mit dem Kind zunächst alle Lösungsideen, die ihm einfallen ohne diese zu bewerten. Danach können Sie gemeinsam mit dem Kind überlegen, was es glaubt, was jeweils danach passieren wird. Wird das andere Kind die Art der Konfliktlösung auch als fair erleben? Nach der gemeinsamen Bewertung kann das Kind hinter die besprochene Möglichkeit ein lachendes oder trauriges Gesicht zeichnen. Danach können Sie mit dem Kind weiter überlegen, wie gut es meint diese Art der Konfliktlösung hinzubekommen.

Nachdem Sie gemeinsam mit dem Kind Möglichkeiten gefunden haben, Konflikte zu lösen, seine eigenen Rechte angemessen durchzusetzen und sich dabei fair zu verhalten, können Sie mit ihm

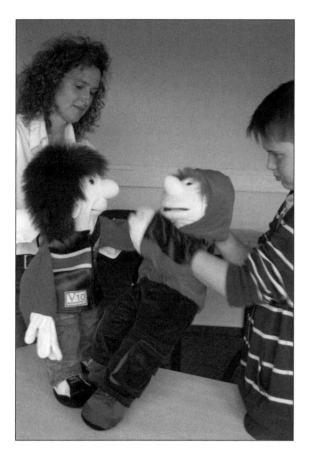

Abbildung 57: Puppenspielübung Streit

noch einmal besprechen, ob es ihm schon einmal gelungen ist, auf diese Weise einen Konflikt zu lösen und welche Erfahrungen es damit gemacht hat.

Danach können Sie die Situationen im Rollen- oder Puppenspiel nachspielen und diese auf Video aufnehmen (s. Abb. 57).

Überlegen Sie zusammen, wie sich jeder Beteiligte fühlt, tauschen Sie zwischendurch die Rollen, besprechen, ob das Verhalten fair war oder dem anderen Kind geschadet hat. Anhand des Arbeitsblattes *K10.04 Streit friedlich beenden, Rechte durchsetzen und Feindschaften begraben – Rollen- oder Puppenspiel* können Sie die Situation gemeinsam noch weiter analysieren (Was habe ich gedacht, gefühlt, gemacht, was ist danach passiert, was hat der andere wohl gedacht, gefühlt …). Im zweiten Teil können Sie gemeinsam überlegen, wie das Kind anders hätte den Konflikt lösen können, was es sonst noch hätte tun oder sagen können usw. Im dritten Teil geht es darum, weitere Konfliktlösemöglichkeiten zusammen zu tragen. Hierzu können Sie mit dem Kind überlegen, was ihm im Rollen- oder Puppenspiel gut gelungen ist und was es in Zukunft so weiter machen möchte und in alltäglichen Situationen ausprobieren kann. Kasten 8 gibt ein Beispiel für ein solches Rollenspiel unter Verwendung von Arbeitsblatt K10.04.

Kasten 8: Beispiel für Rollenspiel unter Verwendung von Arbeitsblatt K10.04

Therapeutin: Kevin, wir haben uns auf dem Arbeitsblatt ja schon überlegt, was du tun kannst, wenn dir ein anderer Junge aus deiner Klasse – z. B. der Felix – dein Mäppchen wegnimmt. Und dann haben wir überlegt, was dann passiert. Lass uns das mal spielen. Ich bin Felix und du bist du und da ist das Mäppchen. So: Der Felix nimmt dir jetzt dein Mäppchen weg.
Kevin: Hey du Penner, gib mir sofort mein Mäppchen wieder, sonst fängst du dir eine.
Therapeutin (= Felix): Hol's dir doch!
Kevin (wird lauter): Ich warne dich!
Therapeutin (= Felix): Da hast du dein blödes Mäppchen.
Therapeutin: So, Wie fandest du dich?
Kevin: Ganz gut, ich hab das Mäppchen wieder und nicht draufgehauen!
Therapeutin: Ja das stimmt, du hast nicht geprügelt, das war schon richtig gut. Aber ich habe mich als Felix trotzdem ganz schön geärgert und dich ja auch ein bisschen beschimpft. Kannst du dir vorstellen warum?
Kevin: Na ja, wenn du mir das Mäppchen weggenommen hast, soll ich dann vielleicht auch noch danke sagen? Das wär ja richtig uncool! Das würde keiner machen!

Therapeutin: Ja, da hast du auch recht, aber du hast mich ja auch gleich am Anfang bedroht und mich beschimpft. Du hast gesagt: „Hey du Penner, gib mir sofort mein Mäppchen wieder, sonst fängst du dir eine". Hast du eine Idee, wie du es noch besser machen könntest? Lass es uns gleich nochmal spielen.

Therapeutin (= Felix) nimmt das Mäppchen weg.

Kevin: Wie witzig! Ich hab jetzt wirklich keine Lust auf Mäppchen-Jagd. Komm gib's her!

Therapeutin (= Felix): Da hast du es.

Therapeutin: Wie fandest du dich jetzt?

Kevin: Ja, jetzt war's besser.

Therapeutin: Ja, das finde ich auch, ich hab mich als Felix jetzt gar nicht geärgert und könnte mir auch vorstellen, mit dir auch gleich drauf was Schönes zu spielen. Was hast du denn dabei gedacht und wie hast du dich dabei gefühlt?

Kevin: Ja ich war auch ruhiger und eigentlich viel cooler und hab gedacht, das ist ja wirklich langweilig so ne Mäppchen-Schlacht!

Therapeutin: War es fair und was glaubst du, wie hat sich der Felix gefühlt?

Kevin: Also fair war das bestimmt, der Felix kann sich da jetzt wirklich nicht beklagen.

Therapeutin: Hast du noch ein paar andere Ideen, was du sonst noch sagen oder machen könntest?

Kevin: Nee.

Therapeutin: Willst du das beim nächsten Mal ausprobieren, wenn dir jemand was wegnehmen will? Was denkst du, wie gut kriegst du das hin?

Kevin: Ja, ich glaub, das kriege ich ganz gut hin; ich muss nur aufpassen, dass ich mich nicht so schnell ärgere.

Therapeutin: O. k., dann mach das mal und schreib alles auf dem Beobachtungsbogen auf und vielleicht gibt es ja noch andere Möglichkeiten, wo du es schaffst dich nicht zu streiten. Hast du da eine Idee?

Kevin: Na ja, wenn der Dennis mal wieder so blöd grinst, da muss ich ja nicht gleich darauf eingehen sondern kann genauso zurückgrinsen.

Therapeutin: Ja, probier das mal aus und schau, was dann passiert und schreib einfach alles auf.

 Besprechung der neuen Therapieaufgabe

In der nächsten Woche soll das Kind einen Selbstbeobachtungsbogen aus *K10.05 Therapieaufgabe – Streit friedlich beenden, Rechte durchsetzen und Feindschaften begraben* führen. Es soll sich selbst in Situationen beobachten, in denen es in Konflikte mit Gleichaltrigen gerät. Hierbei soll es besonders auf sein Verhalten achten und überprüfen, ob es sein Ziel z. B. „einen Streit friedlich zu beenden" erreicht hat. Die Selbstwahrnehmung soll geschult werden. Beziehen Sie hierzu die Eltern in die Sitzung mit ein, um eine Unterstützung der Therapieaufgabe im natürlichen Umfeld zu gewährleisten.

Abschluss der Sitzung

Zum Abschluss der Stunde sollte dann wieder das Arbeitsblatt *K1.05 (Mein Punkte-Plan)* in der Therapiestunde eingesetzt werden. Das Kind erhält für die Regeln, die es eingehalten hat, die vereinbarte Punktezahl und darf diese, wenn es will, eintauschen, z. B. gegen Spielzeit.

Auswertungsgespräch über die Therapieaufgabe in der nächsten Sitzung

Besprechen Sie mit dem Kind den Beobachtungsbogen aus der *Therapieaufgabe – Streit friedlich beenden, Rechte durchsetzen und Feindschaften begraben (K10.05):*
- Ist es in Konflikte mit Gleichaltrigen geraten und hat es dieses aufgezeichnet?
- Hat es besonders auf sein Verhalten geachtet und überprüft, ob es sein Ziel z. B. „Streit friedlich zu beenden" erreicht hat?

Explorieren Sie das Kind, ob es Situationen gab, in denen es mit seinem Konfliktverhalten zufrieden war und lassen Sie es davon berichten, wie es ihm seiner Meinung nach gut gelungen ist, Streit mit einem anderen Kind zu lösen, seine Rechte durchzusetzen. Versuchen Sie danach mit dem Kind die Situationen zu besprechen, in denen es ihm seiner Meinung nach nicht gelungen ist, z. B. Streit friedlich zu lösen und versuchen Sie herauszuarbeiten, warum es ihm dort so schwergefallen ist bzw., warum es ihm dort nicht gelungen ist. Fragen Sie das Kind, ob es sich bereits Alternativen überlegt hat, was es anders hätte machen können. Besprechen Sie die Situationen und Vorschläge des Kindes. Bei Bedarf führen Sie erneut Rollenspiele und Therapieaufgaben durch wie in Sitzung 3 (Baustein 10) bereits beschrieben.

 Schwierige Therapiesituationen

Die Durchführung dieser Selbstmanagementaufgabe verlangt vom Kind wieder ein hohes Maß an Selbststeuerung. Erwarten Sie deshalb zunächst nicht zuviel vom Kind. Nehmen Sie sich Zeit, die einzelnen Punkte ausführlich mit ihm zu besprechen.

Das Einüben von kompetenten Konfliktlösungen kann der Kern der gesamten Therapie sein und daher auch für das Kind sich als sehr schwierig herausstellen. Manchen Kindern kann es sehr schwerfallen überhaupt Alternativen zu aggressivem Verhalten zu finden oder sie schätzen diese vorschnell als nicht durchführbar ein. Andere Kinder können große Schwierigkeiten haben, im Rollenspiel kompetentes Verhalten zu zeigen und zeigen trotz aller Bemühungen aggressive Verhaltenselemente oder sie tendieren zu einer zu starken Unterwürfigkeit und finden nicht das richtige Maß an Selbstbehauptung. Hier ist es notwendig, Rollenspiele vermehrt einzusetzen, auch mit Video-Rückmeldung und eventuell die Aufgabenschwierigkeit zu reduzieren, also Konfliktsituationen zunächst zu entschärfen.

Baustein 10, vierte Sitzung: Einrichtung einer Patenschaft zur Konfliktlösung (Kind/Eltern)

Teilnehmer	• Zunächst Therapeutin/Therapeut alleine mit Kind. • Später Eltern in die Stunde miteinbeziehen, um eine Unterstützung Im natürlichen Umfeld zu gewährleisten.
Materialien	• K2.09 Ärger-Problem-Liste bzw. K2.10 Ziel-Liste • K10.05 Therapieaufgabe – Streit friedlich beenden, Rechte durchsetzen und Feindschaften begraben

Materialien	• K10.06 Streit friedlich beenden, Rechte durchsetzen und Feindschaften begraben – Patenschaften • K1.05 Mein Punkte-Plan in der Therapiestunde
Therapieaufgaben	• K10.05 Therapieaufgabe – Streit friedlich beenden, Rechte durchsetzen und Feindschaften begraben

Beginn der Sitzung

Erinnern Sie das Kind zu Beginn der Sitzung an den *Punkte-Plan* und an die Regeln, nach denen es in der Sitzung Punkte gewinnen kann. Passen Sie bei Bedarf die Regeln neu an. Lassen Sie das Kind die *Ärger-Problem-Liste (K2.09)* bzw. die *Ziel-Liste (K2.10)* bearbeiten.

Auswertungsgespräch zur letzten Therapieaufgabe

Besprechen Sie mit dem Kind die Therapieaufgabe aus der letzten Kinder-Sitzung. Falls Sie die Therapie entsprechend dem beschriebenen Standardablauf durchführen, bezieht sich das Auswertungsgespräch auf den Beobachtungsbogen aus der *Therapieaufgabe – Streit friedlich beenden, Rechte durchsetzen und Feindschaften begraben (K10.05)*:
• Konnte es sich selbst in Situationen beobachten, in denen es in Konflikte mit Gleichaltrigen geraten ist.
• Hat es besonders auf sein Verhalten geachtet und überprüft, ob es sein Ziel z. B. „einen Streit friedlich zu beenden" erreicht hat.

Bearbeitung neuer Arbeitsblätter

Da es für das Kind schwierig sein kann, alleine Konflikte mit anderen Kindern zu lösen z. B. aus Angst vor Misserfolg, kann eine Patenschaft (z. B. Lehrer, Klassensprecher) eingeführt werden, die in der jeweiligen Situation unterstützend tätig werden kann. Hierzu können Sie das Arbeitsblatt *10.06 (Streit friedlich beenden, Rechte durchsetzen und Feindschaften begraben – Patenschaften)* verwenden. Thematisieren Sie mit dem Kind und den Eltern, dass es manchmal sehr schwer sein kann, ganz alleine zu versuchen, Konflikte mit einem bestimmten Kind beizulegen und dass es für viele

Kinder nützlich sein kann, die Hilfe von jemandem, der das andere Kind kennt, in Anspruch zu nehmen. Um die richtige Person auszuwählen, können Sie mit dem Kind die Checkliste aus *K10.06 Streit friedlich beenden, Rechte durchsetzen und Feindschaften begraben – Patenschaften* zusammen ausfüllen. Überlegen Sie mit dem Kind, welche Eigenschaften ein guter Pate haben sollte (z. B. ist freundlich, ist hilfsbereit ...) und in welcher Situation er helfen soll (Schule, Freizeit ...)? Beachten Sie aber, dass bereits die Bitte um Hilfe schwierig sein kann. Versuchen Sie, dies möglichst konkret im Rollenspiel- oder Puppenspiel mit dem Kind und evtl. den Eltern einzuüben. Möglicherweise müssen Sie die Anbahnung solcher Patenschaften auch direkt unterstützten, beispielsweise, indem Sie die Lehrerin oder den Fußballtrainer dafür gewinnen.

 Besprechung der neuen Therapieaufgabe

Hierzu soll es erneut seinen Beobachtungsbogen aus der *Therapieaufgabe – Streit friedlich beenden, Rechte durchsetzen und Feindschaften begraben (K10.05)* führen.

Einsatz des Zauberwaldspiels (K12.01) zum Bereich Problemlösung und Fertigkeiten

In der Standardform wird das Spiel mit allen Karten aus allen drei Bereichen (Informationsverarbeitung, Impulskontrolle, Problemlösung und Fertigkeiten) gespielt. Das Spiel kann aber auch an dieser Stelle nur *zum Bereich Problemlösung und Fertigkeiten* gespielt werden, sodass es gezielt in diesem Therapie-Modul eingesetzt werden kann. Egal auf welches Feld mit „Till" ein Spieler kommt, wird nur aus dem Bereich Problemlösung und Fertigkeiten eine Karte gezogen. Haben Sie auch die vorherigen Module zum Bereich Informationsverarbeitung und Impulskontrolle bereits durchgeführt, können sie das Spiel zu allen Bereichen spielen.

Abschluss der Sitzung

Zum Abschluss der Stunde sollte dann wieder das Arbeitsblatt *K1.05 (Mein Punkte-Plan)* in der Therapiestunde eingesetzt werden. Das Kind erhält für die Regeln, die es eingehalten hat, die vereinbarte Punktezahl und darf diese, wenn es will, eintauschen, z. B. gegen Spielzeit.

Auswertungsgespräch über die Therapieaufgabe in der nächsten Sitzung

Besprechen Sie mit dem Kind den Beobachtungsbogen aus der *Therapieaufgabe – Streit friedlich beenden, Rechte durchsetzen und Feindschaften begraben (K10.05):*
- Ist es in Konflikte mit Gleichaltrigen geraten und hat es dieses aufgezeichnet?
- Hat es besonders auf sein Verhalten geachtet und überprüft, ob es sein Ziel z. B. „Streit friedlich zu beenden" erreicht hat?

Lassen Sie sich in der nächsten Stunde berichten, ob das Kind eine/n Paten/in gefunden hat und wie es gelaufen ist.

 Schwierige Therapiesituationen

Die Durchführung dieser Selbstmanagementaufgabe verlangt vom Kind wieder ein hohes Maß an Selbststeuerung. Erwarten Sie deshalb zunächst nicht zuviel vom Kind. Manche Kinder berichten, dass nun gar keine Konflikte mehr auftreten. Besprechen Sie in diesem Fall mit dem Kind, was es denn nun möglicherweise im Vorfeld von Konflikten schon anders gemacht hat (z. B. bin gar nicht mehr zu ihm hingegangen) und ob das eine gute Strategie ist. Lassen Sie sich aber auch Rückmeldungen von Bezugspersonen geben, um diese Selbstbeobachtung des Kindes zu prüfen.

Andere Kinder berichten, dass es ihnen nicht gelungen ist, den Konflikt auf kompetente Weise zu lösen. Spielen sie diese Situation mit dem Kind im Rollenspiel durch und erarbeiten Sie mit ihm Handlungsalternativen. Überlegen Sie mit ihm zusammen, ob ein Pate in dieser Situation hilfreich sein könnte.

Häufig weisen die ersten Rückmeldungen auch auf Widerstände hin: Der Beobachtungsbogen wird verlegt oder vergessen, oder die Eintragungen erfolgen erst kurz vor der Therapiesitzung. Falls der Beobachtungsbogen nicht entsprechend der Vereinbarungen ausgefüllt, besprechen Sie in aller Ruhe mit dem Kind und ohne Vorwurfshaltung die Ursachen dafür. Welche Erinnerungshilfen kann es geben? Können Bezugspersonen stärker einbezogen werden? Wenn möglich vereinbaren Sie engmaschigere Kontrollen und Rückmeldemöglichkeiten durch telefonische Kontakte zwischen den Sitzungen.

2.6 Modul V: Abschluss

2.6.1 Baustein 11: Bilanzierung, Rückfallprävention und Ablösung

Indikation:
• Wird immer durchgeführt

Hauptziele des Bausteins:
• Mit den Bezugspersonen soll besprochen werden, auf welche Weise sie die im Rahmen des Programms erarbeiteten Möglichkeiten einsetzen können, wenn neue Probleme auftreten. • Mit dem Kind sollen die in der Therapie besprochenen Themen noch einmal spielerisch vertieft werden und entsprechend seinem Entwicklungsniveau die Methoden herausgearbeitet werden, die für es besonders hilfreich waren. • Mit den Bezugspersonen und dem Kind soll Bilanz gezogen werden (Welche Verhaltensänderungen wurden erreicht?) und die Zufriedenheit mit der Therapie wird erfasst. • Der Abschied zwischen Kind/Bezugspersonen und Therapeut soll gestaltet werden.

Anzahl der Sitzungen:
• In der Regel sind 2 Sitzungen notwendig (1 überwiegend mit Kind, 1 überwiegend mit Eltern) • + Einbeziehung von Lehrern/Erziehern möglich.

Therapieaufgabe:
• Keine

Material Kinder	
Material/Teilnehmer:	**Inhalt und Ziele:**
• **K11.01 Geschichte: „Till Taff nimmt Abschied!"** Therapeutin/Therapeut alleine mit dem Kind.	In der Geschichte nimmt Till Abschied von seiner Therapeutin und erzählt über seine ambivalenten Gefühle, die er dabei hat. Er zieht Bilanz, indem er sich überlegt, was bereits alles gut klappt und was er in der Therapie gelernt hat.
• **K11.02 Die Talkshow – Rollen- oder Puppenspiel** Therapeutin/Therapeut alleine mit dem Kind.	Die Talkshow dient der Vertiefung. Hier geht es darum, dass das Kind noch einmal die Vor- und Nachteile von aggressivem Verhalten reflektiert und das Erlernte in der Therapie spielerisch zusammenfasst.
• **K11.03 Was schaffe ich alles? Was hat mir in der Therapie gut gefallen, was hat mir geholfen?** Therapeutin/Therapeut alleine mit dem Kind.	Mit Hilfe des Arbeitsblattes kann mit dem Kind besprochen werden, was es selbst jetzt alles schafft und was ihm in der Therapie gefallen und geholfen hat.
• **K11.04 Mein Cool-Down-Koffer** Zunächst Therapeutin/Therapeut alleine mit dem Kind. Später Bezugspersonen in die Stunde miteinbeziehen, um eine Unterstützung im natürlichen Umfeld zu gewährleisten.	In einem Cool-Down-Koffer werden alle Maßnahmen eingepackt, die sich in der Therapie als hilfreich erwiesen haben. Mit dem Kind wird besprochen, wann es diesen Koffer wieder auspacken soll und wie es ihn dann benutzen kann.

Material Kinder	
Material/Teilnehmer:	**Inhalt und Ziele:**
• **K11.05 Die Urkunde** Therapeutin/Therapeut alleine mit dem Kind.	Die Urkunde kann am Ende der Therapie für Situationen verliehen werden, in denen das Kind es schafft „cool zu bleiben", um es für die Zukunft zusätzlich zu motivieren.
Material Bezugspersonen	
Material/Teilnehmer:	**Inhalt und Ziele:**
• **B11.01 Bilanz ziehen – Zufriedenheit mit der Therapie** Soweit wie möglich beide Elternteile ohne Kind (für Teilbereiche auch Lehrer/Erzieher).	Mit Hilfe des Arbeitsblattes kann mit den Eltern besprochen werden, wie erfolgreich die Behandlung war, in welchem Umfang die Ziele erreicht werden konnten, welche Maßnahmen als hilfreich und welche als weniger hilfreich erlebt wurden und welche Probleme noch vorhanden sind.
• **B11.02 Wenn neue Probleme auftauchen** Soweit wie möglich beide Elternteile ohne Kind. Modifiziert auch mit Erziehern und Lehrern durchführbar.	Mit den Eltern sollen die weitere Entwicklung des Kindes und mögliche kritische Übergange oder Phasen besprochen werden. Außerdem wird mit ihnen erarbeitet, auf welche Weise sie die im Rahmen des Programms erarbeiteten Möglichkeiten einsetzen können, wenn neue Probleme auftreten.

Möglicher Ablauf der Sitzungen. In der Regel müssen für diesen Baustein zwei Sitzungen veranschlagt werden, wenn neben dem Kind ausschließlich Eltern einbezogen werden. Bei zusätzlicher Einbeziehung von Erziehern/Lehrern erhöht sich die Sitzungszahl entsprechend.

Materialien	• K11.03 Was schaffe ich alles? Was hat mir in der Therapie gut gefallen, was hat mir geholfen? • K11.04 Mein Cool-Down-Koffer • K11.05 Die Urkunde • K1.05 Mein Punkte-Plan in der Therapiestunde
Therapie-aufgaben	• Keine

Übersicht über den Ablauf des Bausteins
• Sitzung 1: Talkshow und Abschied (Kind) • Sitzung 2: Bilanz ziehen und zukünftige Probleme (Eltern)

Baustein 11, erste Sitzung: Talkshow und Abschied (Kind)

Teilnehmer	• Therapeutin/Therapeut alleine mit Kind
Materialien	• K11.01 Geschichte: „Till Taff nimmt Abschied!" • K11.02 Die Talkshow – Rollen- oder Puppenspiel

Beginn der Sitzung

Erinnern Sie das Kind zu Beginn der Sitzung an den Punkte-Plan und an die Regeln, nach denen es in der Sitzung Punkte gewinnen kann. Passen Sie bei Bedarf die Regeln neu an. Lassen Sie das Kind die *Ärger-Problem-Liste (K2.09)* bzw. die *Ziel-Liste (K2.10)* bearbeiten.

Auswertungsgespräch zur letzten Therapie-aufgabe

Besprechen Sie mit dem Kind die Therapieaufgabe aus der letzten Kinder-Sitzung. Falls Sie die Therapie entsprechend dem beschriebenen Standardablauf durchführen, bezieht sich das Auswertungsgespräch auf den Beobachtungsbogen aus der *Therapieaufgabe – Streit friedlich beenden, Rechte durchsetzen und Feindschaften begraben (K10.05)*.

Bearbeitung neuer Arbeitsblätter

An dieser Stelle können Sie dem Kind zum Abschluss der Therapie die Geschichte „*Till Taff nimmt Abschied!" (K11.01)* vorlesen oder mit der Handpuppe (vgl. THAV-Materialien) erzählen. Am Seitenrand finden Sie wieder mögliche Fragen zu den einzelnen Textabschnitten. In der Geschichte nimmt Till Abschied von seiner Therapeutin und erzählt über seine ambivalenten Gefühle, die er dabei hat und er zieht Bilanz, was bereits alles gut klappt und was er in der Therapie gelernt hat. Alle hilfreichen Maßnahmen packt Till zusammen mit seiner Therapeutin in einen Cool-Down-Koffer, den er mit nach Hause nimmt.

Besprechen Sie mit dem Kind anhand von Arbeitsblatt *K11.03 (Was schaffe ich alles? Was hat mir in der Therapie gut gefallen, was hat mir geholfen?)* was es erreicht hat, was es selbst jetzt alles alleine schafft und was ihm in der Therapie gefallen und geholfen hat.

Im Anschluss können Sie mit dem Kind gemeinsam seinen *Cool-Down-Koffer (K11.04)* packen. In diesen „Koffer" (z. B. kleiner Karton) werden alle Maßnahmen (z. B. die Coolbrille, Beobachtungsbögen, Signalkarten) eingepackt, die sich in der Therapie als hilfreich erwiesen haben. Mit dem Kind wird besprochen, wann es diesen Koffer wieder auspacken soll und wie es ihn dann benutzen kann. An dieser Stelle ist es hilfreich auch die Eltern mit einzubeziehen.

Danach können Sie als Vertiefung des Besprochenen in der Therapie, *die Talkshow – Rollen- oder Puppenspiel (K11.02, s. Abb. 58)* durchführen. Hier geht es darum, dass das Kind noch einmal die Vor- und Nachteile von aggressivem Verhalten und das Erlernte in der Therapie spielerisch zusammenfasst. Das Kind kann so mit sich selbst in einen Dialog gehen.

Erklären Sie dem Kind, das Sie jetzt eine Talkshow veranstalten, in der Experten über das Thema „Wut" diskutieren. Mögliche Themen können sein:
- Gewalt ist cool oder doch nicht?
- Wie löse ich einen Streit?
- Sind faire Verlierer Schwächlinge?
- Ich bin ein starker Typ, weil …!
- oder individuelle Themen des Kindes.

Die Rollen können abwechselnd vom Kind und von Ihnen gespielt werden (indem die Plätze oder Puppen gewechselt werden). Es gibt einen Talkshowmaster und zu Gast sind mindestens zwei Experten:
- z. B. Herr bzw. Frau Wutbuster oder Herr bzw. Frau *Fair-geht-vor*. Beide verstehen es, bei Streit ruhig zu bleiben, finden Gewalt nicht gut und kennen Tricks, wie z. B. Ärgerkiller-Gedanken, um die Wut im Griff zu halten …) und
- Herr bzw. Frau Troublemaker oder Herr bzw. Frau Aufbrauser. Beide finden Gewalt toll, schlagen gerne andere, haben keine Freunde, werden vom Biest beherrscht …). Jeder Teil-

Abbildung 58: Die Talkshow (K11.02)

nehmer bekommt ein Namensschild und auf einem großen Plakat oder mit einem Overhead-Projektor oder Beamer auf die Wand projiziert können der Name und das Thema der Talkshow stehen.

Die Talkshow sollte mit einer Kamera aufgenommen werden, wie im Fernsehen üblich (s. Abb. 59). So kann sie danach noch einmal angeschaut und mit dem Kind diskutiert werden. Die Therapeutin ist Showmaster und das Kind spielt idealerweise beide Experten-Rollen abwechselnd und bringt auf diese Weise Pro- und Contra-Argumente mit ein. Falls das Kind damit überfordert ist, kann auch die Therapeutin eine Expertenrolle übernehmen.

Abbildung 59: Die Talkshow (Übung)

Abschluss der Sitzung

Zum Abschluss der Stunde sollte dann wieder das Arbeitsblatt *K1.05 (Mein Punkte-Plan)* in der Therapiestunde eingesetzt werden. Das Kind erhält für die Regeln, die es eingehalten hat, die vereinbarte Punktezahl und darf diese, wenn es will, eintauschen. Danach können Sie dem Kind noch eine *Urkunde (K11.05)* für seine Leistungen in bestimmten Situationen cool zu bleiben verleihen. Wir haben die Erfahrung gemacht, dass dies die Kinder noch einmal sehr stolz macht und sie für die Zukunft zusätzlich motiviert.

 Schwierige Therapiesituationen

Bei diesem letzten Termin der intensiven Behandlungsphase kann es vorkommen, dass manche Kinder Angst entwickeln, nun mehr auf sich gestellt, klar kommen zu müssen oder auch dass ihnen die Ablösung von der Therapeutin schwer-

fällt. Zur Bewältigung dieser Situation können sie in der letzten Phase von Verschlechterungen berichten, damit die Therapie fortgesetzt wird. Mitunter neigen sie auch dazu, die Ablösung selbst sehr barsch zu vollziehen, indem sie der Therapeutin erklären, wie schlecht alles war und dass sie jetzt richtig froh sind, nicht mehr kommen zu müssen. Die Therapeutin sollte möglichst gelassen mit solchen Reaktionen umgehen und ihr Vertrauen in das Kind deutlich machen, dass es die anstehenden Aufgaben gut alleine lösen kann. Außerdem ist es hilfreich, die Therapie eher auszuschleichen, das heißt zunächst in größeren Abständen Termine zu vereinbaren, um langsam Abschied zu nehmen, Themen vertiefen und die Selbstwirksamkeitserfahrungen des Kindes verstärken zu können.

Baustein 11, zweite Sitzung: Bilanz ziehen und zukünftige Probleme (Eltern)

Teilnehmer	• Eltern ohne Kind (B12.01 und B12.02 auch mit Erziehern/Lehrern durchführbar)
Materialien	• B11.01 Bilanz ziehen – Zufriedenheit mit der Therapie • B11.02 Wenn neue Probleme auftauchen
Therapie-aufgaben	• Keine

Beginn der Sitzung

Lassen Sie die Bezugspersonen zunächst die *Verhaltensproblemliste (B2.04)* bzw. die *Ziel-Liste (B2.05)* bearbeiten und thematisieren Sie den Verlauf seit der letzten Bezugspersonensitzung.

Auswertungsgespräch zur letzten Therapieaufgabe

Besprechen Sie mit den Eltern die Therapieaufgabe aus der letzten Eltern-Sitzung. Falls Sie die Therapie entsprechend dem beschriebenen Standardablauf durchführen, bezieht sich das Auswertungsgespräch auf das Arbeitsblatt *B10.03 (Coaching: Helfen Sie Ihrem Kind, Konflikte zu lösen)*.

Bearbeitung neuer Arbeitsblätter

Besprechen Sie mit den Eltern, dass Sie in diesem Termin mit ihnen gemeinsam bewerten wollen, wie erfolgreich diese Behandlung war, welche Maßnahmen als hilfreich und welche als weniger hilfreich erlebt wurden, welche Probleme noch vorhanden sind und was die Eltern machen können, wenn wieder einmal ausgeprägtere Probleme auftauchen. Ziehen Sie zunächst mit Hilfe des Arbeitsblattes *B11.01 Bilanz ziehen – Zufriedenheit mit der Therapie* mit den Eltern Bilanz (s. Abb. 60) und stellen Sie zusammen, was aus Sicht der Eltern erreicht haben:

- Was hat das Kind aus Sicht der Eltern gelernt?
- Was fällt ihm in welcher Situation leichter?
- Was fällt ihm noch schwer?
- Was haben die Eltern für sich gelernt?
- Was fällt ihnen in welcher Situation leichter?
- Was fällt ihnen noch schwer?
- Was hat den Eltern an der Therapie gefallen und was nicht?
- Was hat aus Sicht der Eltern geholfen und was nicht?

Danach können Sie mit den Eltern anhand von Arbeitsblatt *B11.02 (Wenn neue Probleme auftauchen)* besprechen, auf welche Weise sie die im Rahmen des Programms erarbeiteten Möglichkeiten einsetzen können, wenn neue Probleme auftreten.

Thematisieren Sie mit den Eltern, dass sie und ihr Kind in der Therapie eine Vielzahl von Methoden und Möglichkeiten kennen gelernt haben, die dem Kind dabei helfen, aggressives Problemverhalten besonders gegenüber Gleichaltrigen erfolgreich zu bewältigen und dass sie gelernt haben, diese Methoden auf die konkreten Probleme ihres Kindes anzuwenden.

Sensibilisieren Sie die Eltern dafür, dass alle Kinder jedoch immer wieder einmal Verhaltensprobleme entwickeln können und es keinen Grund für die Erwartung gibt, dass ihr Kind im weiteren Verlauf überhaupt keine Probleme mehr zeigen wird. Deshalb ist es wichtig, dass die Eltern besonders für die nächste Zeit weiterhin Kontakt zur Schule oder zur Tagesgruppe halten. Sie sollten sich in größeren Abständen immer wieder bei der Erzieherin/dem Erzieher oder bei der Klassenlehrerin/dem Klassenlehrer nach dem Verhalten des Kindes erkundigen.

Besprechen Sie auch mit den Eltern, dass sie sich auch wieder an Sie wenden können, wenn sie es für nötig erachten. Wenn Sie das Risiko für einen Rückfall für relativ hoch einschätzen, dann sollten Sie von vornherein Auffrischsitzungen (booster-sessions) beispielsweise zunächst in vierwöchigem, später in achtwöchigem Abstand vereinbaren. Erklären Sie den Eltern, dass es nach Beendigung der Phase der intensiven Therapie sinnvoll ist, in zunehmend größeren Abständen feste Termine zu vereinbaren, in denen sie gemeinsam mit dem Kind und Ihnen die weitere Entwicklung durchsprechen können. Manchmal kann es auch hilfreich sein, wenn die Erzieherin/der Erzieher oder die Klas-

B11.01 Bilanz ziehen, Zufriedenheit mit der Therapie				S 1/3

Name des Kindes: _____   Heutiges Datum: _____

Beurteiler: _____

Was wurde erreicht? Mein Kind hat gelernt ...	Es fällt ihm in der beschriebenen Situation ...			
	sehr schwer	eher schwer	eher leicht	sehr leicht
1.	0	1	2	3
2.	0	1	2	3
3.	0	1	2	3
4.	0	1	2	3

Abbildung 60: Bilanz ziehen, Zufriedenheit mit der Therapie (Ausschnitt B11.01)

senlehrerin/der Klassenlehrer zu solchen Gesprächen eingeladen werden.

Ermutigen Sie die Eltern, dass sie und das Kind jetzt viele Möglichkeiten kennen, um aggressives Verhalten von Kindern systematisch zu verändern und daher zukünftige Probleme häufig selbst lösen können. Die Eltern sollten dabei aber besonders an folgendes denken:
• das Problemverhalten und die Situation genau beschreiben, in der das Verhalten auftritt
• die Konsequenzen des Problemverhaltens für das Kind identifizieren.

Hiernach sollten sie das angemessene Verhalten beschreiben, das sie von ihrem Kind erwarten. Die Eltern sollten das Verhalten in der kommenden Woche beobachten und versuchen, die Ursachen festzustellen. Auch ihr Kind sollte dann einen Beobachtungsbogen führen. Falls die Eltern feststellen, dass sie das Kind in „alte Gewohnheiten" zurückgefallen sind, dann sollten sie versuchen diese wieder abzulegen. Wenn nötig, sollten sie zur Unterstützung, wieder einen *Punkte-Plan* ein-

führen und ihr Kind anleiten die Maßnahmen aus seinem Cool-Down-Koffer einzusetzen. Falls diese Maßnahmen nicht hilfreich sind, sollten sie sich mit Ihnen in Verbindung setzen.

Einsatzmöglichkeiten für Erzieher/Lehrer: Diese Arbeitsblätter *(B11.01 und B11.02)* sind modifiziert auch mit Erziehern oder Lehrern durchführbar.

 Schwierige Therapiesituationen

Bei diesem letzten Termin der Intensivphase kann es vorkommen, dass Eltern die Sorge haben, nun ganz alleine dazustehen und daher manchmal zu Dramatisierungen jüngster Vorfälle neigen. Versuchen Sie in solchen Fällen ihr Vertrauen in die Fähigkeit der Eltern zu betonen, die Probleme alleine zu meistern und ermuntern sie die Eltern in der Therapiesituation möglichst eigenständig eine Hilfsstrategie zu entwickeln. Zudem können sie die Selbstwirksamkeitserfahrungen der Eltern auch dadurch steigern, dass sie die Therapie langsamer ausschleichen.

2.7 Modulübergreifende Intervention

2.7.1 Baustein 12: Das Zauberwaldspiel

Hauptziel des Bausteins:
• Das Spiel dient der Vertiefung einzelner Therapieinhalte.
Material:
• K12.01 Das Zauberwaldspiel (Spielbrett, DIN A3-Format). • Frage-Kärtchen zu den Bereichen Informationsverarbeitung, Impulskontrolle, Problemlösung und Fertigkeiten.
Teilnehmer:
• Therapeutin/Therapeut alleine mit dem Kind.

Das Spiel besteht aus einem *Spielbrett* (s. Abb. 61) und verschiedenen *Frage-Kärtchen* zu den Bereichen Informationsverarbeitung, Impulskontrolle, Problemlösung und Fertigkeiten (s. Abb. 62), die zu Beginn auf drei kleine Stapel sortiert werden.

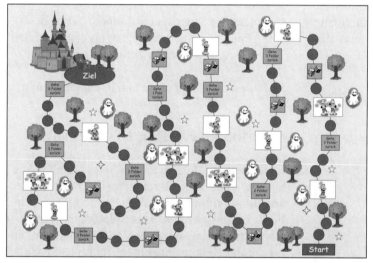

Abbildung 61: Das Zauberwaldspiel – Spielbrett

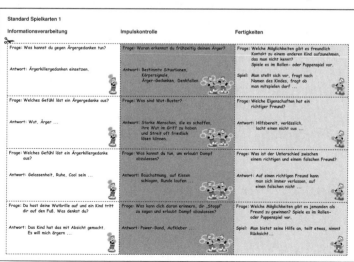

Abbildung 62: Standardspielkarten 1

Das Spielbrett (DIN A3-Format) und die dazugehörigen Spielkarten liegen als pdf-Datei vor (K12.01) und können wie alle Arbeitsblätter ausgedruckt und auf bunte Pappe geklebt werden. Die drei Bereiche Informationsverarbeitung, Impulskontrolle sowie Problemlösung und Fertigkeiten sollten jeweils auf verschiedenfarbige Pappe geklebt werden. Das Spiel wird mit kleinen Spielfiguren nach eigener Wahl und einem Würfel gespielt. Alternativ finden Sie das Spiel auch komplett bei den THAV-Materialien[1].

Wer zu Beginn die höchste Punktzahl würfelt darf anfangen.

Spielregeln

Die Spielregeln sind ausführlich in K12.1 beschrieben. Im Wesentlichen geht es darum, dass auf dem Weg vom Start zum Ziel durch den Zauberwald verschiedene Aufgaben gelöst und Fragen beantwortet werden müssen, die in den Aufgabenkarten beschrieben sind. Diese müssen gezogen werden, sobald ein Spieler auf ein Spielfeld mit „Till" kommt. Je nach Feld muss die

Abbildung 63: Handpuppe „Spuki"

entsprechende Karte aus den Bereichen Informationsverarbeitung, Impulskontrolle oder Problemlösen und Fertigkeiten gezogen und die jeweilige Frage beantwortet bzw. Aufgabe gelöst werden. Die Karte wird jedoch vom Mitspieler (links vom Spieler) gezogen und mit Hilfe der Zaubergeist-Handpuppe „Spuki" (vgl. THAV-Materialien) vorgelesen (s. Abb. 63). Wenn die Aufgabe richtig gelöst/die Frage richtig beantwortet ist, darf man zwei Felder vorrücken ansonsten schicken die Zaubergeister (bzw. „Spuki") den Spieler um zwei Felder zurück.

Insgesamt sind folgende Spielzüge möglich:
- Hat man eine Aufgabe erfolgreich gelöst, darf man zwei Felder weiter gehen.
- Hat man die Aufgabe nicht lösen können, muss man zwei Felder zurück gehen.
- Kommt man auf ein Feld mit Würfeln, darf man noch einmal würfeln.
- Betritt man ein Feld mit einer Anweisung (z. B. Gehe ein Feld zurück), hat man dieser zu folgen.
- Landet die Spielfigur auf einem bereit besetzten Feld, muss der jenige, der als erster auf dem Feld war, zehn Felder zurück gehen.

Wer zuerst das Ziel erreicht hat, hat gewonnen!

Mögliche Abwandlungen des Spiels

In der Standardform wird das Spiel mit allen Karten aus allen drei Bereichen (Informationsverarbeitung, Impulskontrolle, Problemlösung und Fertigkeiten) gespielt. Das Spiel kann aber auch nur zu einzelnen Bereichen gespielt werden, sodass es gezielt in einzelnen Therapie-Modulen eingesetzt werden kann. Egal auf welches Feld mit „Till" ein Spieler dann kommt, wird nur aus diesem Bereich eine Karte gezogen.

Neben den Standardkarten gibt es auch leere Kärtchen (vgl. THAV-Materialien), auf die Sie individuelle Fragen oder Aufgaben für ein bestimmtes Kind schreiben können.

---

1 Die THAV-Materialien (Bestellnummer: 01 361 01) können über die Testzentrale (www.testzentrale.de) bezogen werden.

Literatur

Adrian, K. (2010). *Eigenkontrollgruppenstudie zur Durchführbarkeit und Wirksamkeit von THAV.* Unveröffentlichte Dissertation. Universität zu Köln.

American Academy of Child and Adolescent Psychiatry Practice Parameters (1997). Practice parameters for the assessment and treatment of children and adolescents with conduct disorder. *Journal American Academy of Child and Adolescent Psychiatry, 36 (Suppl.),* 122–139.

Arbeitsgruppe Deutsche Child Behavior Checklist (1993). *Lehrerfragebogen über das Verhalten von Kindern und Jugendlichen; deutsche Bearbeitung der Teacher's Report Form der Child Behavior Checklist (TRF). Einführung und Anleitung zur Handauswertung, bearbeitet von M. Döpfner & P. Melchers.* Köln: Arbeitsgruppe Kinder-, Jugend- und Familiendiagnostik (KJFD).

Arbeitsgruppe Deutsche Child Behavior Checklist (1998a). *Elternfragebogen über das Verhalten von Kindern und Jugendlichen; deutsche Bearbeitung der Child Behavior Checklist (CBCL/4-18). Einführung und Anleitung zur Handauswertung mit deutschen Normen, bearbeitet von M. Döpfner, J. Plück, S. Bölte, K. Lenz, P. Melchers & K. Heim* (2. Aufl.). Köln: Arbeitsgruppe Kinder-, Jugend- und Familiendiagnostik (KJFD).

Arbeitsgruppe Deutsche Child Behavior Checklist (1998b). *Fragebogen für Jugendliche; deutsche Bearbeitung der Youth Self-Report Form der Child Behavior Checklist (YSR). Einführung und Anleitung zur Handauswertung mit deutschen Normen, bearbeitet von M. Döpfner, J. Plück, S. Bölte, K. Lenz, P. Melchers & K. Heim* (2. Aufl.). Köln: Arbeitsgruppe Kinder-, Jugend- und Familiendiagnostik (KJFD).

Barkley, R. A. (1981). *Hyperactive children: A handbook for diagnosis and treatment.* New York: Guilford.

Brestan, E. V. & Eyberg, S. M. (1998). Effective psychosocial treatments of conduct-disordered children and adolescents: 29 years, 82 studies, and 5.272 kids. *Journal Clinical Child Psychology, 27,* 180–189.

Cairns, R. B., Cadwallader, T. W., Estell, D. & Neckerman, H. J. (1997). Groups to gangs: Developmental and criminological perspectives and relevance for prevention. In D. M. Stoff, J. Breiling & J. D. Maser (Eds.), *Handbook of antisocial behavior* (pp. 194–204). New York: Wiley.

Cicchetti, D., Toth, S. L. & Lynch, M. (1995). Bowlbys dream comes full circle: The application of attachment theory to risk and psychopathology. In T. H. Ollendick & R. J. Prinz (Eds.), *Advances in clinical child psychology, Vol. 17* (pp. 1–75). New York: Plenum.

Crick, N. R. & Dodge, K. A. (1994). A review and reformulation of social information-processing mechanisms in children's social adjustment. *Psychological Bulletin, 115,* 74–101.

Dodge, K. A. & Schwartz, D. (1997). Social information processing mechanisms in aggressive behavior. In D. M. Stoff,

J. Breiling & J. D. Maser (Eds.), *Handbook of antisocial behavior* (pp. 171–180). New York: Wiley.

Döpfner, M. (1989). Soziale Informationsverarbeitung – ein Beitrag zur Differenzierung sozialer Inkompetenzen. *Zeitschrift für Pädagogische Psychologie, 3,* 1–8.

Döpfner, M. (2007). Psychotherapie im Kindes- und Jugendalter. In C. Reimer, Eckert, J., Hautzinger, M. & Wilke, E. (Hrsg.), *Psychotherapie. Ein Lehrbuch für Ärzte und Psychologen* (3. vollst. neu bearb. Aufl., S. 614–629). Berlin: Springer.

Döpfner, M. (2008). Psychotherapie. In F. Petermann (Hrsg.), *Lehrbuch der klinischen Kinderpsychologie* (6., vollst. überarb. Aufl., S. 743–760). Göttingen: Hogrefe.

Döpfner, M., Adrian, K. & Hanisch, C. (2007). Treatment and management of conduct disorders in children and adolescents In A. Felthous & H. Saß (Hrsg.), *The international handbook on psychopathic disorders and the law* (pp. 417–448). New York: Wiley.

Döpfner, M., Berner, W. & Schmidt, M. H. (1989). Effekte einer teilstationären Behandlung verhaltensauffälliger und entwicklungsrückständiger Vorschulkinder. *Zeitschrift für Kinder- und Jugendpsychiatrie, 17,* 131–139.

Döpfner, M., Frölich, J. & Lehmkuhl, G. (2010). *Aufmerksamkeitsdefizit-/Hyperaktivitätsstörungen (ADHS). Leitfaden Kinder- und Jugendpsychotherapie, Band 1* (2. Aufl.). Göttingen: Hogrefe.

Döpfner, M., Görtz-Dorten, A. & Lehmkuhl, G. (2008). *Diagnostik-System für psychische Störungen nach ICD-10 und DSM-IV für Kinder- und Jugendliche (DISYPS-II).* Bern: Huber.

Döpfner, M., Lorch, R. & Reihl, D. (1989). Soziale Informationsverarbeitung in Konfliktsituationen – eine empirische Studie an Vorschulkindern. *Zeitschrift für Pädagogische Psychologie, 3,* 239–248.

Döpfner, M. & Petermann, F. (2004). Leitlinien zur Diagnostik und Psychotherapie von aggressiv-dissozialen Störungen im Kindes- und Jugendalter: Ein evidenzbasierter Diskussionsvorschlag. *Kindheit und Entwicklung, 13,* 97–112.

Döpfner, M. & Petermann, F. (2008). *Diagnostik psychischer Störungen im Kindes- und Jugendalter. Leitfaden Kinder- und Jugendpsychotherapie, Band 2* (2., überarb. Aufl.). Göttingen: Hogrefe.

Döpfner, M., Plück, J., Berner, W., Fegert, J., Huss, M., Lenz, K., Schmeck, K., Lehmkuhl, U., Poustka, F. & Lehmkuhl, G. (1997). Psychische Auffälligkeiten von Kindern und Jugendlichen in Deutschland – Ergebnisse einer repräsentativen Studie: Methodik, Alters-, Geschlechts- und Beurteilereffekte. *Zeitschrift für Kinder- und Jugendpsychiatrie und Psychotherapie, 25,* 218–233.

Döpfner, M., Plück, J. & Lehmkuhl, G. (2001, in Vorbereitung). *Psychische Störungen von Kindern und Jugend-*

lichen in Deutschland – Ergebnisse der PAK-KID-Studie. Göttingen: Hogrefe.

Döpfner, M., Schürmann, S. & Frölich, J. (2007). *Therapieprogramm für Kinder mit hyperkinetischem und oppositionellem Problemverhalten (THOP).* (4. Aufl.). Weinheim: Beltz/PVU.

Dunn, J., Brown, J. & Beardsall, L. (1991). Family talk about feeling states and children's later understanding of other's emotions. *Developmental Psychology, 27,* 448–455.

Eisenberg, N., Fabes, R. A., Bernzweig, J., Karbon, M, Poulin, R. & Hanish, L. (1993). The relations of emotionality and regulation to preschoolers' social skills and sociometric status. *Child Development, 64,* 1418–1438.

Eyberg, S. M., Nelson, M. M. & Boggs, S. R. (2008). Evidence-Based Psychosocial Treatments for Children and Adolescents With Disruptive Behavior. *Journal of Clinical Child & Adolescent Psychology, 37* (1), 215–237.

Frick, P., Lahey, B., Loeber, R., et al. (1993). Oppositional defiant disorder and conduct disorder: A meta-analytic review of factor analyses and cross-validation in a clinical sample. *Clinical Psychological Review, 13,* 319–340.

Görtz-Dorten, A. & Döpfner, M. (2010a). *Fragebogen zum aggressiven Verhalten von Kindern (FAVK).* Göttingen: Hogrefe.

Görtz-Dorten, A. & Döpfner, M. (2010b). Oppositional-Defiant Disorder and Conduct Disorder in children and adolescents rated by parents and adolescents in clinical and field samples. *submited for publication.*

Grawe, K. (1995). Grundriß einer allgemeinen Psychotherapie. *Psychotherapeut, 40,* 130–145.

Ihle, W. & Herrle, J. (2003). *Stimmungsprobleme bewältigen.* Tübingen: dgvt.

Kadzin, A. E. (1997). Practioner review: Psychosocial treatments for conduct disorder in children. *Journal of Child Psychology and Psychiatry, 38,* 161–178.

Kazdin, A. E. (2003). Problem-Solving Skills Training and Parent Management Training for conduct disorder. In A. E. Kazdin & J. R. Weisz (Eds.), *Evidence-based psychotherapies for children and adolescents* (pp. 241–262). New York: Guilt Press.

Kusch, M. & Petermann, F. (1997). Komorbidität von Aggression und Depression. *Kindheit und Entwicklung, 6,* 212–223.

Lochman, J. E. & Dodge, K. A. (1994). Social-cognitve processes of severly violent, moderately aggressive and non-aggressive boys. *Journal of Consulting and Clinical Psychology, 62,* 366–374.

Lochman, J. E., Barry, T. D. & Pardi, D. A. (2003), Anger Control Training for Aggressive Youth. In A. E. Kazdin & J. R. Weisz (Eds.), *Evidence-based psychotherapies for children and adolescents* (pp. 263–281). New York: Guilt Press.

Loeber, R. & Hay, D. (1997). Key issues in the development of aggression and violence from childhood to early adulthood. *Annual Review in Psychology, 48,* 371–410.

Loeber, R. (1990). Development and risk factors of juvenile antisocial behavior and delinquency. *Clinical Psychology Review, 10,* 1–41.

Moffitt, T. E. (1993). „Life-cource persistent" vs. „adolescent-limited" antisocial behavior: A developmental taxonomy. *Psychological Review, 100,* 674–701.

Patterson, G. R. (1974). Intervention for boys with conduct problems: Multiple settings, treatment and criteria. *Journal of Consulting and Clinical Psychology, 42,* 471–481.

Patterson, G. R., Capaldi, D. & Bank, L. (1991). An early starter model for predicting delinquency. In D. J. Pepler & K. H. Rubin (Eds.), *The development and treatment of childhood aggression* (pp. 139–168). Hillsdale: Erlbaum.

Patterson, G. R., DeBaryshe, B. D. & Ramsey, E. (1989). A developmental perspective on antisocial behavior. *American Psychologist, 44,* 329–335.

Petermann, F. & Petermann, U. (2008). *Training mit aggressiven Kindern* (12., überarb. Aufl.). Weinheim: Beltz/PVU.

Petermann, F. & Petermann, U. (2000a). Aggression. In F. Petermann (Hrsg.), *Fallbuch der Klinischen Kinderpsychologie und -psychotherapie* (S. 27–46; 2., überarb. Aufl.). Göttingen: Hogrefe.

Petermann, F. & Petermann, U. (2000b). *Training mit Jugendlichen* (6., überarb. Aufl.). Göttingen: Hogrefe.

Petermann, F., Döpfner, M. & Schmidt, M. H. (2007). *Aggressiv dissoziale Störungen. Leitfaden Kinder- und Jugendpsychotherapie, Band 3* (2., korr. Aufl.). Göttingen: Hogrefe.

Petermann, U. & Hermann, B. (1999). Entwicklung externalisierender Verhaltensstörungen: Ein biopsychosoziales Modell. *Zeitschrift für Klinische Psychologie, Psychiatrie und Psychotherapie, 47,* 1–34.

Renouf, A. G., Kovacs, M. & Mukerji, P. (1997). Relationship of depressive, conduct, and comorbid disorders and social functioning in childhood. *Journal of the American Academy of Child and Adolescent Psychiatry, 36,* 998–1004.

Robins, L. N. (1991). Conduct disorder. *Journal of Child Psychology and Psychiatry, 32,* 193–212.

Robins, L. N. (1996). *Deviant children grown up.* Baltimore: Williams & Wilkins.

Saß, H., Wittchen, H. U., Zaudig, M. & Houben, I. (2003). *Diagnostisches und Statistisches Manual Psychischer Störungen-Textrevision (DSM-IV-TR).* Göttingen: Hogrefe.

Scheithauer, H. & Petermann, F. (2000a). Aggression. In F. Petermann (Hrsg.), *Lehrbuch der Klinischen Kinderpsychologie und -psychotherapie* (4., vollst. überarb. und erweit. Aufl., S. 187–226). Göttingen: Hogrefe.

Scheithauer, H. & Petermann, F. (2000b). Therapieabbrüche von aggressiven und dissozialen Kindern. *Kindheit und Entwicklung, 9,* 14–19.

Schmeck, K. & Poustka, F. (2000). Biologische Grundlagen von impulsiv-aggressivem Verhalten. *Kindheit und Entwicklung, 9,* 3–13.

Schmitt, E. & Döpfner, M. (2011/in Vorbereitung). *Gleich-altrigen-Probleme im Jugendalter. Therapieprogramm für Jugendliche mit Selbstwert, Leistungs- und Beziehungs-störung (SELBST), Band 3.* Göttingen: Hogrefe.

Sinclair, A. & Harris, P. L. (1991). *A longitudinal study of children's talk about emotion.* Oxford: Unpublished man-uscript, Department of Experimental Psychology, Oxford University.

Snyder, J., Schrepfermann, L. & St. Peter, C. (1997). Origins of antisocial behavior. Negative reinforcement and affect dysregulation as socialization mechanisms in family in-teraction. *Behavior Modification, 21,* 187–215.

Suhr-Dachs, L. & Döpfner, M. (2005). *Leistungsängste. The-rapieprogramm für Kinder und Jugendliche mit Angst- und Zwangsstörungen (THAZ).* Göttingen: Hogrefe.

Walter, D. & Döpfner, M. (2009). *Leistungsprobleme im Ju-gendalter. Therapieprogramm für Jugendliche mit Selbst-wert-, Leistungs- und Beziehungsstörungen (SELBST), Band 2.* Göttingen: Hogrefe.

Walter, D., Rademacher, C., Schürmann, S. & Döpfner, M. (2007). *Grundlagen der Selbstmanagementtherapie bei Ju-gendlichen. Therapieprogramm für Jugendliche mit Selbst-wert-, Leistungs- und Beziehungsstörungen (SELBST), Band 1.* Göttingen: Hogrefe.

Wasserman, G. A., Miller, L. S., Pinner, E. & Jaramillo, B. (1996). Parenting predictors of early conduct problems in urban, high-risk boys. *Journal of the American Academy of Child and Adolescent Psychiatry, 35,* 1227–1236.

Webster-Stratton, C. (2005). Early intervention withvideo-tape modelling: Programs for families and children with oppositional defiant disorder or conduct disorder. In E. D. Hibbs & P. S. Jensen (Eds.), *Psychosocial treatments for child and adolescent disorder: empirically based strate-gies for clinical practice* (2nd ed., pp. 435–474). Wash-ington, DC: American Psychological Association.

Anhang

Übersicht über Diagnostik- und Therapiematerialien auf der CD

Die CD-ROM enthält PDF-Dateien der Materialien, die für die Durchführung des Trainings verwendet werden können. Die PDF-Dateien können mit dem Programm Acrobat® Reader (eine kostenlose Version ist unter www.adobe.com/products/acrobat erhältlich) gelesen und ausgedruckt werden.

Im Folgenden finden Sie eine nach den Bausteinen der einzelnen Module gegliederte Auflistung der Materialien, die sich auf der CD-ROM befinden. Jedes einzelne Arbeitsblatt kann gesondert ausgedruckt werden, wobei auf jeder Seite die

Kodierung, der Titel sowie die Anzahl der Seiten mit angegeben werden:

K1.02 Zeige, was du gerne magst!	S 1/1

Der oben dargestellte Balken findet sich auf jeder Seite, sodass eine einfache Orientierung anhand der Kodierung und der Seitenzahl möglich ist. Zur genauen Verwendung der Materialien sollten die entsprechenden Buchkapitel und die Hinweise für die Leser am Anfang des Buches zu Rate gezogen werden.

Modul I: Vorbereitung, Diagnostik und Verlaufskontrolle	
Baustein 1: Beziehungsaufbau, Therapiemotivation, Ressourcenaktivierung	
Kinder	• K1.01 Das Kennenlern-Poster • K1.02 Zeige, was du gerne magst! • K1.03 Das Ratespiel • K1.04 Das Interview und die Prima-Kärtchen • K1.05 Mein Punkte-Plan in der Therapiestunde
Bezugspersonen	• B1.01 Meine Stärken • B1.02 Was gefällt mir gut an meinem Kind?
Baustein 2: Diagnostik und Problemdefinition	
Kinder	• K2.01 Geschichte: „Ich bin Till Taff!" • K2.02 Meine Stärken – meine Schwächen: Meine Meinung • K2.03 Meine Stärken – meine Schwächen: Die Meinung anderer • K2.04 Fragen zur Geschichte: „Ich bin Till Taff!" • K2.05 Kennst du das auch? • K2.06 Geschichte: „Ich soll zu einer Psychologin/einem Psychologen!" • K2.07 Ich zeig dir meine Welt • K2.08 Mein Problem – mein Ziel • K2.09 Ärger-Problem-Liste • K2.10 Ziel-Liste
Bezugspersonen	• B2.01 Explorationsschema für aggressives Verhalten • B2.02 Es gibt Probleme! Wer muss was ändern? • B2.03 Kennen Sie das? Basisinformation zur Therapie • B2.04 Verhaltensproblemliste • B2.05 Ziel-Liste

Baustein 3: Störungskonzept	
Kinder	• K3.01 Geschichte: „Das Biest" • K3.02 So kann es sein – so kann es werden • K3.03 Wie ist das bei dir, wenn du wütend wirst? • K3.04 So ist es – so soll es werden • K3.05 Ärger-Thermometer Beispiele • K3.06 Mein Detektivbogen • K3.07 Wut-Tagebuch (1) • K3.08 Mein Detektivbogen zur Selbstbelohnung • K3.09 Ich belohne mich selbst! • K3.10 Mein Selbstbelohnungs-Punkte-Konto für tolle Sticker • K3.11 Fragen zum Wut-Tagebuch und Anleitung zum Rollen- oder Puppenspiel • K3.12 Wut-Tagebuch (2)
Bezugspersonen	• B3.01 Warum hat mein Kind Verhaltensprobleme? • B3.02 Warum hat mein Kind Verhaltensprobleme? Gemeinsames Modell • B3.03 Entstehungsmodell und Ausstieg • B3.04 Der Teufelskreis • B3.05 Den Teufelskreis durchbrechen • B3.06 Aufforderungen, Regeln, Loben und negative Konsequenzen • B3.07 Elterninformation zur Kinder-Therapie • B3.08 Coaching: Helfen Sie Ihrem Kind bei seinen Therapieaufgaben

Modul II: Sozial-kognitive Interventionen

Baustein 4: Ärgergedanken und Ärgerkillergedanken	
Kinder	• K4.01 Geschichte: „Alle ärgern mich!" • K4.02 Geschichte: „Die Wutbrille" • K4.03 Bastelvorlage Wutbrille • K4.04 Was sind deine Wut-Situationen? • K4.05 Geschichte: „Die Ärgerkiller-Gedanken" • K4.06 Was ist passiert? • K4.07 Geschichte: „Die Coolbrille" • K4.08 Bastelvorlage Coolbrille • K4.09 Meine Ärgerkiller-Gedanken • K4.10 Mein Detektivbogen zur Selbstbeobachtung und Selbstkontrolle • K4.11 Den Ärger mit Ärgerkiller-Gedanken bekämpfen – Rollen- oder Puppenspiel • K4.12 Mein Detektivbogen zur Selbstbeobachtung und Selbstkontrolle (2)
Bezugspersonen	• B4.01 Elterninformation – Was kann Ihr Kind gegen Ärgergedanken tun? • B4.02 Coaching: Helfen Sie Ihrem Kind, Ärgergedanken zu bekämpfen

Baustein 5: Denkfallen	
Kinder	• K5.01 Geschichte: „Superhelden" • K5.02 Stärken und Schwächen von Superhelden … • K5.03 Geschichte: „Till und die Denkfallen oder die Geschichte vom Schattengeist" • K5.04 Achtung, Denkfallen-Alarm! • K5.05 Geschichte: „Was ist stark?" • K5.06 Was ist o. k. für dich? • K5.07 Fair play? • K5.08 Mein Detektivbogen „Was ist o. k. für mich?" • K5.09 Den Ärger mit klugen Gedanken und fairem Verhalten bekämpfen – Rollen- oder Puppenspiel • K5.10 Mein Detektivbogen „Was ist o. k. für mich?" (2)
Bezugspersonen	• B5.01 Elterninformation – Achtung, Denkfallen! • B5.02 Wie stehe ich selbst zu Gewalt? • B5.03 Coaching: Helfen Sie Ihrem Kind, kluge Gedanken einzusetzen.
Baustein 6: Mitfühlen	
Kinder	• K6.01 Geschichte: „Till Taff lernt mitfühlen!" • K6.02 Gefühle erkennen • K6.03 Meine Gefühle und die anderer • K6.04 Beobachtungsbogen – Auf Gefühle achten • K6.05 Fragen zum Beobachtungsbogen und Anleitung zum Rollen- oder Puppenspiel
Bezugspersonen	• B6.01 Elterninformation – Gefühle erkennen und mitfühlen • B6.02 Coaching: Helfen Sie Ihrem Kind, Gefühle zu erkennen

Modul III: Ärgerkontrolltraining

Baustein 7: Impulskontrolle	
Kinder	• K7.01 Geschichte: „Till und das Biest" • K7.02 Das kleine Biest namens Wut • K7.03 Das Frühwarnsystem • K7.04 Meine Reportage über Wut-Buster • K7.05 Dampf ablassen! • K7.06 Signalkarten zur Selbstinstruktion • K7.07 Das Marterpfahlspiel • K7.08 Ich habe total viel Energie! • K7.09 Beobachtungsbogen – Klappt mein Frühwarnsystem? Arbeitet meine Ärgerpolizei gut? Erkenne ich das Biest? • K7.10 Das Biest mit der Ärgerpolizei bekämpfen – Rollen- oder Puppenspiel
Bezugspersonen	• B7.01 Elterninformation – Impulskontrolle • B7.02 Wie bekomme ich meine eigene Wut in den Griff? • B7.03 Coaching: Helfen Sie Ihrem Kind, seine Wut in den Griff zu bekommen! • B7.04 Der Punkte-Plan • B7.05 Wettkampf um lachende Zaubergeister • B7.06 Die Auszeit

Modul IV: Problemlöse-/und Fertigkeitentraining	
Baustein 8: Kontakte aufnehmen und Freunde finden	
Kinder	• K8.01 Geschichte: „Till hat wenig Kontakt und richtige Freunde" • K8.02 Ich zeig dir meine Welt! Mit wem hätte ich gerne mehr Kontakt und wen möchte ich gerne als Freund haben? • K8.03 Kontakte knüpfen, Freunde gewinnen und sich von falschen Freunden abgrenzen: Was tun? • K8.04 Kontakte knüpfen, Freunde gewinnen und sich von falschen Freunden abgrenzen – Rollen- oder Puppenspiel • K8.05 Therapieaufgabe – Kontakte knüpfen, Freunde gewinnen und sich von falschen Freunden abgrenzen • K8.06 Kontakte knüpfen, Freunde gewinnen und sich von falschen Freunden abgrenzen – Patenschaften
Bezugspersonen	• B8.01 Elterninformation – Kontakte knüpfen und richtige Freunde finden • B8.02 Coaching: Helfen Sie Ihrem Kind, Kontakte zu knüpfen und Freunde zu gewinnen
Baustein 9: Nicht immer der Erste sein müssen	
Kinder	• K9.01 Geschichte: „Till Taff muss immer der Erste sein" • K9.02 Ich zeig dir meine Welt! Wo muss ich immer der Erste und der Beste sein? • K9.03 Mal nicht der Erste und Beste sein müssen! Was tun? • K9.04 Mal nicht der Erste und Beste sein müssen! – Rollen- oder Puppenspiel • K9.05 Therapieaufgabe – Mal nicht der Erste und Beste sein müssen • K9.06 Mal nicht der Erste und Beste sein müssen – Patenschaften
Bezugspersonen	• B9.01 Elterninformation – Immer der Erste und Beste sein müssen (Dominanzverhalten) • B9.02 Wie dominant bin ich selbst? Muss mein Kind immer der Erste und Beste sein? • B9.03 Coaching: Helfen Sie Ihrem Kind, sein dominanten Verhalten in den Griff zu bekommen.
Baustein 10: Konflikte lösen und Rechte durchsetzen	
Kinder	• K10.01 Geschichte: „Till Taff hat viel Streit!" • K10.02 Ich zeig dir meine Welt! Mit wem habe ich oft Streit? • K10.03 Streit friedlich beenden, Rechte durchsetzen und Feindschaften begraben: Was tun? • K10.04 Streit friedlich beenden, Rechte durchsetzen und Feindschaften begraben – Rollen- oder Puppenspiel • K10.05 Therapieaufgabe – Streit friedlich beenden, Rechte durchsetzen und Feindschaften begraben • K10.06 Streit friedlich beenden, Rechte durchsetzen und Feindschaften begraben – Patenschaften
Bezugspersonen	• B10.01 Elterninformation – Konflikte lösen und Rechte durchsetzen • B10.02 Wie lebe ich Konfliktlösungen vor? • B10.03 Coaching: Helfen Sie Ihrem Kind, Konflikte zu lösen.

Modul V: Abschluss	
Baustein 11: Bilanzierung, Rückfallprävention und Ablösung	
Kinder	• K11.01 Geschichte: „Till Taff nimmt Abschied!" • K11.02 Die Talkshow – Rollen- oder Puppenspiel • K11.03 Was schaffe ich alles? Was hat mir in der Therapie gefallen, was hat mir geholfen? • K11.04 Mein Cool-Down-Koffer • K11.05 Urkunde
Bezugspersonen	• B11.01 Bilanz ziehen – Zufriedenheit mit der Therapie • B11.02 Wenn neue Probleme auftauchen
Modulübergreifende Intervention	
Baustein 12: Das Zauberwaldspiel	
Kinder	• K12.01 Das Zauberwaldspiel (bestehend aus Vorlage Spielplan im DIN A3- und DIN A4-Format, Spielanleitung, Standardspielkarten 1 bis 5, Individuelle Spielkarten)

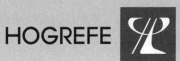